JN322505

カント超越論的論理学の研究

山口修二

溪水社

序

　学友山口修二君が20年に及ぶカント研究の成果を世に問うに至ったことは、広島大学において共に研究しつつ、終始君の成長を見守ってきた一人として感慨にたえないものがある。

　君は学部と大学院を通じて一貫してカントに取り組んできた。しかも研究の焦点を『純粋理性批判』にしぼり、とりわけ「超越論的分析論」の徹底的洞観に専念した。周知のように、『純粋理性批判』の研究は、その初期においては感性論に着目され、20世紀初頭には分析論に、その後弁証論に移り、戦後は研究が細分化されて、今や枝葉とも思われる論点にまで及んでいる。このような時代の風潮の中で、これには目もくれずに、ひたすら自分の信念を貫いた君の真摯な研究態度には実に感嘆すべきものがあった。

　俗に「人はそれぞれのカントを読む」といわれるが、君はこの言葉の厳密な意味においてカントを捉え、『純粋理性批判』における「超越論的論理学」の理念が、前批判期からのカントの長年の苦難に満ちた思索の結晶としてはじめて成立したものであることを明らかにした上で、この問題設定に即してはじめて「超越論的分析論」の真相が明らかになるということに想到した。かくして君は「形而上学的演繹」の部分を超越論的論理学の「着手」とし、「超越論的演繹」の部分を超越論的論理学の「正当化」とし、さらに「図式論」と「原則論」の部分を超越論的論理学の「展開」として、カントの分析論全体を体系化することに成功した。ここから君は、カントが、「『純粋理性批判』のみが、学問としての形而上学を成立させうる、十分吟味され確証された計画のみならず、この計画を実現するあらゆる手段をも包括する」と断言した自信の程をうかがうに十分であるとする。

　従来のカント研究において論じ尽くされたとも思われる「超越論的分析論」が、今や君の手によって斬新な局面を露呈しえたことは、当今の学界

において刮目に値する仕事であったと言ってよかろう。ただ、本書において君はたしかに自己の哲学研究の土台を築きえたといえるが、しかし大観すればそれは単なる入り口にすぎない。この土台の上に立ってさらにカント哲学の全体を再構成して君の見解を鮮明にするという仕事は当然今後の君の課題であり、それでもってはじめて学界に対する責任も全うされるというべきであろう。

　君のいっそうの研鑽を切に願うものである。

　　平成16年10月

　　　　　　　　　　　　　　　広島大学名誉教授　　隈元　忠敬

目 次

序 …………………………………………… 隈 元 忠 敬 … i
凡例 ………………………………………………………… v
序 論 ……………………………………………………… 3

第一章　超越論的論理学の理念 ………………………… 9
第一節　1762-64年における＜内包的論理学＞ ……… 11
　1　判断論 ……………………………………………… 11
　2　学問の方法 ―「分析」と「総合」……………… 14
　3　真理の根拠 ………………………………………… 17
　4　思考の対象の可能性 ……………………………… 21
　5　＜内包的論理学＞の限界 ………………………… 23
第二節　1770年の「就任論文」における「外延的論理学」… 27
　1　形而上学の革新 …………………………………… 27
　2　知性の消極的規定―知性の感性からの区別 …… 29
　3　純粋直観としての時空―感性の知性からの区別 … 34
　4　感性と知性の関係―外延的論理学の方法 ……… 37
　5　『純粋理性批判』へ　―オルガノンからカノンへ― …… 44
第三節　『純粋理性批判』における「論理学の限界」 … 47
　1　「一般論理学」と真理問題 ……………………… 48
　2　「一般論理学」の役割―論理的形式と内容 …… 54
　3　「超越論的論理学」の構想 ……………………… 60

第二章　超越論的論理学の着手―形而上学的演繹 …… 67
　第一節　形而上学的演繹の「問題」 ………………… 69
　第二節　問題解決のプログラム ……………………… 72
　第三節　思考一般の機能としての判断 ……………… 75
　第四節　「判断表」の提示 …………………………… 80
　第五節　カテゴリーの導出 …………………………… 83
　第六節　形而上学的演繹の成果 ……………………… 92

第三章　超越論的論理学の正当化―超越論的演繹 …………95
第一節　超越論的演繹の問題……………………………………95
第二節　第二版演繹の論証構造 ………………………………108
1　演繹の第一段階………………………………………………111
2　第二段階への移行……………………………………………120
3　演繹の第二段階………………………………………………127
第三節　超越論的演繹の成果 …………………………………141

第四章　超越論的論理学の展開―図式論の問題 ………………145
第一節　「判断力」の規則 ……………………………………146
第二節　カテゴリーへの「包摂」の問題 ……………………149
第三節　総合と図式 ……………………………………………158
第四節　図式と諸原則 …………………………………………166

第五章　超越論的論理学の体系 ……………………………………177
第一節　感覚的経験の客観性 …………………………………180
1　問題の所在―感覚の主観性と客観性― …………………181
2　感覚と直観形式………………………………………………184
3　感覚とその対象―「知覚の予料」― ……………………185
4　結び……………………………………………………………193
第二節　時間経験の客観性―「経験の類推」― ……………194
1　時間的経験の主観性と客観性………………………………195
2　実体の持続性…………………………………………………198
3　継起と因果性…………………………………………………203
4　同時性と交互作用……………………………………………212

結　び ………………………………………………………………221

註 ……………………………………………………………………225
文献 …………………………………………………………………255
索引 …………………………………………………………………261
あとがき ……………………………………………………………265

凡　例

カントの著作からの引用は、原則として、アカデミー版カント全集（*Kant's gesammelte Schriften*: Herausgegeben von der Königlich Preußischen Akademie der Wissenschaften und Nachfolgern, 29Bde. Berlin, 1902ff）を用い、その巻数と頁付を本文中に記す。しかし『純粋理性批判』からの引用については、哲学文庫版（*Kritik der reinen Vernunft*. Nach der ersten und zweiten Original-Ausgabe neu herausgegeben von Raymund Schmidt. Hamburg, 1976）を用い、慣例に従って、第一版（A）、第二版（B）の頁数を本文中に記す。

カント超越論的論理学の研究

序　論

　本書は『純粋理性批判』の「超越論的分析論 (transzendentale Analytik)」の研究である。周知のように、「超越論的分析論」は、『純粋理性批判』の中心部分に相応しい論点の豊富さの故に、あるいは容易な理解を拒むその難解さの故に、実に多様な観点から解釈されてきた。フィヒテを始めとするドイツ観念論は、特に「超越論的演繹」における根源的統覚の理論を重視することによって、「分析論」を「自我」の能動性の理論的根拠付けと見なした。新カント学派──特にマールブルク学派──は、「原則論」に中心的意義を見ることによって、「分析論」を、ニュートン物理学を基礎付ける「科学論」として解釈した。この延長線上に、「分析論」を経験の理論を与える「認識論」と見なすペイトンやストローソン等の立場がある。またハイデガーは、独自の観点から「図式論」に焦点を当てることによって、「分析論」を、有限な人間存在を主題とする「形而上学」の基礎付けとして解釈した。
　これらの解釈が「超越論的分析論」の意義をそれぞれの仕方で浮き彫りにする優れた解釈であることは言うまでもない。しかし、これらの有力な解釈を含めた従来の「分析論」研究において、一つの自明な事柄が看過され、あるいは軽視されて来たように思われる。それは「超越論的分析論」が『純粋理性批判』の構成において「超越論的論理学 (transzendentale Logik)」に属しているという事実である。
　ハイデガーによればこの事実は、「分析論」の真の問題の内的なあり方に合致するものではなく、「問題を外的に順序付けて形成する建築術」[1]である。つまり「超越論的論理学」とは、「新たに創始されるべき純粋認識の論理学が最も手っ取り早く形式的論理学から受け取り得るような或る種の学的な骨組み」[2]の名称に過ぎず、「したがって、解釈はカントの建築術から解放され、超越論的論理学という理念を問題的なものとしなければな

らない。」³ G・マルチンもまた「超越論的論理学」というカントの理念を問題視し、「当のカントにおいてさえこのような特別な超越論的論理学を想定することに対して根拠ある手がかりはない」⁴ と断言する。

　しかしはたして、「超越論的論理学」という学の理念は、「分析論」の問題の「外的」な枠組であり、それ自体「根拠」を欠いたものなのであろうか。「著作そのもの[純粋理性批判]については、その内容、順序、説き方と、どの命題に対してもこれを主張する前に厳密に考察し吟味するために払われた注意深さに関して、私は今でも十分に満足している（なぜなら、全体についてだけではなく、時にはたった一つの命題についてさえ、その源泉に関して私が十分に満足するためには、数年を要したのだから）」（Ⅳ, S.381[　]内筆者）というカントの言葉を我々が信頼するかぎり、カントが自らの主著の最重要部分の名称の選択においてだけ「注意深さ」を欠いたという想定の方にむしろ根拠が無いと言うべきではあるまいか。

　我々は本書において、「超越論的分析論」を「超越論的論理学」の問題設定の上に構成された一貫した体系的論証として解釈することを試みる。すなわち、「超越論的論理学」という学の理念が十分な「根拠」を持つものであることを示し、またこの理念こそが「形而上学的演繹」から「原則論」に至る「分析論」の、多様な議論を一貫する内的な問題連関を形成するものであることを確証する。「超越論的分析論」に関する本研究が「超越論的論理学」の研究と名付けられる所以はここにある。この目的を達成するために、考察は次の順序において進められる。

　まず第一章において「超越論的論理学」という構想が成立する前史を考察する。1760年代初期に書かれた一連の著作と1770年の所謂「就任論文」とを注意深く分析するならば、両時期におけるカントの哲学的立場はいずれもそれぞれの時期の論理学的立場と切り離し得ない関係にあることが判明する。前者は＜内包的論理学＞を、後者は＜外延的論理学＞を基礎とする点において、両時期の哲学的立場の相違を示している。しかし、これらの立場はその根本に関わる考えにおいて一致する。すなわち、両時期の論理学は共に、＜思考する形式＞と＜対象を思考する形式＞との同一性を、

自明の前提としているのである。この両形式の差異が自覚され、厳密に分離されることにおいて、『純粋理性批判』における「一般論理学」と「超越論的論理学」の区別が成立するのである。第一章は、「超越論的論理学」の理念が、カントの長年の思索の結晶として初めて成立した構想であることを示し、その理念の内実を明らかにすることによって、以後の本研究の考察の基礎となる視座を確立する。

この成果の上に、第二章以降において『純粋理性批判』の「分析論」を「超越論的論理学」のプログラムに沿った体系的な論述として解釈することを試みる。我々の見るところでは、「形而上学的演繹」から「原則論」に至るカントの重層的かつ難解な議論は、カント自身の問題設定に忠実に追思考されるときにのみ、その本来の道筋を我々に見せるのであり、またカントが論述に使用する多様な概念も置かれるべき本来の場所を得るのである。つまり、「超越論的論理学」の課題を導きの糸と定めることによって、「分析論」の「統一として見られた体系の構造」(B XLIV) を明らかにすることが我々の目標である。

第二章は「形而上学的演繹」の問題の意味との解決方法について詳細に考察する。従来の解釈の多くは、この「純粋悟性概念の発見」の箇所を、「判断表」に安直に依存するカントの姿勢を示すものとして軽視して来た。しかし、「純粋悟性概念」が、「超越論的論理学」によって要請される、厳密に普遍的な内容を持つべき「対象一般の概念」であることに我々が着目するならば、その「発見」の問題の中にカントが見出した困難性の意味が明らかになり、「判断表」への依存の意味もまた新たな光を得るであろう。そして「総合 (Synthesis)」あるいは「純粋総合 (reine Synthesis)」という「分析論」の機軸をなす概念がこの問題連関の内に初めて登場することは、「形而上学的演繹」の重要性について我々に再認識を促すことになる。

第三章は「超越論的演繹」の問題を考察する。この問題——純粋悟性概念の客観的妥当性に関する権利問題——の重要性を認めない解釈者はいないが、その問題の本質が何であるかについてはなお十分に解明されたとは

言えない。我々は、この問題を惹起する原因がカテゴリーの——主観性にではなく——普遍性にあることを確認し、また、問題の重要な側面の一つが、普遍的なカテゴリーの使用を経験へと制限することの可能性に関わるものであることを主張する。この問題の解決は、「超越論的論理学」の正当化を齎すと共に、「超越論的論理学」の求める「純粋悟性認識」の性格を決定する。少なくともカント自身の意図に即して見るかぎり、「超越論的演繹」の重要性はこの点に求められねばならない。したがって、カントがこの箇所で使用する「根源的統覚」「生産的構想力」等の概念に託した意味も、また、「演繹」の論証構造も、あくまでも「演繹」のこの問題連関の内において把握されねばならないであろう。本章における我々の「超越論的演繹」解釈は、「超越論的論理学」の問題設定に即して行われることにおいて、特徴を持つと思われる。

　続く第四章で「図式論」の問題を扱う。周知のように、カントは「図式論」の問題を、「判断力」による現象のカテゴリーの下への「包摂」の可能性の問題として提示する。従来の多くの解釈は、カントによるこの問題の定式化を外面的なものと見なし、「図式論」本来の問題を別の所に求めている。しかし、我々が「図式論」を「形而上学的演繹」と「超越論的演繹」とを経た「超越論的論理学」の問題設定上に位置付けるかぎり、「図式論」の問題は、まさにカントの言う通り「判断力」による「包摂」の問題でなければならないことが判明する。「包摂」の問題とは、「判断力」による現象一般のカテゴリーの下への「包摂」によって真なる「純粋悟性認識」を形成するための条件に関わるものであり、まさにこの意味において「超越論的論理学」の問題の一部をなすのである。

　この「図式論」の成果に基づいて「原則論」は、真なる「純粋悟性認識」を「純粋悟性の諸原則」として体系的に示すことになる。ここに至る「分析論」の経緯を見るかぎり、「原則論」の示す諸原則は「超越論的論理学」の原則以外のものではありえず、したがって、諸原則の意味をニュートン的自然科学の基礎付けに限定する余地はない。だが一方で、カントが「原則論」において各原則に与えた「証明」は、原則を自然科学の原則と見な

す解釈を生む源となって来た。しかし、そのような解釈に必然的な根拠はないこと、つまり、我々が原則の「証明」をカントの意図に即して整合的に理解するかぎり、原則はあくまでも「超越論的論理学」の原則として理解されねばならないことを、我々は──「知覚の予料」と「経験の類推」の原則に即して──示す。

　以上の順序の考察を経ることによって本研究が目的を達成し、「分析論」におけるカントの一貫した体系的思考を明らかにし得るならば、我々は『純粋理性批判』に対するカントの次のような自信の根拠をも理解し得ることになるであろう。

> 「したがって、批判が、そして批判のみが、学問としての形而上学を成立させ得る、十分吟味され、確証された計画を、それどころか、この計画を実現するあらゆる手段をも含んでいるのであって、別の方法と手段によっては学としての形而上学は不可能なのである。」（Ⅳ,S.365）

第一章　超越論的論理学の理念

　カントは「超越論的論理学」(transzendentale Logik) を開始するにあたって、その学の「理念」を、「我々がそれによって完全にアプリオリに対象を思考するところの純粋悟性認識と純粋理性認識の学」(A57,B81) として規定する。「超越論的分析論」と「超越論的弁証論」とを含むこの学の理念こそが『純粋理性批判』の画期的な性格を決定しているといってよいだろう。本章は、「超越論的論理学」がどのような性格の学であるのかを考察する。
　周知のように、カントは「超越論的論理学」を「一般論理学」と対照させ、両者の区別を論じる形で「超越論的論理学」の性格を規定するのを常とする。その学がはじめて命名される場面も例外ではない。

> 「このような認識[純粋悟性認識と純粋理性認識]の起源、範囲、および客観的妥当性を規定する学問は、超越論的論理学 (transzendentale Logik) と呼ばれねばならない。なぜなら、この学問は、悟性と理性の諸法則にだけ関わるが、それはしかし、もっぱら悟性あるいは理性がアプリオリに対象に関係するかぎりにおいてであって、経験的理性認識と純粋理性認識とに区別なく関わる一般論理学 (allgemeine Logik) とはこの点が異なるからである」。(A57,B81f.[　]内筆者)

　アプリオリな認識の「起源」「範囲」および「客観的妥当性」を論じる「超越論的論理学」が、カントの理論哲学の核心をなす部分であるのに対し、「一般論理学」は単なる思考の規則を扱う学であって、この学問に対

してカントは「諸学の前庭」（B IX）以外の意味を認めていない。しかし、カントがこの両者を対照させることによって「超越論的論理学」の特質を規定するとき、それは単なる説明の便宜ではない。「一般論理学」という学の理念もまた、「超越論的論理学」の理念と同様、『純粋理性批判』においてはじめて登場する。したがって、『純粋理性批判』のカントにとって、論理学を「一般論理学」と「超越論的論理学」とに区別すること自体が、説明を必要とする新しい事柄なのである。またこのかぎり、「超越論的論理学」の革新性を明らかにするためには、論理学が何故に「一般論理学」と「超越論的論理学」とに区別されるのかを考察しなければならない。

　この考察にとって、「一般論理学」と「超越論的論理学」との分化に至るカントの論理学観を顧みることが役立つであろう。『純粋理性批判』以前のカントが理解する論理学は、「一般論理学」でも「超越論的論理学」でもない。両者を区別する観点はまだ存在しない。当時の論理学は、思考の規則を扱う学として、単なる＜形式論理学＞であるどころか、カントの当時の哲学理論との関係において重要な役割を果たしていた。1760年代には、当時の哲学理論との本質的なつながりの中で論理学を構想していたカントは、1770年には、哲学理論の変化に伴い、論理学に対する理解を一変させる。そして1781年の『純粋理性批判』に至って、論理学観のさらなる変化が、論理学の「限界」の自覚とともに生じ、「一般論理学」と「超越論的論理学」との区別が成立することになる。「超越論的論理学」の特質を、カント自身の思想的変遷から浮き彫りにすることが本章の課題である。

　以下において、『純粋理性批判』における「一般論理学」と「超越論的論理学」の成立にいたる過程を次の三段階に分けて順次考察する[5]。
①1762-64年の諸著作における＜内包的論理学＞
②1770年の「就任論文」における＜外延的論理学＞
③『純粋理性批判』における「一般論理学」と「超越論的論理学」

第一節 1762-64年における＜内包的論理学＞

1762年から64年の間にカントは次の一連の著作を書いた。『三段論法の四つの格の誤った詳し過ぎさ（Die falsche Spitzfindigkeit der vier syllogistischen Figuren）』(1762年)『神の現存在の論証のための唯一可能な証明根拠（Der einzig mögliche Beweisgrund zu einer Demonstration des Daseins Gottes）』(1763年)『哲学に負量の概念を導入する試み（Versuch den Begriff der negativen Größen in die Weltweisheit einzuführen）』(1763年)『自然神学と道徳の諸原則の判明性についての研究（Untersuchung über die Deutlichkeit der Grundsätze der natürlichen Theologie und der Moral）』(1764年)。ディーター・ヘンリッヒが言うように、短期間に次々と執筆されたこれらの著作は、それぞれのテーマの差異にもかかわらず、「同一の体系的基礎を有している」[6]。以下において明らかにしようとするのは、この「体系的基礎」は＜内包的論理学＞と密接に結びついているということである。

1 判断論

カントは1762年の『三段論法の四つの格の誤ったしすぎさ』(以下『四つの格』と略記) において「判断」の定義を与えている。

「徴表としての或るものを物と比較することを判断する（urteilen）という。物（das Ding）そのものは主語であり、徴表（Merkmal）は述語である。比較は『である』(ist oder sein) という結合記号によって表現されるが、もしこの記号がそれだけで使われるなら、述語を主語の徴表として示すが、もしそれに否定の記号がつくならば、述語を主語に反して定立された徴表として認識させる。前者の場合は、

判断は肯定的であり、後者の場合は判断は否定的である。」(Ⅱ,S.47)

　判断とは主語としての「物」と述語としての「徴表」とを「比較」することである。この場合「比較」とは、「物」Aと「徴表」Bとの間に包含関係が成立しているか否かを決定することに他ならない。そしてこの包含関係が成立するか否かに肯定判断と否定判断の区別がある[7]。
　ここで比較の対象となる「物」と「徴表」の区別は固定的なものではない。同じ「徴表」が別の包含関係においてはそのまま「物」と見なされる。

　　「或る物の徴表の徴表であるものは、その物の間接的徴表と呼ばれる。
　　例えば『必然的（notwendig）』は神の直接的徴表だが、『不変』は必
　　然的なものの徴表であり、神の間接的徴表である。」(ebd.)

　「物の徴表の徴表」という表現は、「物の徴表」がそのまま「物」と見なされることを示している。「神は必然的である」という判断と「必然的なものは不変である」という判断において、「必然的」は前者では「徴表」であり、後者では「物」である。したがって、ここに言われる「物」とは、「徴表」から質的に区別される実在を意味するのではなく、むしろ徴表の集合あるいは複合体を意味する純粋に論理的な概念として理解されねばならない。「物」は「徴表」の複合体であり、「徴表」は「物」の構成要素である。「物」と「徴表」の包含関係は、概念の内容的要素の間の純粋に論理的な包含関係なのである。
　また、「判断」だけでなく「推論」も、「物」と「徴表」のこの包含関係に基づく。なぜなら「推論」とは「判断」の一種だからである。

　　「間接的徴表によるあらゆる判断は理性推論（Vernunftschluß）で
　　ある。いいかえれば、理性推論とは或る徴表を或る物と中間徴表を介
　　して比較することである。」(Ⅱ,S.48)

例えば、
大前提：神は必然的である
小前提：必然的なものは不変的である
結　論：神は不変的である
という「推論」は、「神」──「必然的」──「不変的」という三つの概念間の包含関係に基づいている。「推論」は、「必然的」という「神」の「直接的徴表」を「中間徴表」と見なし、それを媒介として、「不変的」という「間接的徴表」を「神」に対して立言する、というプロセスを踏む。これは「物」と「徴表」との包含関係を言い表す一つの「判断」に他ならない。

　したがって、思考能力の本質は判断にある。カントは、「判断することがそれによって可能となる隠された力」を、「自分の表象を思考の客観となす能力」（Ⅱ,S.60）と見なしている。この見解に立てば、思考するということは、判断することであり、判断するとは、「物」と「徴表」との包含関係を表象することに他ならない。

　以下において、思考すなわち判断の論理的形式を概念間の包含関係（Inklusion）として捉える立場を＜内包的論理学＞と呼び、これに対し、判断の論理的形式を従属関係（Subordination）と見なす立場を＜外延的論理学＞と呼ぶことにする[8]。例えば「金属は物体である」という判断を判断たらしめる形式を、＜内包的論理学＞は、「物体」が「金属」の「内に含まれる（enthalten in）」という概念の包含関係と見なすのに対して、＜外延的論理学＞は、「金属」が「物体」の「下に含まれる（enthalten unter）」という概念の上下関係と見なす。

　以上によって明らかなように、1762年に書かれた『四つの格』においてカントは内包的論理学の見地に立っている。しかし、カントのこの時期の論理学的立場は、哲学的立場から独立になされた単に技術的観点からの恣意的な選択の結果ではない。むしろ、この論理的立場は当時の彼の哲学的思考の「体系的基礎」そのものであることを次に見ることにしよう。

2　学問の方法──「分析」と「総合」

　1764年に公刊された『自然神学と道徳の諸原則の判明性についての研究』（以下『判明性』と略記）において、カントは、数学の方法との差異をつうじて、哲学（形而上学）本来の方法を示そうとする。
　まず「定義」に関する両者の差異が次のように指摘される。

> 「数学はそのすべての定義に総合的（synthetisch）に到達するが、哲学は分析的（analytisch）に到達する。」（Ⅱ,S.276）

　数学における定義は「総合的」である。例えば「不等辺四辺形」という概念は、「一つの平面を囲む」「向かい合う辺が平行ではない」「四つの直線」という複数の徴表の「任意的結合」（ebd.）によって定義される。これに対して哲学における定義は「分析的」である。例えば、「時間」という概念を定義する場合、「私は概念を分析し、分離された諸徴表をそのすべてについて与えられた概念と比較して、この抽象的な思考を完全かつ確定的にしなければならない」（ebd.）。
　ここで明らかなように、カントが言う「総合」とは「徴表」を概念へと結合する操作であり、「分析」とは概念を「徴表」へと分解する操作である。これらは概念間における全く正反対の操作である。そしてカントは数学と哲学において定義がそれぞれ「総合」と「分析」というこの正反対の仕方でなされるという点に両学問の差異があると言っているように見える。しかし、正確に言えばそうではない。
　数学という学問の特色は、定義によってはじめて対象の概念が与えられることである。「すなわち数学において私は定義がそれを与えるまでは、私の対象についてまだいかなる概念をも持たない。」（Ⅱ,S.283）「不等辺四辺形」という概念は、その諸徴表の「総合」によってはじめて与えられる。この概念を再び諸徴表へと「分析」することは定義にとって必要ではない。

第一章　超越論的論理学の理念

　これに対して、哲学においては定義に先立って「或る物の概念がすでに与えられている」(Ⅱ,S.276)。したがって哲学の定義は必ず「分析」を必要とする。しかしこの「分析」が必要であるのは、分析によって得られた諸徴表を再び「総合」するためである。なぜならこの「総合」こそが定義に他ならないからである。それゆえ、哲学における定義は「分析」と「総合」の操作を両方とも必要とするのである。
　したがって定義における数学と哲学との区別は、数学の定義が「総合」だけによって成立するのに対して、哲学の定義は「総合」に先立って「分析」を必要とするということにある。にもかかわらずカントが哲学の定義における「分析」の必要性のみを強調する理由はどこにあるのか。それは、哲学と数学との決定的な違いが、哲学における「分析」の困難さにあるからである。

　　「すなわち哲学の本来の客観をなす質は無限に多様であって、その区別はきわめて多くのことを必要とする。つまり、込み入った認識を分析によって分解することは、与えられた単純な認識を総合によって結合する……ことよりもはるかに困難である。」(Ⅱ,S.282)

　哲学の対象は「無限に多様」な徴表を含むが故に、その対象の定義のためにそれを完全に「分析」することは、「総合」にくらべて「はるかに困難」である。この分析の困難さが、完全な分析を必要とする「定義」の困難さに他ならない[9]。カントの見るところ、多くの哲学はこの困難さを自覚せずに、安易に誤った定義をなして、それから証明を展開したために誤謬に陥ってしまった。(Ⅱ,S.288,291)[10] 哲学（形而上学）の仕事は「混乱した認識を分解すること」であるが故に、「形而上学においては徹頭徹尾分析的なやり方をしなければならない」(Ⅱ,S.289)。哲学では本来「定義はむしろほとんど常に最後のもの」であって、安易に定義から出発することは誤った「数学の模倣」(Ⅱ,S.282) である。
　カントはこのように哲学における対象の「混乱」に起因する「分析」の

不可避性を強調し、性急な「総合」を、すなわち安易な定義を戒める。しかしながら、哲学の仕事が「分析」に制限され、そのかぎりにおいて数学から方法的に区別されるとしても、これは必ずしも原理的な区別とは見なされていない。

「まだまだ形而上学において総合的なやり方をする時期ではない。分析が我々を助けて判明かつ完全に理解された概念を得させたときにのみ、総合は、数学においてと同様に、合成された認識を単純な認識に従属させうるであろう。」（Ⅱ,S.290）

もし哲学の対象の完全な「分析」が成立するならば、哲学においても「総合」は可能である。カントは、「分析において単純な概念に到達することは不可避である」（Ⅱ,S.280）と考えている。哲学が概念を「単純な認識」へと分解することは、原理的に不可能なのではなく、事実上困難なだけである。この事実的な困難の故に、カントは「いまだかつて一つの形而上学も書かれてはいない」（Ⅱ,S.283）と断言する。しかし、概念の「分析」と「総合」を形而上学の方法とする点について、カントは何の疑念も持っていない。

ここから次のことが帰結する。第一に、哲学が数学と「同様に」総合的に定義することは「まだ」不可能であるが、原理的には可能だということになれば、『判明性』論文における数学と哲学の区別は、『純粋理性批判』におけるような原理的な次元での区別であるとは言えない[11]。

第二に、このように概念の「分析」と「総合」を学問＜一般＞の方法とすることは、この時期のカントの判断論と密接に結びついている。概念の「分析」と「総合」とは、概念の徴表への「分解」と徴表の概念への「合成」に他ならない。ところが、上で見たように、徴表とその複合体との関係の上に成り立つものが「判断」であった。したがって、学問の方法論は論理学における判断論を直接の基礎とした上で考察されている。そして、判断論という諸学に共通の地盤の上で哲学の方法論が考察されるかぎり、

哲学の方法は、数学の方法と区別されないだけではなく、学問＜一般＞の方法と区別されないのである。「内包的論理学」は、こうしてカントのこの時期の学問論の「基礎」となっているのである。

3 真理の根拠

『判明性』論文においてカントは「形而上学の第一の根本真理の真の性質」（Ⅱ,S.294）について簡潔に論述している。ここでカントは、命題が真であるための条件を提示することから考察を開始する。

> 「各々の肯定の形式は、何かが或る物の一徴表として、すなわち或る物の徴表と同じとして表象される点に存するが故に、各々の肯定的判断は、述語が主語と同一ならば真である。そして各々の否定の形式は、何かが或る物に対して矛盾すると表象される点に存するから、否定的判断は、述語が主語に矛盾するならば真である。」（ebd.）

肯定判断を肯定判断たらしめる「形式」は、述語が、主語の「徴表と同じとして表象される」点にある。まさにそれ故に、その判断は「述語が主語と同一ならば真である」とされている。しかるに、述語が主語の徴表であることと、述語が主語と同一であることとは、どちらも、主語と述語が内容的に合致するということを意味している。したがって、判断がそれによってはじめて判断として可能になるもの、すなわち判断の論理的形式は、＜主語と述語との内容的合致＞であり、判断がそれによって真とされるもの、すなわち判断の真理決定条件もまた、＜主語と述語との内容的合致＞である。つまり、カントはここで、判断の論理的形式から、直ちに判断の真理決定条件を導出している。

しかし、正確に言えば、カントはここで判断の論理的形式と判断の真理決定条件とが端的に同一であるということを主張しているのではない。むしろカントは判断の論理的形式と真理決定条件との間に一つの差異を見て

いる。このことは、上の引用文からもうかがえる。すなわち、判断の論理的形式は＜主語と述語の内容的合致＞を「表象」することであるのに対して、判断の真理決定条件はその合致が実際に成立していることにある、と。

　この考えに従って、「判断の真理決定条件は、表象された＜主語と述語の内容的合致＞が実際に成立していることである」としよう。これは一見すると一つの有意味な言明であるように見える。しかし、「表象された何かが実際に成立している」ということは「真」という言葉の言い換えにすぎない。したがって、上の言明は、「判断の真理決定条件は、＜主語と述語の内容的合致＞が真であることである」と言い換えられる。これは結局「判断の真理決定条件は判断が真であることである」という同語反復に帰着する。

　このような循環的な事態を「各々の認識の真理性の普遍的かつ十分な基準とは何か」(A58,B82) を問う場合に不可避的に陥る事態として把握するのが『純粋理性批判』のカントである。後に検討するように[12]、「論理学者たち」を「惨めな循環論法」(A57,B82) に追い込んだこの問は「それ自体において矛盾している」(A59,B83)。このように、『判明性』論文における真理論は、事態的に見て、循環を抱え込んだ理論と見なされうる。たしかに、この真理論の主張する真理決定条件が真と偽の区別の普遍的基準を示していると考えるかぎりにおいて、それは欠陥を免れない。

　しかしながら、もしこの真理論の主張する真理決定条件が、真と偽の区別の普遍的基準をではなく、したがって、認識と対象との「合致」の基準をではなく、むしろ、認識と対象との「関係」の基準を示すものであるとすれば、どうであろうか。この種の真理論を考えたのは言うまでもなく後のカント自身である。『純粋理性批判』においてカントは、「真理の論理学」、すなわち、「認識がそれに反する場合には必ず、同時にあらゆる内容を、すなわち何らかの客観とのあらゆる関係を失い、したがってあらゆる真理を失う」(A62f. B87) ような規則を示す「超越論的論理学」という構想を提示する。もちろん、『判明性』論文の時期のカントが『純粋理性批判』の核心をなす構想をすでに抱いていたというわけではない。しかし少なく

とも、この時期のカントは、判断の能力を「自分の表象を思考の客観となす能力」（Ⅱ,S.60）として把握していた。判断が「思考の客観」を成立させるということは、判断の論理的形式が「客観とのあらゆる関係」を成立させることを意味する。そのかぎり、判断の論理的形式に「反する場合には」認識は認識として成立せず、したがって個別的な真偽に先立って「あらゆる真理を失う」ことになる。このような事柄の連関は『純粋理性批判』を待つことなく明らかであろう。しかし60年代のカントは、対象との関係を支える論理的形式＝真理決定条件として、＜主語と述語の内容的合致＞以外には何も知らない。この貧弱さがこの時期のカントの「真理の論理学」を性格付けているのである。

　さて、『判明性』においてカントが言うように、判断の論理的形式と判断の真理決定条件が同一であるとすれば、当然、偽なる判断の成立する余地はなくなる。すなわち、偽なる判断は「不可能」である。この帰結を承認する点においてはカントは首尾一貫している。「我々が或る認識が偽（falsch）であることを確信するのは、それが不可能（unmöglich）であることを認識するかぎりにおいてである。」（Ⅱ,S.290）

　このような真理論から出発して、カントは次に、「同一律」と「矛盾律」を、肯定判断と否定判断の「最高の定式を含む命題」と名付け、これを「人間理性全体についての形式的意味における最高かつ普遍的な原則」（ebd.）とする。しかし、論理的形式と真理決定条件が同一であることの確認から出発している以上、「同一律」と「矛盾律」は、「形式的」であるとはいえ、単なる論理的な原則と呼べるものではない。「肯定の本質」と「否定の本質」（ebd.）を表現するこの二つの形式的原則は、肯定的あるいは否定的な「判断」が成立するための最高原則であるとともに、肯定的あるいは否定的な「真理」が成立するための最高原則として理解されている[13]。

　この形式的な最高原則に加えて、さらにカントは、質料的な最高原則を挙げる。「証明されない」命題がそれである。

「しかし、これらの最高原則のうちの一つの下に直接的に思考されるが、別様には思考されないようなあらゆる命題は証明されない。すなわち、同一性あるいは矛盾が直接に概念の中にあって、分析によって中間徴表をつうじて洞察されることはできず、また洞察されてはならない場合には、命題は証明されない。」(ebd.)

例えば「物体は可分的である」という命題は、「物体は合成されている、しかるに合成されているものは可分的である、故に物体は可分的である」というかたちで、概念の「分析」によって、「合成されている」という「中間徴表」をつうじて、証明される。しかし、「物体は可分的である」という認識の根拠である「物体は合成されている」という命題は、もはや「証明されない」命題である。「物体」という概念と「合成」という徴表とを媒介する中間徴表は存在しないからである。この「証明されない」命題は、もちろん数多く存在するが、それは「同時に他の認識の根拠を含んでいる」(Ⅱ,S.295) かぎり、「人間理性の第一の質料的原則」(ebd.) と呼ばれる。

先に見たように、述語が主語の「徴表」であることは、一般にすべての判断について言えることであった。したがって、ここでカントが言う「質料的原則」が他の判断（およびその真理性）の「原則」たる所以は、述語が主語における「直接的かつ第一の徴表」(ebd.) であること以外にはない。

つまり、論理的な分析によってあらゆる判断が成立するための究極の前提としての「証明されない命題」は、それ自身やはり論理的な分析によって成立する命題なのである。しかるに、あらゆる論理的な分析は「同一律」あるいは「矛盾律」を前提する。それ故、「質料的原則」は、「形式的原則」の第一の直接的な適用事例に他ならないのである。

以上から明瞭であるように、『判明性』論文においてカントが「形而上学の第一の根本真理」として示す「形式的原則」と「質料的原則」は、論理学のモデルを一歩も出ることなく構想されたものである。この構想は、判断の論理的形式と判断の真理決定条件の同一性が想定されることによっ

て可能となっている。そしてこの想定の基盤にあるものが、＜内包的論理学＞である。述語が主語に内容的に（徴表として）含まれることを判断の論理的形式とするかぎり、判断が判断として成立することと、判断が真理であることとは、元来切り離すことができない。認識の論理性はそのまま認識の真理性を意味し、論理学の原理はすなわち真理の根拠である。当時のカントのこの思想は内包的論理学からの首尾一貫した帰結として理解されるのである。

4　思考の対象の可能性

すでに見たように、カントが「物そのものは主語であり、徴表は述語である」（Ⅱ,S.47）というかたちで判断をとらえるとき、ここで言われる「物」は、実在する事物ではなく、むしろ概念の徴表の複合体にすぎなかった。しかし、このことは、判断（思考）の成立が、思考の対象（思考されるもの）成立と無関係であることを意味するのではない。概念内容の包含関係に基づいて判断が成立するという＜内包的論理学＞の観点に立つかぎり、判断の成立と判断内容の成立とは同一の事柄であるほかはないからである。判断と判断内容、言いかえれば、思考と思考対象（思考されるもの）とは同時に成立する。このことは、カントが『四つの格』において、判断の能力を、「自分の諸表象を自分の思考の客観にする……能力（Vermögen,……seine eigene Vorstellungen zum Objecte seiner Gedanken zu machen）」（Ⅱ,S.60）と規定していることからも裏付けられるであろう。

　思考が成立するための要件は、矛盾律に従って概念内容が合致することである。したがって、「思考の客観」も、それが思考と同時に成立するかぎり、この要件以外のものを必要としない。この要件を充たすものを、カントは、1763年の『神の現存在の論証のための唯一可能な証明根拠』（以下『証明根拠』と略記）において、「可能的なもの」と呼ぶ。

　「直角であるような三角形はそれ自体可能である。三角形及び直角は

この可能的なものにおける所与あるいは質料的なものであり、また、その一方が他方と矛盾律に従って合致することは可能性の形式的なものである。私は後者をまた可能性における論理的なものと名付ける、なぜなら真理の規則に従う述語と主語との比較は論理的関係に他ならないからである、そして或るもの、およびこれと合致するものは、ときおり、可能性のレアールなものと呼ばれる。」(Ⅱ,S.77f.)

ここでカントは、矛盾律との合致を「可能性の形式的なもの」あるいは「可能性における論理的なもの」と呼び、一方、合致にもたらされる「所与」を「可能性の質料的なもの」と名付けて、両者を区別している。しかし、この著作においてもカントが「論理的関係」を「徴表としての或るものが或る物に対して持つ関係」(Ⅱ,S.72)としてとらえられている以上、「論理的なもの」は「質料的なもの」なしには成立しないことは明らかであろう。「可能性の質料的なもの」とは論理的関係の質料であり、論理的関係とその質料とは、——内包的論理学の観点が採られるかぎり——切り離すことはできないからである。

こうして「思考の客観」たる「可能的なもの」は、論理的関係すなわち思考が成立することと同時に成立する。この事態を我々は次のように表現してもよいだろう。思考の条件は、同時に思考の対象の可能性の条件である、と。『純粋理性批判』においては、思考の「対象との関係」は「一般論理学」の考察の枠外に置かれるが、「内包的論理学」はまさに思考の「対象との関係」の「基礎」を提示する。「内包的論理学」は、その単純さにもかかわらず、その内包的な観点の故に、むしろ『純粋理性批判』における「超越論的論理学」の役割を果たしているのである。

以上の考察によって確認されたのは、「内包的論理学」は、学問論、真理論、対象論において、60年代のカントの哲学的思考を支配する「体系的基礎」となっているということである。しかしカントはこの時期において同時にすでに「内包的論理学」の限界を自覚していた。むしろこの時期のカントの仕事は、「内包的論理学」によっては原理的に把握不可能な問題

を問題として把握したことにあるとも言えるのである。この点について次に考察しよう。

5 ＜内包的論理学＞の限界

(1) 現実性

　内包的論理学の限界外にあるものとしてカントが把握するものの第一は「現実性」である。判断の論理的形式――或る徴表が或る物に対して述語付けられうること――が「可能性」の形式であった。しかるに、『証明根拠』の有名なテーゼによれば、

> 「現存在は何らかの物の述語あるいは規定ではない。(Dasein ist gar kein Prädicat oder Determination von irgend einem Dinge)」(Ⅱ,S.72)

「在る」は「物の述語」、すなわち判断の述語ではない。判断の述語は「常に単に他の物[＝主語]との関係において定立される」(Ⅱ,S.73[　]内筆者)にすぎないが、現存在は「或る物の絶対的定立」(ebd.)である。したがって、或る物に「存在する」という述語付けをすることはできず、そのかぎりにおいて、「現実性」は判断形式によっては表現されえないのである。

> 「『神は実在する物である』と私が言うとき、私は或る述語と主語との関係を表現しているかのように見える。しかしながら、この表現は正しくない。正確に言えば、『或る実在するものは神である』と言うべきである、すなわち、或る実在する物に、我々が神という名称で一括して示すところの諸述語が帰せられるのである。」(Ⅱ,S.74)

　ここでカントが言うのは、「Aは実在する」という判断は、実は判断ではないということである。「Aは実在する」という判断は判断の論理的形

式そのものに反している。なぜなら、この判断は概念内容でありえないものを述語としているからである。＜内包的論理学＞は、論理的述語と概念内容（「実在的述語」）との同一視において成立するものであるかぎり、概念内容たりえないものを論理的述語として容認することはできない[14]。「一切のものが論理的述語となることができる……なぜなら論理学はあらゆる内容を捨象するからである」（A598,B626）という後の『純粋理性批判』における論理学観との重大な相違がここにはある。「あらゆる内容を」すなわち概念内容の一切の差異を「捨象する」論理学にとっては「Ａは実在する」も判断としては十分に成立する[15]。一方、＜内包的論理学＞にとって、存在判断は擬似判断にすぎないのである。

　だが、『証明根拠』において、カントは、「Ａは実在する」という文が「或る実在するものがＡである」と書き換えられるかぎりで、これを判断として認めている。しかし「或る実在するものがＡである」が判断であるのは何故なのか。たしかにこの表現においては「実在する」は述語ではなく、主語となっている。しかし「実在する」がいかなる概念内容でもないからこそ、述語から主語へと移動されたのだから、その無内容性自体は、「実在する」が主語の位置に来ることによって変化するわけではない。したがって、主語としての「或る実在するもの（Etwas Existierendes）」は概念としての内容をまったく含んでいない。だとすれば、「或る実在するものがＡである」という表現が判断であるのは、主語が述語を内容的に含んでいるからではない。したがって、カントがこれを判断として認めるとき、彼は暗黙のうちに＜内包的論理学＞から外に出ている、と考えざるをえない[16]。いずれにせよ、＜内包的論理学＞の立場にあるかぎり、「現実性」は判断形式によっては把握不可能なのである。判断形式が思考形式を意味し、判断形式以外の思考形式が見出されないとすれば、「現実性」は思考不可能なのである[17]。

(2) **因果性**

　＜内包的論理学＞の限界外にあるものの第二は、「因果性」である。『哲

学に負量の概念を導入する試み』(1763) において、カントは根拠と帰結の関係を二つに区別する。

> 「第一の種類の根拠を私は論理的根拠（logischer Grund）と名付ける、なぜなら、この根拠と帰結との関係は論理的に、すなわち同一性の規則にしたがって判明に洞察されるからである。そして第二の種類の根拠を私は実在的根拠（Realgrund）と名付ける、この関係はたしかに私の真の概念に属するが、しかしその関係の仕方はいかなる仕方によっても判定されえないからである。」(Bd.Ⅱ,S.202)

「論理的根拠」と帰結との関係は「論理的」に洞察される。例えば、「神は不変である」ことの根拠は「神は必然的である」ことに求められる。この関係は、「不変」という概念が「必然的」という概念の内に徴表として含まれていることに基づく。このように、根拠が「論理的」であるのは、「帰結が根拠の部分概念と実際に同一」(ebd.) であり、「概念の分解によって帰結が根拠の中に含まれることが見出される」(ebd.) 場合である。そして、根拠が帰結を徴表（「部分概念」）として含む以上、根拠と帰結との関係は、＜内包的論理学＞における主語と述語の関係に他ならないから、「必然的なものは不変である」という「判断」の形で表現されることになる。

しかし、「実在的根拠」と帰結との関係はこのように「判明に洞察され」ない。「論理的根拠」が、帰結を自らのうちに含み、したがってその根拠付けを帰結との同一性に求めるのに対して、「実在的根拠」は、元来、それ自身とは異なるものを根拠付けるべきものである。すなわち、「実在的根拠」において問われているのは、「何かがあるが故に他の何かがあるということ (daß,weil Etwas ist,etwas anders sei) をいかにして私は理解すべきか」(ebd.) ということである。例えば、「神の意志」が「世界の存在」の根拠とされる場合、後者は前者とは「まったく異なるもの（etwas ganz anders）」(ebd.) であるにもかかわらず、前者によって後者が定立

されているのである。したがって、「諸君が神の意志という概念をどれだけ分解したとしても、その中に世界の存在を見出すことはない」(ebd.)、とカントは言う。一般に、「実在的根拠」と帰結との関係は、概念の包含関係ではない。したがって、「何かがあるが故に他の何かがある」という命題はそもそも「判断」として成立しない。

「このことからわかるように、実在的根拠と、それによって定立されたり廃棄されたりするものとの関係は、判断によって表現されるものではまったくなく、むしろ、分解によって実在的根拠のより単純な概念へともたらされるような概念によってのみ表現される、しかし、この関係についての我々のあらゆる認識は、結局のところ実在的根拠の単純で分解不可能な概念に帰着するのであって、実在的根拠と帰結との関係はまったく判明にされえないのである。」(Ⅱ,S.204)

「実在的根拠」という概念は、判断によって、すなわち分析によってはもはや判明にされえないような「単純で分解不可能な概念」である。「何かがあるが故に他の何かがある」といういわゆる因果律は、＜内包的論理学＞の意味においては「判断」ではありえない。因果性はそれ以上「まったく判明にされえない」所与であるにとどまるのである。

1762-64年において＜内包的論理学＞がカントの思想の「体系的基礎」をなしていたこと、そして、この基礎に立つかぎり処理しきれない問題――現実性と因果性――が自覚されることによって同時に＜内包的論理学＞の限界が露呈されていたこと、以上の考察においてこの二点が確認された。1762-64年のカントの思想には、＜内包的論理学＞を「体系的基礎」とする明確な哲学的立場と、それによっては処理しえない事柄に対する明晰な自覚とが同居しているのである。ここに見られる一種の思想的分裂は、1770年に至って知性の領域が原理的に確定されることによって克服されるであろう。それと共に＜内包的論理学＞は「体系的基礎」の地位を失い、

代わって論理学として＜外延的論理学＞が採用されることになる。この事情について次に考察しよう。

第二節　1770年の「就任論文」における「外延的論理学」

1　形而上学の革新

　1770年の教授就任論文『可感界と可想界の形式と原理について（De mundi sensibilis atque intelligibilis forma et principiis, 以下「就任論文」と略記）に至って、カントは、それまでの＜内包的論理学＞に代わって、＜外延的論理学＞を採用する。この変化はカントの思考の或る決定的な変化に対応している。それは形而上学の領域の発見である。
　1762-64年の時期においてもカントは形而上学の改良を目論んでいた。すでに見たように、カントは『判明性』において哲学の方法として「分析」的方法を主張する。

> 「私が関わる最も重要なことは、形而上学においては徹頭徹尾分析的な手続きをしなければならないということである。あらゆる学派で行われている哲学者たちのやり方をこれと比較すれば、それがいかに転倒しているかがわかるであろう。自然な仕方では悟性が最後に行き着くところの最も抽象的な概念が、彼らにおいては始まりをなす、……形而上学においては最も難しいものから始められる、すなわち、可能性一般と現存在一般、必然性と偶然性等々から始められる、これらは大きな抽象と注意とを必要とするような概念ばかりである、……。彼らは徹頭徹尾総合的に振舞おうとするのである。……これに対して、哲学者たちが、常識の自然な道を歩んで、まず初めに対象の抽象された概念（例えば空間時間）について確実に知ることを探求して、まだ定義を要求しないならば、そして彼らがこの確実な所与からだけ推論

する……ならば、……彼らが示すものは確実な価値を持つであろう。」
（Ⅱ,S.289）

　「あらゆる学派において行われている哲学者たちのやり方」とは、最も抽象的で「最も難しい」諸概念、すなわち単純な概念から出発して、それらを「総合」する方法である。これに対して、カントは、「確実な所与」である概念から出発してそれを「分析」して単純な抽象概念に至る方法を、より「確実な」方法として推奨する。
　しかし、「総合」と「分析」は、単純な概念と複合的概念との間の逆方向の操作にすぎない。したがって、「総合」ではなく「分析」を方法とすることによってより確実な認識が得られるにせよ、その認識そのものは、総合的方法による従来の形而上学的認識と同質であると見なさざるをえない。
　それ故、1762-64年における形而上学の刷新の試みは、形而上学的認識に至るより「確実」な方法を提示するものではありえても、形而上学的認識のあり方を原理的に革新するものではない[18]。カントはようやく1770年に至って、形而上学とは何であるのかについて「哲学者」たちとはまったく異なった見解を得たと信じた。「就任論文」においてカントは次のように宣言する。

　　「ところで、純粋知性の使用の第一原理を含む哲学は形而上学（METAPHYSICA）である。しかし、感性的認識と知性的認識との区別を教える学問は形而上学の予備学である。その見本を我々はこの論文において提示する。」（§8,Ⅱ,S.395）

　「就任論文」におけるこの形而上学の規定を『判明性』におけるそれと比べるならば、両者の違いは際立っている。

　　「形而上学とは我々の認識の第一根拠に関する哲学に他ならない。」

(Ⅱ,283)

「形而上学はより普遍的な理性洞察へと適用された哲学に他ならず、それ以外ではありえない。」(Ⅱ,292)

60年代における「認識の第一根拠」に関する「普遍的な理性洞察」という抽象的な規定に代わって、「就任論文」は、形而上学を、より具体的に、「純粋知性の使用の第一原理」に関する学問として規定する。「感性的認識と知性的認識との区別」をつうじて、知性的認識の領域を、形而上学の領域として純化することを目的とする点において、「就任論文」は、「形而上学の予備学」である[19]。

では「就任論文」のこの企てと、〈外延的論理学〉の採用とがどのように関連しているのか。またこれによる形而上学の革新の意味はどこにあるのか。この問題に答えるために、「就任論文」において「感性的認識と知性的認識との区別」がなされる仕方を考察しなければならない。

2　知性の消極的規定 —— 知性の感性からの区別

「就任論文」の第二章「可感的なものと可想的なものとの一般的区別について」において、カントは、感性と知性を次のように区別する。

> 「感性 (sensualitas) とは、それによって主観の表象の状態が何らかの客観の現前によって或る仕方で触発されることが可能であるところの、主観の受容性 (receptivitas) である。知性 (intelligentia)（理性）とは、それ自体の性質上感官の中には生じることができないようなものを表象しうるところの主観の能力である。感性の客観は可感的である。一方、知性によって認識されるもの以外のものを含まないものは可想的である。」(§3 Ⅱ,S.392)

ここで、「感性」は「触発」による主観の「受容性」として規定されて

いるのに対し、「知性」は非感性的なものを表象する能力としてのみ規定されている。後にカント自身が認めるように[20]、知性のこの規定は単に「消極的」なものでしかない。たしかに、「就任論文」において知性が非感性的能力として単に消極的に規定されることは、『純粋理性批判』における知性の積極的な規定とはまったく異なっている。しかしながら、むしろ、知性の消極的規定による知性と感性の区別は、『純粋理性批判』における区別よりも、はるかに積極的な意味を持つ。なぜなら、以下で見るように、「就任論文」においてカントは、この区別そのものが形而上学の領域の確定に役立つと考えるからである。知性の消極的規定は、「形而上学の予備学」に固有の方法なのである。

　知性を感性から区別することは、客観的表象を主観的表象から区別することを意味している。

　　「したがって、認識において感性的なものに属するものはすべて、客観の現前によってこのまたはかの変様——これは主観の相違によって異なりうる——を受け得るかぎりでの主観の特殊な本性に依存するが、一方、このような主観的条件を免れた認識はすべて客観にのみ関わる。それ故、感性的に認識されたものは、現象するがままの (uti apparent) 物の表象であり、一方知性的なものは、あるがままの (sicuti sunt) 物の表象であることは明らかである。」（§ 4　Ⅱ,S.392）

　感性が主観の受容性であるかぎり、感性による認識は主観的条件を免れない。しかるに、「主観的条件を免れた認識はすべて客観にのみ関わる」。したがって、知性は、感性のように単なる「現象」にではなく、「あるがままの物の表象」に関わる。知性を感性ではないものとして規定することは、知性が主観的な現象に関わるのではないことを意味する。そして、このことは同時に、知性が客観そのもの——形而上学の領域——に関わることを意味しているのである。

　したがって、知性の消極的規定の内実は次のことにあることになる、す

なわち、知性的表象は「主観的条件を免れ」ており、そしてそのかぎりにおいて同時に「客観にのみ関わる」ということである。しかし、このことはいかにして可能なのか。もちろん、カントは、『純粋理性批判』におけるように、知性的表象と客観との関係そのものを問いはしない。しかし、「就任論文」のカントは、知性の消極的な規定をさらに充実させる方向で、すなわち、知性的——客観的表象がいかなる仕方で感性的——主観的表象から区別されうるのかという観点からこの問に答えようとする。

この問題に答えるために、カントは、知性の「論理的使用」と「実在的使用」との区別を行う。

「他方で、知性的なものに関して、何よりも十分に注意されるべきなのは、知性、すなわち心の上級能力の使用は二重であるということである。まず一方の使用によって、物または関係の諸概念そのものが与えられる、これが実在的使用（usus realis）である。しかるに、もう一方の使用によって、どこからであろうと与えられた概念が単に互いに従属関係に置かれる（subordinantur）、すなわち、下位の概念が上位の概念（共通の徴表 nota communis）に従属させられ、矛盾律に従って互いに比較される。これが論理的使用（usus logicus）と呼ばれる。」（§5 Ⅱ,393）

知性の「論理的使用」とは、概念の間の論理的な従属関係を定立する働きである。カントは、これを、特殊（「下位の概念」）を普遍（「上位の概念」＝「共通の徴表」）としての「上位の概念」）の下に包摂する論理的作用として規定する。（これは＜外延的＞な概念把握である。）そのかぎり、この「論理的使用」は、認識形成において表象を一般化する機能を持つ。

「したがって、感性的認識が与えられるならば、知性の論理的使用によって感性的認識が共通概念としての他の感性的認識との従属関係に置かれ、諸現象は諸現象の一般的法則へと従属させられる。」(ebd.)

しかし、この一般化の機能として、知性が感性的な所与に関わるとき、これによって形成される認識が知性的となるわけではない。なぜなら、この機能は、所与の多様においてあらかじめ含まれていた「共通の徴表」を取り出すにすぎないからである。この論理的「抽象」は、「すべての学問に共通」(ibid.) であって、それが扱う概念がいかなる概念であるか——知性的であるか感性的であるか——にはまったく無関係に機能するとされるのである。

「さて、ここで最も重要なのは、認識に関して論理的使用が知性にとってどれほど大きなものであるにせよ、認識は常に感性的なものと見なされねばならないということである。つまり、それは起源のために (propter genesin) 感性的と呼ばれるのである……。」(ibid.)
「したがって、経験的概念は、より大きな普遍性への還元によっても、実在的な意味での知性的概念とはならず、また感性的認識の種を越えることもなく、抽象によってどこまで上ろうとも、無際限に、感性的なままにとどまるのである。」(§5 Ⅱ,394)

カントは、論理的「抽象」によって所与を普遍化することは、所与を知性化することを意味しないと考える。論理的作用による普遍化は、混雑した所与を判明な認識にもたらすにすぎない[21]。認識が感性的であるか、それとも知性的であるかを決定するのは、むしろ、「すべての論理的比較の根底に置かれる所与 (data)」(§7 Ⅱ,394) なのである。したがって、知性的な概念は、それ自体が、まず、知性的な性格において与えられねばならない。これを与える働きとされるのが知性の「実在的使用」である。

「しかし、そこにおいて知性の使用が実在的であるような、厳密に知性的なものに関しては、対象及び関係のそうした概念は、知性の本性そのものによって与えられ、感官のいかなる使用からも抽象されず、またそれ自身、感性的認識のいかなる形式をも含まない。」(§6 Ⅱ,394)

以上のように、客観そのものを表象する知性の働きは、感性に関わる「論理的使用」ではない「実在的使用」として規定される。知性が客観を表象する可能性は、こうした知性の消極的規定によって、ひとまず確定される。

　しかし、さらに、知性の「実在的使用」はいかにして可能なのだろうか。主観的——感性的な概念の普遍性とは区別されるような、客観的——知性的な概念の普遍性はいかにして可能となるのか。後者の普遍性は前者のように「抽象」によっては得られないとすれば、何によって得られるのか。カントは、概念の「抽象」という事柄を分析することによって、この問に答えようとする。

　　「しかるに、ここで抽象的（抽象された abstratus）という語がきわめて曖昧なことに注意する必要がある。……すなわち、本来は、何かを捨象する（ab aliquibus abstrahere）と言われるべきであって、何かを抽象する（aliquid abstrahere）と言われるべきではない。前者が意味するのは、我々は或る概念において、——いかなる仕方であれ概念と連結した——他のものに注意を向けない、ということであり、一方、後者が意味するのは、ある概念が、具体的に、しかもそれと結合したものから分離された仕方でのみ、与えられるということである。」

　「抽象 abstrahere」とは、概念が共通徴表としてそのうちに含まれているところの諸表象（下位の諸表象、すなわち、概念と「結合したもの」）からその概念（共通徴表）そのものを「分離」する作用である。この場合、概念は、それが「結合」している多様な下位表象の内にはじめから部分として含まれているかぎりにおいてのみ、「抽象」によって「分離」されて取り出される。したがって、感性的表象から「抽象」される概念は、感性的表象の部分として、感性的表象のうちにすでに含まれている。これに対して、「捨象 ab abstrahere」とは、概念以外のものに「注意を向けない」作用である。この作用において「捨象」されるものが、概念の下位表象で

ある場合には、「捨象」は「抽象」とは実質的には同じ作用である。しかし、カントが注意深く規定しているように、「捨象」されるものは、「いかなる仕方であれ概念と連結した」ものであり、それは、概念の下位表象——特定の観点から見られた感性的表象——に限定されてはいない。つまり、概念において「捨象」されるものは、感性的表象の全体であることも可能なのである。

　「したがって、知性的概念は、すべての感性的なものを捨象する (abstrahere ab omni sensitivo) のであって、感性的なものから抽象されるのではない……。」(ibid.)

　感性的表象から「抽象」される概念は、どれほど普遍的であれ、必ず、感性的表象の「部分」でしかないが故に、知性的概念ではありえない。これに対して、「すべての感性的なもの」が「捨象」されることによって得られる概念があるとすれば、当然、感性的な規定を一切含まないが故に、それは純粋に知性的な概念である、とカントは考える。純粋に知性的な概念とは、「何らかの感性的表象に部分として入り込むことのけっしてない」(§8 Ⅱ,395) 概念である。「可能性、存在、必然性、実体、原因」などの概念がこれに当たる。これらの概念は、感性的対象の「共通の徴表」ではなく、対象一般の「共通の徴表」なのである。

　知性的概念は、感性的表象全体が「捨象」されたものであることによって主観性を免れているかぎり、対象そのものの概念としての客観性をもつ。この「捨象」は、知性が自らを感性的なものから区別する仕方に他ならない。「就任論文」は、知性認識が客観そのものを表象する可能性を、一貫して、感性からの知性の消極的区別によって得るのである。

3　純粋直観としての時空 —— 感性の知性からの区別

　知性が客観そのものを非感性的に表象することが可能であることは、知

性が感性から区別される仕方を規定することによって明らかにされた。ところが、以上の議論は、感性が知性から原理的に区別された独自の起源を持つということが前提されていた。しかし、この前提に対する確実な根拠はまだ示されていない。そのかぎり、上述の議論は宙に浮いたままである。なぜなら、感性的表象が知性的なものからはまったく独立した「所与」であるという前提を欠くなら、知性の「論理的使用」を「実在的使用」から区別することは不可能であり、その結果、知性独自の「所与」の領域を確定することもまた不可能だからである。したがってまた、「可能性、存在、必然性、実体、原因」等の概念を知性的表象とする根拠も与えられているとは言えない。知性を感性から消極的に区別することは、感性を知性から積極的に区別することに裏付けられてこそ、意味を持つのである。

　感性を知性から積極的に区別するためには、感性を「主観の受容性」（§3 Ⅱ,392）とする規定だけでは十分ではない。なぜなら、この規定によるだけでは、感性的＝主観的表象が、客観的＝知性的なものを何らかの（混雑した）仕方で受容するという可能性は否定されないからである。

　感性的表象は知性的なもののいかなる関与もなしに成立する、ということが根拠付けられるための要件は何であろうか。それは、「表象がそれによって感性的と呼ばれるところの形式」（§5 Ⅱ,393）が、知性的原理の援用を必要としない「絶対的な」独自の原理を備えていることである。

　　「現象的宇宙のこの絶対的に第一の形式的原理は——これは普遍的で、とりわけ、人間の認識において感性的であるものすべての言わば図式や条件である——時間と空間の二種であることを、私はこれから論証するだろう。」（§13 Ⅱ,398）

　就任論文の第4章「可感界の形式の原理について」において、カントは、感性的表象の「絶対的に第一の形式的原理」は時間と空間であることを論証しようとする。論証されるべきことは、次の二点である。

①　時間と空間が感性的（主観的）表象の「形式的原理」であるということ。
②　その「形式的原理」は、知性的原理に拠ることなく、それ自体で「絶対的に第一の」原理であること。

　カントはこれを次のように論証する。
　①＜時空の観念は感覚から抽象されたものではない＞（§14.1 Ⅱ,398 /§15.A Ⅱ,402）時空の観念は、もともと感覚の中に含まれていたものの抽象の産物ではない。感覚的な経験が時空の観念を含むのは、むしろ、経験が成立するための条件が時空だからである。（「可感的なものにおいて現れる諸関係の条件」（§14.3 Ⅱ,399）「一切の外的感覚の根本形式」（§15.CⅡ,402f.））したがって、時空は、一切の感性的表象の「形式的原理」である。
　②＜時空の観念は単一的　singularis であり、一般的　generalis ではない＞（§14.2 Ⅱ,399 / §15.B Ⅱ,402）時空は諸部分から成る。そして我々は、この諸部分がそれぞれ時空であるということを理解している。例えば、我々は、先の時間と後の時間、右の空間と左の空間とを区別し、両者が異なった時間および空間であることを理解する。しかし、この理解は、多くの下位表象を上位概念に包摂することによる概念的理解ではない。「人はすべての現実的なものを時間の中に（in）定立されたものとして把握するのであって、共通徴表としてのその一般概念の下に（sub）含まれているものとして把握するのではない。」（§14.2 Ⅱ,399）「空間の概念は、一切を自分の内に包括する単一的表象であって、一切を自分の下に含む抽象的で共通的な概念ではない。」（§15.B Ⅱ,402）時空は、それ自体において諸部分を含むその全体が直接に把握される「直観」である。時空の普遍性は、「一切を自分の内に包括する」単一性であって、諸部分に共通の一般性ではない。すなわち、時空が一切の多様を含む仕方は、概念が一切の多様を含む仕方とは、根本的に異なっている。したがって、時空という感性的表象の「形式的原理」は、知性的な原理の関与を必要としない「絶対的に第一の」ものである。

この二点に基づいて、カントは時空を「純粋直観 intuitus purus」と呼ぶ。(§14.3 Ⅱ,399 / §15.C Ⅱ,402f.) したがって、時空が「純粋直観」であるということは、時空が知性的概念とは根本的に異なる仕方で、時空間全体の多様を統一する原理であることを意味する[22]。時空の根源性は、感性的表象の「一切」を自分の「内に」含む「形式」であることに基づくのである。

> 「かくて空間は可感界の絶対的に第一の形式的原理である。それは単に、空間の概念によってのみ宇宙の対象が現象でありうるからだけではなく、主として次の理由による、それは、空間は、本質的に、外的に感覚されうる一切を端的に含む唯一のものに他ならず、またそのかぎり、全体性（universitas）の原理を、すなわち、他のものの部分たりえない全体の原理をなす、という理由である。」(§15.E. Ⅱ,405.)

以上のように、時空という形式は感性独自の原理であることが論証される。これによって、感性的＝主観的な表象と知性的＝客観的な表象とを区別する基準は明確となる。それは、表象が時空の規定を含むか否かという基準に他ならない。したがってもし或る概念が時空の規定を一切含んでいないならば、それは「知性的概念」として認められてよい。しかるに、「可能性 possibilitas、存在 exsistentia、必然性 necessitas、実体 substantia、原因 causa など」(Ⅱ,S.395)の概念は、時空の規定を含んでいない。ここに、これらが「知性的概念」であることの根拠が見出されたわけである。こうして、知性が感性から消極的に区別される基盤が保証され、知性独自の領域の確定も根拠を得たことになる。

4　感性と知性の関係 ―― 外延的論理学の方法

以上のように、「形而上学の予備学」としての「就任論文」は、「感性的認識と知性的認識との区別」という方法を一貫して採用している。そして

この方法の遂行において、概念形式の＜外延的＞把握が或る一定の役割を果たしていることを見た。すなわち、知性の「論理的使用」についての説明、および、時空が「純粋直観」であることの論証は、概念形式の＜外延的＞な把握に基づくものであった。しかしながら、このことによってはまだ、「就任論文」の方法にとって＜外延的論理学＞の採用が必然的であったとは言えない。なぜなら、概念あるいは判断の形式を外延的・内包的のいずれの仕方で理解するかは論理学の内部では完全に可逆的であり、したがって、単に或る哲学的立場がどちらの把握を採用するかは偶然的なものでありうるからである。しかし、「就任論文」において＜外延的論理学＞の採用は単に偶然的なものではない。我々は次にこのことを検証しておかねばならない。

　上で見たように、「可能性、存在、必然性、実体、原因」等の知性的概念は、時空の規定を含まない「あるがままの物の表象」であった。ここで問題になるのは、知性的表象と感性的表象との関係である。知性的表象は感性的表象とはあくまでも区別されねばならない。しかしまた知性的表象は感性的表象と無関係ではありえない。なぜなら、「就任論文」において、知性的表象は、「あるがままの物の表象」（Ⅱ,S.392）として、感性的表象が「あるがまま」の相において持つ規定を意味しているからである[23]。言いかえれば、知性的表象は客観的かつ普遍的な規定であるかぎり感性的表象をも規定するものでもなければならない。したがって、知性的表象は、感性的表象によって規定されることなく、感性的表象を規定しなければならない。知性的表象と感性的表象とのこのような「関係」はどのように説明されるべきか。これが問題である。

　「就任論文」の第５章「形而上学における感性的なものと知性的なものに関する方法について」は、目立たない仕方においてではあるが、この点の解明を含んでいる。このことは、1783年のカントのヨハン・シュルツ宛書簡にある次の言葉から裏付けられる。

　「感性の客観が（経験の対象と見なされるかぎり）どのようにしてカ

テゴリーを述語として持ちうるのか、また逆に、カテゴリーは、それを感官の諸対象に関係させるような付着的条件を免れて、空間時間的な規定をそれ自体において持たないことがいかにして可能なのか等を、明らかに示すような諸規則を与えることができるでしょう。このようなことを私はすでに、『可感界について』の就任論文の中の「感性的なものと知性的なものに関する方法について」という章で、いくらか触れておきました。」(X,S.351)

この文章からも窺われるように、知性的概念(「カテゴリー」)による感性的表象の規定可能性についての問題——後の『純粋理性批判』の「図式論」に類似した問題[24]——は、いかにして知性的概念が感性的表象の「述語」でありうるのかという形で問われることになる。すなわち「判断」についての論理的問題としてである。カントは次のように説明を始める。

「知性的に言明される各々の判断における述語(praedicatum)が、それなしでは主語が思考されえないと主張されるところの条件である(est conditio)……」。(Ⅱ,S.411)

カントはあらゆる「判断」の「述語」を、主語が「思考」されるための「条件」として説明している。つまりカントは「SはPである」という判断の形式を、「PでなければSではない」こととして理解する。これは、Pの外延にSが含まれることを意味する「外延的」理解である。このような理解が、「SはPである」という同じ判断の形式を「SならばPである」と見なす解釈——この場合「主語」が述語の思考の「条件」となる——が、Sの内包にPが含まれるという「内包的」な理解として対立していることは言うまでもないだろう。「内包的」理解においては、主語が述語の論理的根拠であるのに対し、「外延的理解」においては、述語が主語を思考するための根拠である[25]。

カントが主語の思考の「条件」を「述語」と見なすことを、純粋に論理

的な意味に解するならば、カントは判断の論理的形式を「外延的」に理解していることになる。すなわち「それ（＝述語）なしでは主語が思考されえないと主張される」ことが判断一般の形式であると。
　しかるに、カントはこの判断一般の形式によって判断内容がすでに或る仕方で限定されることを続けて主張する。

　「……そしてそのかぎり、述語が認識の原理であるが故に、もし述語が感性的概念であるならば、それは可能的な感性的認識の条件にすぎないであろうし、それはとりわけ、その概念が同様に感性的であるところの判断の主語に適合するであろう。しかしもしこの[感性的概念としての]述語が知性的概念に適用されるならば、このような判断は主観的法則に従ってのみ妥当するのであり、したがって知性的概念そのものについては述語付けられたり、客観的に立言されることはできず（non praedicatum et obiective efferendum）、単にそれなしでは与えられた概念の感性的認識が成立しないところの条件としてのみ立言されうるであろう。」(Ⅱ,S.411f.[ ]内筆者)

　カントの言おうとすることは次のことである。「ＳはＰである」という判断は、＜我々はＰとしてでなければＳであるとは考えられない＞ということ、すなわちＰがＳの「認識の原理」であることを意味している。したがって、もしＰが「感性的概念」であるならば、＜感性的なものとしてでなければＳは認識されえない＞ことを意味する判断となる。このときＳも感性的概念ならばこの判断は成立する。しかしもしＳが「知性的概念」ならば、＜感性的なものとしてでなければ知性的なものは認識されえない＞となり、この判断は成立しない。すなわちカントの言葉で言えば、知性的概念である主語には感性的概念は「述語づけ」られえず、「客観的に立言」できない[26]。
　このようなカントの説明に対して次のような疑問が生じるだろう。＜感性的なものとしてでなければ知性的なものは認識されえない＞という判断

が判断として成立していないとは何を意味するのか。たとえ偽であるとしてもこれもやはり一つの判断ではないだろうか。この点についてのカントの考えは次の文章を読むときに明らかとなる。

> 「かくして、『すべての存在するものはどこかにある（quicquid exsistit, est alicubi)』というかの通俗的公理においては、述語が感性的認識の条件を含むが故に、判断の主語すなわち『すべての存在するもの』について一般的には言明されえないであろう。そのかぎり客観的に規定するこの定式は偽（falsa）である」（Ⅱ,S.412）

注目すべきことに、カントは「すべての存在するものはどこかにある」──この命題は＜どこかにあるものとしてでなければすべての存在するものは認識されえない＞ことを意味する──という命題が「言明されえない」と同時に「偽である」と言う。知性的な主語と感性的な述語を持つ判断は、判断として成立しないとされる[27]のと同時に「偽である」ともされるのである。すなわち、判断の論理形式は同時に判断の真理の決定条件としても見なされている。

さて、述語が認識の条件であるという真なる判断の形式を「基準」として、カントは今の我々の問題──いかにして知性的表象は感性的表象によって規定されることなく感性的表象を規定しうるか──に次のように答える。

> 「単に感性的認識の法則を表す諸原理を、さらに対象そのものについて何かを規定するところの諸原理から識別する場合に、この基準は有益かつ容易である。というのは、もし述語が知性的概念ならば、判断の主語に対する関係は、たとえ主語がいかに感性的に考えられたとしても、常に、対象そのものに合致する徴表を表すからである。」（§24 n.Ⅱ,412.)

このように、知性的概念が感性的概念と「関係」することによって自己

の本性を失わないことが、知性概念が「判断」の述語として主語に対して持つ「関係」と重ねあわされることによって、説明される。知性的概念は、感性的表象を規定する＝述語付けることによって、「対象そのものに合致する徴表を表す」という自己の特性を失うことはない。「判断」において知性的表象が感性的な「主語」の「述語」であるという論理的関係によって、知性的表象がその表象様式を損なうことなく感性的な「対象」に対して「規定」を与えるという事象的関係が説明される。なぜなら、一般に判断とは述語が主語の内容を規定するという関係にほかならず、この論理的関係が成立することは、実際に (in Wahrheit) この関係が成立していることを意味するからである。このように、カントは、「感性の客観が（経験の対象と見なされるかぎり）どのようにしてカテゴリーを述語として持ちうるのか、また逆に、カテゴリーは、それを感官の諸対象に関係させるような付着的条件を免れて、空間時間的な規定をそれ自体において持たないことがいかにして可能なのか」(X,S.351) という問題を、知性的概念と感性的表象との論理的関係によって説明する。そして、事象的関係と論理的関係との同一性を前提とするこの説明は、カントが＜外延的論理学＞の理解において判断の論理的形式と真理決定条件とを同一視していたという事態によって可能になっているのである。

　しかも、この判断の論理的形式と真理決定条件との同一視をもって、＜外延論理学＞に対するカントの理解の偶然的な誤りに帰すことはできない。カントは「就任論文」の第二章で次のように書いている。

> 「判断における真理とは述語と与えられた主語との一致にある (veritas in iudicando consistat in consensu praedicati cum subiecto dato)」(Ⅱ,S.397)

カントは「述語と与えられた主語との一致」という判断の論理的形式が同時に「判断における真理」をなすことを明確に自覚している。そのかぎり、論理的形式と真理決定条件との同一性は、カントの論理学的な無理解を暴

露するものではなく、むしろ「就任論文」の時点のカントの論理学理解そのものの内容を構成するものであると言うべきであろう。

　だとすれば、カントが「就任論文」において判断形式の＜内包的＞理解を採用しなかった理由もまた明らかであろう。「就任論文」においてカントが採用しなかった＜内包的論理学＞──60年代にカント自身が哲学の「体系的基礎」としたもの──とは、カントが採用した＜外延的論理学＞と同様に、判断の論理的形式のみを語るものではなく、論理形式と真理決定条件とを相即させるような論理学である。この＜内包的論理学＞は、「SはPである」という判断を「SならばPである」として理解することによって主語を述語の論理的根拠とするだけでなく、同時に主語を述語の事象的根拠と見なしていた。したがって、もし「就任論文」がこの＜内包的＞論理的モデルを使って感性と知性の区別と関係を説明しようとすれば、事象的根拠たる知性的概念は、述語ではなく主語として見なされねばならないだろう。しかしそれは不可能である。知性的概念が＜内包的論理学＞における主語であるとすれば、それは時空についての感性的概念を自らの徴表として含むことになるが、これは知性的概念の本質に矛盾する。なぜなら、先に見たように、知性的概念が知性的概念と呼ばれる所以は、それが時空的規定を含まないという点にあるからである。＜内包的論理学＞のモデルを使うとすれば知性的概念を主語とするほかないが、まさにこのことが「就任論文」の基本的立場に抵触するのである[28]。この理由から、＜内包的論理学＞は、「就任論文」における感性と知性との区別と関係を説明するための論理学的モデルとしては不適当なのである。

　こうして「就任論文」における＜外延的論理学＞の採用は単に偶然的なものではないことは明らかであろう。知性的表象と感性的表象という異質な表象がいかに関係し合うのかということは、知性的表象を感性から根源的に区別されるような客観的な表象と見なす「就任論文」の基本的立場から生じる問題であった。カントはこの問題に対して事象的関係を論理的関係から説明するという方法を選んだ。この説明に役立つモデルを与えるのは＜内包的論理学＞ではなく＜外延的論理学＞であった。そして、事象的

関係を考察するモデルとして採用された＜外延論理学＞は、その採用の目的から言って、論理形式と真理決定条件とを同一視するものでなければならなかったのである。カントが、「……この学[形而上学]の方法は、今のところ論理学が一切の学問に対して一般的に規定するようなもの以外には知られていない……」（§23 Ⅱ,S.411 [ ]内筆者）と言うとき、念頭に置いていた論理学は、＜外延的＞論理学ではあっても、いまだ「単に形式的な論理学」（A131,B170）ではなかったのである。

5 『純粋理性批判』へ ——オルガノンからカノンへ——

　カントは、「就任論文」において感性と知性を原理的に区別する視点を得たことによって「可能性、存在、必然性、実体、原因」という概念を、知性的概念として示し、さらにこれを、＜外延的論理学＞の援用によって、感性的対象をも規定しうる客観そのものの概念として説明することができた。この点は、前節で見た 1762年－64年のカントにおいて「現実性」（「存在」）と「因果性」は＜内包的論理学＞を体系的基礎とする体系の枠外に置かれていたことと著しい対照をなしている。「現実性」と「因果性」は今や、感性的表象から原理的に区別された知性的概念として、形而上学の固有の領域の内に位置を得る。1762－64年のカントの思想に見られた一種の思想的分裂は「就任論文」に至って統一を得たのである。
　主語中心的な＜内包的論理学＞から述語中心的な＜外延的論理学＞への移行が、この思想の変化に対応していることは明白であろう。＜内包的論理学＞のように、判断における論理的述語を主語の内在的規定と見なすかぎり、述語の内容は主語の内容によって決定されている。一方、＜外延的論理学＞は、判断の論理的述語を、主語を下位表象とする上位表象と見なすかぎり、何が主語となりうるかは述語によって決定される。判断の中心を、主語の内容に置くか、それとも、述語の普遍性に置くか。この後者の観点を取ることによって、「就任論文」のカントは、主語（感性的表象）の内容に依存しない述語——知性的概念——を想定しえたのである。

第一章　超越論的論理学の理念

　しかし、60年代の＜内包的論理学＞と70年の＜外延的論理学＞は、判断の論理的形式の把握の仕方において異なるにもかかわらず、一つの共通点を持っていた。両者は判断の論理的形式を正反対の仕方において把握するが、その論理的形式は、両者のいずれにおいても、同時に判断の真理決定条件として見なされていたのである。換言すれば、「ＳはＰである」という判断を判断たらしめる形式が、内包か外延かのどちらの関係から把握されたとしても、その関係によって成立する判断がすでに「真」なる判断と見なされる点では変わりがない。60年代とは異なり70年の「就任論文」の＜外延的論理学＞は、哲学の「体系的基礎」の位置をもはや与えられないが、しかしやはり形而上学の一つの「方法」（Ⅱ, S.411）として見なされえたのはこのためである。したがって、我々は論理的形式と真理条件との一致をもって60年代の＜内包的論理学＞と70年の＜外延的論理学＞とに共通する特徴と見なすことができるのである。
　＜外延的論理学＞は本来、判断の論理的形式をその内容的関係に基づくことなく把握するものである。それにもかかわらず「就任論文」において判断における論理的関係は事象的関係と相即するものとして見なされた。これを促したのは知性的表象が持つ特権的な事象性（Realität）に他ならない。知性的表象がはじめから＜事象的＞なものとして前提されている以上、それが「述語」の位置に置かれる場合、主語との論理的関係は事象的関係と合致せざるをえないのである。知性的表象が単なる論理的な述語ではなく同時に事象的な述語でもあるという前提によって、「就任論文」の論理学理解そのものが、事象的な性格を帯びることになったわけである。
　したがって、カントが「就任論文」における論理学理解を脱却することができるとすれば、それは、知性的表象が特権的な事象性を持つという前提が疑われることと連動していることになる。『純粋理性批判』の問題圏への出発を告げる1772年の次の言葉は、同時にまた、新たな論理学理解への第一歩を意味するであろう。

　「就任論文においては私は知性的表象の本性を、知性的表象は対象に

よる感官の変様ではない、と単に消極的に表現することで満足していました。しかし、対象によって触発されることなく対象に関係するような表象がそもそもいかにして可能なのかについては、私は黙って通り過ぎたのです。」(X.S.130f.)

　実際、カントは『純粋理性批判』において論理学観を一新する。論理形式と真理決定条件とは完全に分離され、論理学に事象的性格を帰す考えは根本的な誤謬として廃棄されるのである。

「しかるに、認識の単なる形式は、たとえそれが論理的法則と一致するとしても、認識の質料的（客観的）真理を認識に対して決定するにはとうてい十分ではないから、論理学の外から諸対象についてあらかじめ根拠ある知見を得てくることなしには、論理学によって、諸対象について判断したり、また何らかのことを主張するということは誰にもできないのであって、この知見を得た後にはじめて論理的法則の連関全体においてこの知見を単に利用し結合することを試み、あるいはより適切に言えば、この知見を論理的法則に従って吟味することができるのである。それにもかかわらず、我々のあらゆる認識に悟性の形式を与えるというきわめて華麗な技術を持つことのうちには或る非常に誘惑的なものがあるために、その技術の内容がどれほど空虚で貧弱であるとしても、判定のための規準（Kanon）にすぎないところのあの一般論理学（allgemeine Logik）が、少なくとも客観的主張という見せかけを現実に産出するためのオルガノン（Organon）として用いられたのであり、したがってこのことによって実際に誤用されたのである。」(A60f.B85)

　カントは、「認識の単なる形式」を「真理」の決定に「十分」なものと見なすことで「論理学によって……何らかの事を主張する」ことを可能とする考えを、論理学を「オルガノン」とする見方として一括し、論理学の

「誤用」に帰している。しかし、以上の我々の考察から明らかなように、カント自身が以前に採用した〈内包的論理学〉と〈外延的論理学〉はまさしく哲学の「オルガノン」として用いられていたのである。論理学を哲学の積極的な道具として使用することに「非常に誘惑的なもの」を見出していたのは、誰よりも当のカント自身であったと言わなければならない。そして、カントが論理学の誘惑から解放されて、論理学をもはや「オルガノン」としてではなく「カノン（規準）」として自覚することは、けっして単に論理学内部での出来事にはとどまらない。なぜなら、「オルガノン」から「カノン」への変化は、論理形式と真理決定条件とが分離され、それによって思考領域と事象領域との自明の合致が破られることを意味するからである。これは「独断のまどろみ」からの覚醒以外の何ものでもないであろう。

　ではこの論理学的覚醒は正確にどのような事態をさしているのか。以前の論理学観に代わって「一般論理学」と「超越論的論理学」とが成立することはカントの哲学の核心にどのように関わるのか。我々はこれを考察するためにいよいよ『純粋理性批判』に向かわねばならない。

第三節　『純粋理性批判』における「論理学の限界」

　『純粋理性批判』第二版の序文においてカントは、論理学が「確実な歩みをすでに最古の時代からなしてきた」（B Ⅷ）ことの理由を、論理学自体が確実な「限界」を持つことに帰している。

　　「しかるに論理学の限界は、論理学があらゆる思考（思考がアプリオリであろうと経験的であろうと、いかなる起源あるいは客観を持とうと、我々の心に見出される障碍が偶然的であろうと自然的であろうとにかかわらず）の形式的規則だけを完全に叙述しかつ厳密に証明するような学問であるということによって、完全に正確に決定されている。

論理学がこのように成功したというこの優位は、論理学の持つ制限性によるのであって、この制限性によって、論理学は認識のあらゆる客観とその差異を捨象することが正当化され、またそうするよう拘束されるのであり、したがって論理学においては悟性は自己自身とその形式にのみ関わるのである。」(B IX)

『純粋理性批判』におけるカントによる論理学の性格付けはこの一文に尽くされている。またこの文の内容には、論理学が「単なる形式的論理学 (bloße formale Logik)」(A131,B170) であるということ以上の何も含まれていない。論理学が形式的なものにすぎないということは、たしかに周知の事柄であり、陳腐な主張とさえ思われるだろう。しかしそうではない。カント、そして我々にとって、論理学がこのように「限界」付けられることは、実際大きな意味を持っている。なぜなら、この「限界」が明確な自覚を持って設定されることなしには、『純粋理性批判』における「超越論的論理学」の構想は成立しないからである。本節において我々はこの点を確認することによって、「超越論的論理学」がカントによっていかなる学として構想されているかを明らかにしたい。

1 「一般論理学」と真理問題

『純粋理性批判』においてカントは形式的論理学をほぼ例外なく「一般論理学 allgemeine Logik」[29]と呼ぶ。論理学の限界は「一般論理学」の限界として次のように明確に規定される。

「一般論理学は、すでに我々が示したように、認識のあらゆる内容を、すなわち認識の客観へのあらゆる関係を捨象して、認識相互の諸関係における論理的形式のみを、すなわち思考一般の形式のみを考察する。」(A55,B79)

第一章　超越論的論理学の理念

　一般論理学は「認識の内容（Inhalt der Erkenntnis）」を「捨象」し、「思考一般の形式」のみを考察する。我々は以下において論理学のこの限界付けから何が帰結するのかを問わねばならない。カントは「一般論理学の分析論と弁証論への区別について」と題される節において「一般論理学」の性格を論じる。この個所はいわゆる「真理問題」[30]を次のように提示することから始まる。

> 「それによって人が論理学者を窮地に追い込むと思いなし、そして論理学者が惨めな循環に陥るようにさせたり、あるいは、彼らの無知、すなわち彼らの全技術の空しさを告白するように仕向けるように試みたところの、古くかつ有名な問は、真理とは何か、という問である。真理とは認識とその対象との一致である、という真理の名目的定義がここでは与えられ、前提されている。しかし、人が知ることを要求しているのは、あらゆる認識の真理の普遍的かつ確実な基準は何なのか、ということなのである。」（A57f.B82）

　カントは、「真理とは何か」という問は、それに対する「論理学者」の説明を「循環」に陥らせるような問であると言う。「真理とは認識とその対象とが一致である」ということは、「真理とは何か」への解答ではなく、この問の「前提」をなす真理の「名目的定義（Namenerklärung）」にすぎない。しかるに、「真理とは何か」において「人が知ることを要求」しているのは「認識の真理の普遍的かつ確実な基準」であり、これが問われる際に真理の名目的定義が前提されているのである。

　しかし、カントはこの「前提」に異を唱えているわけではない。むしろ、カントは真理が語られる際には一般にこの定義が「前提」されざるをえないことを認めた上で、「認識の真理の普遍的かつ確実な基準」を求める問が前提とせざるをえないこの真理の定義から、この問それ自体の不合理さが論理的に帰結すると言うのである。すなわち、ここでの論点は、「人」が「論理学者」に問い、また「論理学者」が答えようとする「認識の真理の

普遍的かつ確実な基準は何なのか」という問そのものの妥当性にある[31]。カントはこの「問そのものが不合理」(A58,B82) であり「自己矛盾している」(A59,B83) と言い、理由を次のように説明する。

「真理とは認識とその対象とが一致することであるとすれば、このことによって、この対象は他の対象から区別されねばならない；なぜなら、たとえ認識が他の諸対象にならば十分妥当しうるようなものを含んでいるとしても、その認識が関係付けられる対象と一致しない場合に、その認識は偽であるのだからである。」(A58,B83)

認識が真であるということが「認識とその対象との一致 (Übereinstimmung einer Erkenntnis mit ihrem Gegenstande)」であるとすれば、当然、認識が偽であるということは、認識がその対象と一致しないことである。しかし、認識がその対象と一致しないということは、認識が何かを言明し、その言明された何かが実際に成立しないということに他ならない。カントはこれを、認識が偽であるのは「その認識が関係付けられる (bezogen) 対象と一致しない (nicht übereinstimmt)」場合である、と表現している[32]。すなわち、認識と対象との「不一致」が可能であるためには、認識が何かを言明することが、すなわち、認識が対象と「関係」することが、さらに言いかえれば、認識が「内容」を持つことが、すでに前提されていなければならない。偽なる認識も、真なる認識と同様、対象との「関係」を持たなければならない。認識を偽とするものは、対象との「関係」の欠如ではなく、対象との「一致」の欠如である。

さらに、偽なる認識も「内容」を持つかぎり、その認識は場合によっては真でありうるということを論理的に含意している[33]。すなわち、偽なる認識は、その「認識が他の諸対象にならば十分妥当しうるようなものを含んでいる」。したがって、一般に認識はその真偽以前に真偽の可能性の条件として「内容」＝「対象との関係」を持つかぎり、認識の真偽を決定するのは、その「内容」以外の何ものでもない。このことは、「真理とは認識

とその対象とが一致することである」という真理の「名目的」定義において我々が実際に理解している真理概念からの必然的な帰結なのである。

認識の真偽はその内容によってしか決定されないとすれば、このことは当然のことながら、認識の真偽をその内容に関わらず決定しようとすることとは相容れない。しかるに「認識の真理の普遍的かつ確実な基準」を要求することは、認識の真偽を普遍的に——すなわちまさに認識内容に関わらずに——決定しようとすることである。こうして真理の普遍的な決定条件の要求は「自己矛盾」していることが明らかとなる。

> 「さて真理の普遍的基準とは対象の区別なくあらゆる認識に妥当するとされるものである。しかし、この基準においては認識のあらゆる内容（認識の客観との関係）は捨象されており、また、真偽はまさにこの内容に関するものなのだから、認識のこの内容の真理の基準を問うことはまったく不可能で不合理であることは明らかであり、したがって、真理の十分な、にもかかわらず普遍的な徴表を与えることはできないことは明らかである。……したがって、質料から見た認識の真理についてはいかなる普遍的徴表をも要求することはできない、なぜならこの要求は自己矛盾しているからである。」(A58f.B83)

「論理学者」はこのような矛盾した要求に答えるのではなく無意味なものとして退けるべきであった。ではなぜそうしなかったのか。それは「論理学者」は論理学が「認識のあらゆる内容」を「捨象」(A55,B79) していることに無自覚であったからである。むろん彼も「論理学者」として自分の扱うものが思考の論理的な形式であることは知っている。しかし彼はこの普遍的な論理形式を考察する際に思考の「内容」を「捨象」していることを自覚していなかったが故に、論理的形式によって、認識の内容に依存する問に答えること、すなわち真理の普遍的な決定条件の問に答えることの不合理に気付かなかった。だから「循環」に陥ったのである[34]。

ではいかなる「循環」に陥ったのか。プラウスも言うようにこれがどの

ような「循環」なのかについてカントはここで何も語っていない[35]。しかしこの「循環」を引き起こす原因が、論理形式によって真理決定条件について何事かを述べうるという「論理学者」の誤解にあることが明らかになった以上、この「循環」を再構成することは容易であろう。もし判断の論理的形式をもって（「論理学者」はこれしか持っていない）判断の普遍的な真偽決定条件とするならば、論理的形式によって判断が判断として成立することと判断が真であることとは区別されない。すると判断が偽であることを語ることはできなくなる。もしこの「窮地」を切り抜けてさらに説明を試みようとするならば、判断の成立と真偽の成立とを別の次元に置くしかない。するとこう言わねばならなくなる。判断として成立した事柄が＜実際に＞成立するとき、判断は真であり、また判断として成立した事柄が＜実際に＞成立しないとき、判断は偽であると。しかし、＜実際に in Wahrheit＞という徴表は、判断が「真」であることの言い換え以上のものではない。したがって、判断内容が＜実際に＞成立するための条件をさらに問われれば、判断が真であることをもって答えるしかない。ここに説明の「循環」が成立する。これは「論理学者」が判断の真理決定条件を語るかぎり不可避的に陥る循環である。我々は先に＜内包的論理学＞を採用する60年代のカントの真理根拠の説明がこの「循環」に陥っていることを指摘した。しかしこれは70年の＜外延的論理学＞においても同様である。そこでもまた判断の論理的形式と真理条件とが分離されていなかったからである。

　以上のようにカントは「真理問題」との関わりにおいて「一般論理学」の性格を規定する。論理学は、「認識のあらゆる内容」を「捨象」するものであるかぎり、真理決定条件の問題とは完全に無縁なものとして把握されねばならない。論理形式を即座に真理決定条件と見なすあらゆる論理学把握は、カント自身の以前のそれも含めて、自己矛盾を含んでいるからである。こうしてカントは「一般論理学」の特質をまず消極的に規定するのである。

　しかし、「一般論理学」はいかなる真理条件とも関わらないわけではな

い。論理学が「論理的形式」のみを示すということから帰結するのは、論理学が真理の決定条件ではないということだけではない。論理学が真理の「不可欠条件（conditio sine qua non）」であることもまたそこから帰結するのである。

> 「しかし、（あらゆる内容を度外視した）単なる形式から見た認識に関しては、次のことも同様に明らかである。すなわち、論理学が悟性の普遍的かつ必然的な諸規則を述べる限り、論理学がまさにこの諸規則において真理の基準を示さねばならないということである。この諸規則に反するものは偽（falsch）である、なぜならこのとき悟性は思考の普遍的規則と、すなわち自己自身と矛盾するからである。しかるにこの基準は真理の形式、すなわち思考一般の形式にのみ関わるのであり、そのかぎりまったく正当であるが、しかし十分ではない。なぜなら、或る認識が論理的形式には完全に合致しているとしても、言いかえれば自己自身と矛盾していないとしても、やはり依然として対象に反することができるからである。したがって、真理の単なる消極的な基準、すなわち認識が悟性の普遍的かつ形式的な法則に合致することは、たしかにあらゆる真理の不可欠条件、すなわち消極的条件ではある、しかし論理学はさらにそれを越えて、形式にではなく内容に関わる誤謬（Irrtum）を何らかの試金石によって発見することはできないのである。」（A59f, B83f.）

思考の論理的形式に反するような思考はもはや思考ではない。これが「一般論理学」の与える「真理の基準」である。カントは論理的形式に反するものを「偽」と呼んでいるが、これは論理「形式」に関わる「誤謬」を意味するものである。「一般論理学」の規則に反するような思考は、そもそも思考ではない以上、その思考の内容について語ることはできないし、したがってまたその真偽について語ることもできない。これが、思考と論理的形式との合致が「あらゆる真理の不可欠条件」であることの積極的含意

である。他方、思考が論理的形式に合致することは、思考に思考としての資格を保証するが、しかしその思考の「内容」が「真」であることを保証しない。また論理的形式との不一致は、思考「内容」が「偽」(「内容に関わる誤謬」) であることも決定しない。つまり、思考と論理形式との合致および不一致は、思考「内容」の真偽とは何の関わりももたない。これが「あらゆる真理の不可欠条件」が消極的に含意する事柄である。

以上のカントの論述を要約するなら、次の一点に尽きる。「一般論理学」は我々の表象が「思考」であるか否かということだけを決定する、と。これが「一般論理学」の「限界」の意味することである。「一般論理学」は、思考において何が思考されているのか（すなわち「認識のあらゆる内容」）を「捨象」する。ここから「一般論理学」が思考内容の真偽の決定根拠を与え得ないことが帰結したのである。

2 「一般論理学」の役割──論理的形式と内容

「一般論理学」が示す論理的形式は思考の成立の決定条件以外のなにものでもない。このことは次のことを含意する。すなわち、論理的形式は思考の「内容」が成立するための決定条件ではない。したがって、「一般論理学」は、思考が必ず「内容」を持つことを保証しない。言いかえれば、認識一般が必ず真偽いずれかであるということは少なくとも「一般論理学」によっては決定できない。このことは「一般論理学」の「限界」から帰結することである。

しかし、同時に次のこともまた正しい。あらゆる思考が相互に区別されるのは、それぞれが或る「内容」を持つかぎりにおいてのみである。したがって「一般論理学」によって思考一般の形式を持つか否かが吟味されるためには、その思考はやはり或る「内容」を持つものと見なされねばならない。つまり、「一般論理学」は思考が「内容」を持つことを一般に前提しているのである。

したがって、思考が「内容」を持つということは、「一般論理学」に

よっては決定されないと同時に前提されていることになる。一見するとこれは不合理な事態と思われる。しかしそうではない。
　カントは次のように言う。

　「一般論理学は、すでに何度か言ったように、認識のあらゆる内容を捨象して、別のところから――それはどこからであってもかまわない(anderwärts, woher es auch sei)――自分に表象が与えられることを期待する……。」(A76,B102)

　「……論理学の外から（außer der Logik）諸対象についてあらかじめ根拠ある知見を得てくることなしには、論理学によって、諸対象について判断したり、また何らかのことを主張するということは誰にもできない……。」(A60,B85)

　「一般論理学」が思考の「内容」を「捨象」することは、それがいかなる思考内容とも関わらないことを意味するのではなく、むしろ「内容」が「別のところから」「与えられることを期待する」ことを意味するのである。すなわち、「一般論理学」は思考内容を、「論理学の外から」与えられるものとして、常に「前提」する。しかし、論理学は、外部から与えられる思考内容に関してはいかなる決定もなしえない。したがって、「一般論理学」は、自らによっては決定しえないものとして思考内容を前提するのである。
　たとえば、「あらゆる犬は動物である」という思考が思考として成立することは、「一般論理学」によって、＜述語の外延は主語の外延より広い＞という論理形式[36]との一致をもって示される。この論理形式との一致の判定が可能であるためには、まず「動物」および「犬」の概念の意味内容が知られ、これによって「動物」が「犬」よりも広い外延を持つことが知られていなければならない。しかし、このような「知見」は、「論理学の外から」与えられるのであって、それが正しいかどうかを論理学者は論理学者として知ることができないし、また知る必要もない。論理学者は

55

＜述語の外延は主語の外延より広い＞という論理形式だけを知っていればよいのであり、そのかぎりけっして誤りを犯さない。もし「動物」を「犬」よりも外延の広い概念とする内容把握に関して誤りがあったとしても、その誤謬の責任は「論理学の外」にあるからである。

　思考が一般に「内容」を持つという点についても同様である。このことは、「一般論理学」によっては未決定なものとして前提されるのである。はたして本当に思考一般は「内容」を持つのか。これについての「根拠ある知見」は、「論理学の外」による決定に委ねられねばならない。しかしそれがいかに決定されようとも、あるいは決定されえないとしても、「一般論理学」の業務には何の影響も与えない。仮に「霊は存在する」という命題がいかなる「内容」も持たない無意味な命題であることが発見されたとしても、論理学者は「霊」および「存在する」という概念について「論理学の外から」得た情報に基づいて、その論理的形式を判定するであろう。またもし彼がその命題が無意味であるという「論理学の外」での知見に基づいて論理的分析を拒否するとしても、それは論理学者としての行動ではない。「一般論理学者」は思考が内容を持つことを常に「前提」し、また常に「未決定」の状態に置くのである。

　以上の点は、「一般論理学」が「認識のあらゆる内容を、すなわち認識の客観へのあらゆる関係を捨象して、認識相互の諸関係における論理的形式のみを、すなわち思考一般の形式のみを考察する」（A55,B79）ことのうちにすでに含意された事柄にすぎない。「一般論理学」における「認識のあらゆる内容」の「捨象」とは、認識の内容を前提しないことでなく、むしろ認識の内容を徹底して自己の「外」のものとして前提することなのである。したがってペイトンの次のような説明は十分とは言えない。

「カントにとって論理学はあたかも思考が対象を持たないかのように扱う、と言うことは、広く普及した誤解である。彼が注意深く語るときに言うことは、論理学は対象における差異を無視するということであり、このことは正しい。さらに、形式論理学は、思考の対象がある

ことを常に想定しているのだが、そのような対象が何であるのかを説明する義務を負わないのである。」[37]

　もちろん論理学が「思考が対象を持たないかのように扱う」ことは「誤解」である。ペイトンの言うとおり、論理学は「思考の対象があることを常に想定している」からである。しかしながら、ペイトンが論理学に対する説明義務の免除を「対象が何であるのかを説明する」ことに限定するのは適当ではない。なぜなら、むしろ論理学は、論理学自身が「思考の対象があることを常に想定している」ことに対する説明義務をも免除されているからである。したがってまた、ペイトンが論理学によって「無視」されるものを対象の「差異」にのみ限定するのは正しくない。実際には、対象の有無さえも「無視」されているのである。ペイトンがこの点を見逃したのは、論理学が「思考の対象があること」を前提することによって論理学自身が拘束されていると誤解したからである。しかし、この前提が実際に成立するとしても、あるいは成立しないとしても、それは論理学の「外」の出来事であり、したがって、論理学はこの出来事には一切影響を受けることなく、依然としてその前提を保持しつづけるであろう。
　こうして明らかなように、「一般論理学」は、思考が一般に「内容」を持つことを前提とするが、同時に「内容」に関しては一切何も決定しない。内容の前提と内容の捨象は矛盾することではなく、同じ事柄を指すものにすぎないのである。したがって、思考には必ず内容が伴うことは「一般論理学」によって前提されてはいても、その前提が正しいか否かは留保されている。この点は「一般論理学」の「限界」からの直接の帰結と見なされねばならない。
　この「限界」は重要である。なぜなら、それは思考には必ずしも内容が伴わない可能性を、すなわち思考を表現する命題がすべて真理値を備えているわけではない可能性を、「限界」の外の問題として残すからである。この問題に関わるのが「超越論的論理学」に他ならない。
　しかし我々はこの点の考察に進む前に、論理的形式と思考内容との関係

について生じうる一つの誤解を避けるために、別の重要な論点を考察しておきたい。それは「一般論理学」と「分析的判断」との関連の問題である。

「一般論理学」の立場からは次のように言わねばならない。「あらゆる犬は動物である」という命題が判断の論理的形式に合致している場合、この命題は思考として成立することが保証されるが、命題が「真」であることまでは保証されていない、と。しかし実際には明らかに、この命題が判断の論理的形式に合致しているならば、それは真であることが保証されている。この事態は、「あらゆる犬は動物である」という命題が「分析判断」であることから生じる。つまり、「分析的判断」においては判断の論理的形式と真理決定条件が合致するのである。すると「一般論理学」は「分析的判断」については例外的に、その論理的形式との合致を示すことにおいて同時にその真理をも決定するオルガノンの役割を持つと言わねばならないのだろうか。

しかしそうではない。我々はこれをこれまでの考察の成果によって説明することができる。カントは「あらゆる分析判断の最高原則について」と題された節において、思考が論理的形式に合致すること、すなわち「判断が自己自身に矛盾しないこと」（A150,B189）が「我々のあらゆる判断一般の単なる消極的なしかし普遍的な条件」（ebd.）であることを確認する。カントはさらにこのことを、「矛盾律」（A151,B190）が「あらゆる真理の単なる消極的な徴表」（ebd.）であると言いかえ、これが「単に論理学にのみ属する」（ebd.）ことを明言する。このように「一般論理学」の消極的性格を総括した後でカントは次のように言う。

「しかしやはり、我々は矛盾律を積極的に使用することもできる、すなわち、誤謬（それが矛盾に基づくかぎり）を追放するためだけにではなく、真理を認識するためにも使用することができる。というのは、判断が分析的である場合には、それが否定的判断であるか肯定的判断であるかにかかわらず、その判断の真理は常に矛盾律に従って十分に認識されうるのでなければならないからである。」（ebd.）

ここでカントは「矛盾律」が「判断一般」の真理の不可欠条件にすぎないことを認めながら、同時に、「分析的判断」の場合には「矛盾律」が真理の十分条件であることを明確に主張している。そしてカントはここに何の難点も認めていない。
　我々はこの事情を次のように理解することができる。「あらゆる犬は動物である」という判断が「分析的判断」であることの判定は、「犬」および「動物」の概念内容についての「根拠ある知見」が得られている場合にのみ可能である。しかるに、このような「知見」は「論理学の外から」しか得られない。そのかぎり、判断が「分析的判断」であるという情報もまた「論理学の外」から齎されるのであり、判断が「分析的」であることを判定するのは「一般論理学」者自身ではない[38]。したがって、「分析的判断」の「真理は常に矛盾律に従って十分認識されうる」ことを主張する者、換言すれば「矛盾律を積極的に使用」する者は、「一般論理学」者ではなく、その「外」に立つ者なのである。このように理解するならば難点は解消する。
　このことは、「分析的判断」と「総合的判断」の区別がいわゆる論理学的な区別ではないことを意味している。次のカントの手稿にはこの点が明確に示されている。

　「あ̇ら̇ゆ̇る̇概念の論理的関係は、一方の概念が他方の概念の外延（sphaera notionis）の下に含まれていることである： (P/S) 。形而上学的関係は、一方の概念が他方の概念と総合的に結合しているか分析的に結合しているかにある： (S P) (S̲P̲) 。」（XVI, S.716f）[39]
　　　　　　　　　　　　　　　　　　　　　総合的　　分析的

　判断を「分析的」と「総合的」とに区別する観点は「一般論理学」の内にはない。このことは、「一般論理学」が認識のあらゆる「内容」を「捨

象」することのうちにすでに含意されている。しかし同時にまた、判断を「分析的」と「総合的」とに区別することについて、「一般論理学」は何の障碍も与えない。もし60年代のカントの採用した＜内包的論理学＞のように、主語内容が述語内容を含むことに判断一般の論定的形式を見るならば、「判断一般」は「分析的判断」以外のものであることはできない。したがって、「分析的判断」と「総合的判断」との区別に対して決定的な障害を与えることになる。これに対して、「一般論理学」は、「内容」を「捨象」することにおいて成立する、純粋な形式的論理学としての＜外延的論理学＞である[40]。そのかぎり「一般論理学」は、内容に関わる判断の区別には一切干渉しない。したがってまた、分析的判断と総合的判断の区別を妨害することもない。我々が「論理学の外」において判断を「分析的判断」と「総合的判断」とに区分できるのは、我々が「論理学」の中において、「判断一般」の論理的形式を判断における一切の内容的関係とは無関係に規定しておく場合のみなのである。この意味において「一般論理学」は、「分析的判断」と「総合的判断」の区別に対してその可能性の場を自らの「限界」の外に開くのである。

　さて、我々が対象を認識する場は「一般論理学」の「限界」の外にある。しかしそこには別の「論理学」に対しても場が開かれているのではないか。我々はいよいよカントによる「超越論的論理学」の構想へと進まねばならない。

3　「超越論的論理学」の構想

　「一般論理学」の「限界」は、思考が必ずしも内容を持たない可能性を示していた。カントはこの可能性の上に「超越論的論理学」を構想する。

> 「したがって、純粋悟性認識の諸要素を述べ、それなくしてはいかなる対象も思考されないような諸原理を述べる超越論的論理学の部門は、超越論的分析論であり、これは同時に真理の論理学である。なぜなら、

この論理学にはいかなる認識も反することはできないからである、さもなければ、認識は同時にあらゆる内容を、すなわち、何らかの客観とのあらゆる関係を、したがってあらゆる真理を失うことになるであろう。Der Teil der transzendentalen Logik also, der die Elemente der reinen Verstandeserkenntnis vorträgt, und die Prinzipien, ohne welche überall kein Gegenstand gedacht werden kann, ist die transzendentale Analytik, und zugleich eine Logik der Wahrheit. Denn ihr kann keine Erkenntnis widersprechen, ohne daß sie zugleich allen Inhalt verlöre, d.i. alle Beziehung auf irgendein Objekt, mithin alle Wahrheit.」(A62f.B87)

「それなくしてはいかなる対象も思考されないような諸原理」を示すこと。「超越論的論理学」の構想の中心はここにある。この「諸原理」は、＜それに反するならばいかなる思考も成立しないような規則＞ではなく、＜それに反するならば何も思考され得ないような規則＞である。両者の間の微細ではあるが決定的な差異が洞察されることによってのみ「超越論的論理学」の構想は可能となる[41]。この洞察が「一般論理学」の「限界」の認識によるものであることはもはや強調するまでもないだろう。カントは「一般論理学」の限界を規定することによって、その限界の外にある課題を「超越論的論理学」に委ねるのである[42]。また、この新たな「論理学」が思考が対象を持つための普遍的条件を示すべきものである以上、認識が真偽いずれかであるための普遍的条件を示すものでもあり、この意味において「真理の論理学」と呼ばれることも、これまでの我々の考察に照らせば理解されるであろう。

さて上の引用文にあるように、カントによれば、「それなくしてはいかなる対象も思考されないような諸原理」は「純粋悟性認識の諸要素」でなければならない。カントはこれを「対象の純粋思考の諸規則 (Regeln des reinen Denkens eines Gegenstandes)」(A55,B80) とも呼んでいる。この事情を我々は次のように理解することができる。

「超越論的論理学」が示そうとするのは、我々の思考が内容を持つための不可欠条件としての普遍的な思考規則である。この思考規則は、「一般論理学」における思考の論理的形式のように、一切の思考内容の捨象によって見い出されるものではない。なぜなら、求められているのは、思考を思考たらしめるための普遍的条件ではなく、思考が内容を持つための普遍的条件であるかぎり、それは、一切の思考内容の捨象によってではなく、むしろ、思考一般が必ず持つべき「内容」として見いだされねばならないからである。すなわち、「超越論的論理学」の思考規則は、それ自体「内容」を含んでいなければならない。この「内容」は、我々の思考が内容ある思考であるかぎり常に必ず含むべきものである以上、思考の普遍的内容である。そのかぎり、「超越論的論理学」の思考規則は、いかなる経験によっても見出されることのない、アプリオリな思考内容を持つものでなければならない。「もしそうだとすれば、認識のあらゆる内容を必ずしも捨象しないような論理学が存在するであろう。なぜなら、対象の純粋思考の諸規則だけを含むような論理学は、経験的内容を持つようなあらゆる認識を排除するからである。」(A55.,B79f.)「超越論的論理学」の規則は、我々が何か（対象）を思考するとき同時にそれを思考していなければ我々は実は何も思考していないことが判明する、そのような思考「内容」として提示されねばならない。思考のこのような普遍的「内容」は、明らかに経験的・感性的なものではなく、したがって、まさに「純粋悟性認識」の内容であり、「純粋思考」の「対象」である。「超越論的論理学は一定の内容へと、すなわちアプリオリな純粋認識の内容へと制限されている」(A131,B170)のである。かくして、「それなくしてはいかなる対象も思考されないような諸原理」は、必然的に、「純粋悟性認識」と呼ばれるべきものなのである。

　「超越論的論理学」はこの「純粋悟性認識」を提示すべき学問である。しかし、このような「純粋悟性認識」ははたして存在しうるのか。この問に答えることもまた「超越論的論理学」の仕事なのである。

第一章　超越論的論理学の理念

「したがって、純粋あるいは感性的な直観としてではなく、純粋思考の働きとして、アプリオリに諸対象に関係することができるような概念が、すなわち、その起源が経験的でも感性的でもないような概念が存在しうることを期待して、我々は、それによって我々が諸対象を完全にアプリオリに思考するところの純粋悟性認識あるいは純粋理性認識の学の理念をあらかじめ作っておこう。このような認識の起源、範囲、および客観的妥当性を規定するような学問は、超越論的論理学（transzendentale Logik）と呼ばれねばならない。」（A57,B81）

「アプリオリに諸対象に関係する」ような概念、すなわち「純粋悟性認識」が存在することは、現時点ではいまだ「期待」にとどまっている。「対象を完全にアプリオリに思考する」ことはいかにして可能なのか。この課題に答える学として「超越論的論理学」は構想されているのである。
　さて、「それなくしてはいかなる対象も思考されないような諸原理」は、それに反するならば認識が「あらゆる内容を失う」ものであり、この意味で認識が内容を持つための不可欠条件であるが、その唯一の条件ではない。

「超越論的論理学において我々は悟性を孤立化させて（上述の超越論的感性論において感性を孤立化させたように）、我々の認識から、もっぱら悟性に起源を持つところの思考の部分を取り出す。しかし、この純粋認識の使用は、その条件として、純粋認識が適用されうるところの対象が直観において与えられているということに基づいている。なぜなら、直観がなければ我々のあらゆる認識には客観が欠けることになり、この場合認識はまったく空虚だからである。」（A62,B87）

対象が「直観において与えられ」ていることもまた、認識が内容を持つための不可欠条件である。認識が、対象が直観において与えられる仕方、すなわち時空の性質に反しているならば、対象は与えられず、したがって内容を持ち得ない。たしかに「純粋悟性認識」それ自体はいかなる直観的

63

によっても規定されてはならないが、しかしそれは直観において与えられる経験的対象に対してのみ「使用」されねばならない。すなわち「純粋悟性認識は単に経験的使用のための規準（Kanon）であるべき」(A63,B88)なのである[43]。このことは、「純粋悟性認識」はそれ自体単独で「使用」され得ないものであることを意味している。したがって、「超越論的分析論（transzendentale Analytik）」は、対象の思考の可能性の条件を「純粋悟性認識」として論じるとき、その「使用」の条件としての感性的直観をみずからの外に常に前提せねばならないのである。

しかし、たとえ「純粋悟性認識」の「使用」が直観条件に依存するとしても、それによって「純粋悟性認識」の純粋悟性的な性格が揺るがされてはならない。なぜなら、「純粋悟性認識」が少しでも感性的要素を持つことになれば、思考一般の内容を担う資格は失われるからである。それは「超越論的論理学」の構想そのものの崩壊を意味するであろう。

したがって、「超越論的分析論」は、「純粋悟性認識」がその名に相応しい「起源」を持ちうることを示すことにあると同時に、「純粋悟性認識」の使用「範囲」が経験に制限されうることをも示さねばならない。これによってはじめて「純粋悟性認識」の可能性、すなわち「客観的妥当性」が保証されことになるのである。

こうして「純粋悟性認識」それ自体の可能性が示されて初めて、「この純粋悟性認識および原則を単独で、経験の限界を越えて使用することがきわめて誘惑的で誘導的である」(A63,B87)所以を示す「超越論的弁証論（transzendentale Dialektik」(A63,B88)もまた可能になるであろう。「超越論的弁証論」は、対象認識の不可欠条件にすぎない「純粋悟性認識」が対象認識の十分条件として、すなわち「オルガノン」(ebd.)として誤って使用されることに対する「批判」である。しかし、「純粋悟性認識」の誤用を批判するためには、「純粋悟性認識」が本来はどのようなものであるのかについての洞察が前提されていなければならない。この意味において「超越論的分析論」における「純粋悟性認識」の可能性の問題は、「超越論的弁証論」をも含めた「超越論的論理学」全体の中心に位置するのである。

総括しよう。本章において我々は、60年代のカントの論理学観から『純粋理性批判』の「超越論的論理学」の構想に至る道を追うことによって、次のことを明らかにした。カントは、『純粋理性批判』においてはじめて、論理的な領域と事象的な領域との融合を前提する以前の自分の論理学観から完全に自由になり、論理学の「限界」を明確に自覚した。そしてこの自覚は「超越論的論理学」という革新的な学の理念の自覚と一体をなしている。この新たな「論理学」の問題は、「思考一般」が「内容」を持つための「規則」を、「純粋悟性認識」として示すことにある。

　以上の成果に基づいて、我々は「超越論的分析論」の考察に向かう。「超越論的分析論」ははたして「超越論的論理学」の問題を解決するべく構成されているのだろうか。「超越論的分析論」の各段階において「超越論的論理学」の課題がどのような形で問われ、またどのような解答を得るのであろうか。この考察によって、「超越論的論理学」は『純粋理性批判』におけるカントの思考を一括して表示するための単に外面的な名称ではなく、むしろカントの実質的な思考を一貫する主要動機であるという我々の仮説が検証されることになるであろう。

第二章　超越論的論理学の着手
—— 形而上学的演繹

　「超越論的分析論」は「あらゆる純粋悟性概念の発見の手引き」（A66, B91）という章をもって始まる。周知のようにカントはこの章において判断形式と正確に対応するものとして純粋悟性概念を導出する。しかしそもそも「純粋悟性概念（reiner Verstandesbegriff）」とは何であり、またそれは何故に「発見」されねばならないのか。カントはこの点について明示的な説明を与えていない。しかし、前章において「超越論的論理学」の課題を考察した我々にとってこのことはすでに明らかであろう。「超越論的論理学」の課題は、「それなくしてはいかなる対象も思考されないような諸原理」（A62,B87）を、「純粋悟性認識」（ebd.）の内容として示すことにあった。しかるに、「純粋悟性概念」とはまさにこの「純粋悟性認識」を内容とする概念に他ならない。言いかえれば、「純粋悟性概念」とは、「それなくしてはいかなる対象も思考されないような」概念である。「カテゴリーによってのみ対象は思考されうる」（A97）。したがって、純粋悟性概念を「発見」することは、「超越論的論理学」の本質的な課題に属するのである。

　カントが純粋悟性概念の発見のためにいわゆる「判断表」を利用することについて、これまで解釈者たちはほとんど一致して否定的な評価を与えてきた。判断表への依拠は「カントの形式主義への偏愛」[44]を示すものにすぎないとする評価がその典型であろう。我々は純粋悟性概念を判断表から導出するカントの手続きが事象的に成功しているかどうかには立ち入らない。しかし、少なくともカントにとってこのような手続きを採ることは必然的であった以上、何故カントはこのような手続きをとる必要があったのかを問うことは重要であろう。なぜなら、「純粋悟性概念」の「発見」

という事柄のうちにカントが見ていた困難あるいは問題の性質こそが、カントをして判断表への依拠という手続きを採るように強いたものにちがいないからである。

　この点について従来のカント解釈は、判断表の「完全性」という側面にのみ目を向けてきた。すなわち、カントの「発見」の問題は、純粋悟性概念を完全に枚挙することであり、したがって判断表への依拠は、判断表がすべての判断形式を完全に枚挙していることの確信によるのだ、と[45]。たしかに、カントの問題がカテゴリーの完全な枚挙にあり、そのために判断表の完全性が寄与すると考えられていたことは、カント自身の多くの発言から見て疑えない。

　しかし、「純粋悟性概念」を完全に枚挙するという問題は、その「発見」に内在する問題としてはむしろ表層的な問題だと言うべきである。「形而上学的演繹においてカテゴリーのアプリオリな起源が思考の普遍的な論理的機能との完全な合致によって一般的に示された……」（B159）というカントの言葉が示すように、「発見」の問題、すなわち「形而上学的演繹」の問題は、第一義的には、「アプリオリな起源」を持つ概念、すなわち純粋悟性概念の発見の内に見られるべきである。「それなくしてはいかなる対象も思考されないような」概念、言いかえれば、「理性がすべての認識において使わざるをえない」（Ⅳ,474）ような概念ははたして存在しうるのか。この「超越論的論理学」の成否を決する問題こそが、「形而上学的演繹」の問題であると思われる。では、カントはこの問題の本質をどこに見出したのか。そして判断表への依拠によってその問題をどのような形で解決したのか。本章において我々は、この点の考察をつうじて、「形而上学的演繹」が「超越論的論理学」に対して持つ意味を明らかにしたい。

　言うまでもなく、カントの手続きは、「カテゴリー表」を「判断表」と「合致」するものとして示すことで終結する。しかし、カントは、判断機能とカテゴリーとの「合致」を自明な事柄と見なしているわけではない。むしろこの「合致」の理由を示すことが、「純粋悟性概念」の「発見」、すなわち「形而上学的演繹」において重要な問題を構成するのである。そし

てこの問題が論じられる中で「総合（Synthesis）」という術語が登場し、純粋悟性概念は「純粋総合」として把握されることになる。本章は、従来の研究においては等閑視付されているこの問題連関を考察することによって、「純粋悟性概念」とは何なのかという、きわめて基本的な事柄をあらためて確認することになる。

第一節　形而上学的演繹の「問題」

　カントによれば、「実体」「性質」「量」などの概念を「カテゴリー」として示したアリストテレスの方法に欠けていたのは、それらの導出が「原理に従う」（A67, B92）ものではなかったことにある。すなわち、「いったい何故にまさにこれらの概念が純粋悟性に属し、他の概念は属さないのか」（A81, B107）という理由が明らかでないのである。しかしこの欠陥はアリストテレスに固有のものではない。

　　「いかなる特殊な経験もその根底に持っていないにもかかわらずあらゆる経験認識において現れ、経験認識に関していわば連結の単なる形式をなすところの諸概念を通常の認識から探し出すことは、諸々の語一般を現実的に使用する諸規則を或る一つの言語から探し出して、一つの文法の諸要素をまとめるということ以上の熟考も洞察も前提しない……。しかしこれによっては、あらゆる言語が何故にまさにこの形式的性質を持ち他の形式的性質を持たないのかの理由は示されえないし、また、その言語において見出されるそのような形式的性質がまさにそれだけの数であってそれ以上でも以下でもないということの理由はなおさら示されえないのである。」（IV, 322f.）

　「通常の認識」から「対象一般の概念」をどれほど注意深く摘出したとしても、その概念の持つ普遍性は、たかだか「言語」の「形式的性質」の持

つ普遍性以上のものではありえない。サンプルとなる言語がどれほど多種に及ぼうとも、また、或る一つの言語をどれほど精密に調査したとしても、それによって取り出された言語形式が厳密な普遍性を備えていることは保証されない。そのかぎり、「対象一般の概念」の導出に成功したことにはならないのである。

　カントがカテゴリーに対して厳密な普遍性を要求していることは、次の文章にも示されている。

　　「人が超越論的哲学をそこから始めるのを常とするところの最高の概念は、通常、可能的なものと不可能なものへの区分である。しかし、あらゆる区分は区分される概念を前提しているのだから、なおより高次の概念が前提されねばならない、これが対象一般の概念（Begriff von einem Gegenstande überhaupt）である（これは蓋然的に理解されており、対象が或るもの　Etwasであるか無　Nichtsであるかについては未規定である）。カテゴリーは対象一般に関係する唯一の諸概念であるのだから、或る対象がEtwasであるか、Nichtsであるのかという区別は、カテゴリーの指示に従ってなされるであろう。」
　　(A290,B346)

「対象一般」の概念とはすべての対象に妥当する概念、すなわち、対象のあらゆる区別を超越した「最高の概念」である。このような概念は、通常（バウムガルテンにおいて見られるように[46]）「或るもの Etwas」（「可能的なもの」）に求められる。しかし、カントによれば、このような概念は「対象一般」の概念ではない。なぜなら、「或るもの」という概念は「無 Nichts」（「不可能なもの」）という概念との区別において成立するが故に、対象領域の全体を包括する概念ではありえず、したがって、対象領域のあらゆる区別を超越した概念、すなわち「対象一般」の概念ではありえないからである。「対象一般の概念」は対象のあらゆる区別の前提をなすような概念である以上、Etwasよりも「より高次」の概念である。

しかしながら、純粋に論理的に見るかぎり、このように対象のあらゆる区別を超えた「X」が何であるのかを規定することは不可能である。なぜなら、「X」について何らかの規定（「A」）をなした途端にその反対の規定である（「非A」）が必然的に成立してしまうからである。このことは、あらゆる概念の「規定可能性」は「相互に矛盾対立するあらゆる二つの述語のうちの一つだけが概念に属しうる」（A571,B599）という原則に基づいている。したがって、対立（区別）を越えた規定をなすということは、端的な論理的な矛盾なのである。「単なる論理的原理」（ebd.）に従うなら、「対象一般の概念」に至る道はあらかじめ塞がれているのである。

したがって次のように言わねばならない。すなわち、「対象一般の概念」は、経験からの抽象によっても、単なる論理的分析によっても、導出不可能であると。前者によっては概念の＜普遍性＞は与えられず、後者によっては概念の＜内容＞が規定され得ないからである。言いかえれば、「対象一般の概念」は、いかなる仕方においてであれ、＜類概念＞としては導かれえない[47]。また、「古の人々の超越論的哲学」が示す「一、真、善（unum, verum, bonum）」（B113）というような伝統的な超越概念を、それが対象一般の概念である理由の説明を抜きにして、受け容れるわけにもいかない。カントの問題は、何が「対象一般の概念」であるのかを、その理由とともに規定することである。これが首尾よく行われたときにはじめて、カテゴリーの導出は「原理に従う」ものとなるだろう。

前章において考察したように、カントは1770年の「就任論文」においてすでに、「可能性、存在、必然性、実体、原因」（Ⅱ,395）という概念を、感性的表象からは起源において区別されるような「知性的概念」と見なしていた。このことが可能であったのは、それらが時空の規定を含んでいないこと、そして時空の規定は感性的表象以外の何ものにも属さないことにあった。たしかに、表象が感性に拘束されていないかぎり、その表象の普遍性は感性による制限からは自由であろう。しかし、このことは、「実体」等の概念がなぜ対象一般に妥当する普遍性を持ちうるのか、その積極的な理由を示すものではない[48]。この理由こそ、『純粋理性批判』においてカ

ントが提示すべきものなのである。

　こうして明らかなように、形而上学的演繹の「問題」は、＜何が、いかなる理由で、カテゴリーと呼ばれうるのか＞という問に他ならない。そしてこの問題を困難なものにするのは、カテゴリーの概念としての特異性である。「対象一般に関係する唯一の概念」（A290,B346）としての普遍性を持つものであるかぎり、カテゴリーは、何らかの対象に限定された内容を持ちえない。にもかかわらず、カテゴリーが概念として可能であるとすれば、それは一定の限定された内容を持たねばならない。すなわち、カテゴリーは特定の対象の規定であることが許されないにもかかわらず、「対象一般」についての規定された内容を持たねばならない。例えば「実体」という概念がカテゴリーであるとするなら、「実体」は特定の規定でありながらも対象一般に区別なく妥当する規定でなければならない。「純粋悟性概念」を、「それなくしてはいかなる対象も思考されないような諸原理」（A62,B87）として、すなわち思考されうるかぎりの対象に妥当する内容を持つものとして見出そうとするかぎり、この困難を回避することはできない。ここに形而上学的演繹の問題があるのである[49]。

第二節　問題解決のプログラム

　カントがカテゴリーの導出の説明を「あらゆる純粋悟性概念の発見の手引き」（A66,B91）と呼ぶとき、そこにはたしかに困難な課題を解決したという自負がある。「私のカテゴリーの本質は、それがもっぱら判断一般の形式から発現し、そうしてのみ客観一般の規定として使用されるという、まさにこの点にある。それ故アリストテレスのカテゴリーは私のカテゴリーではなかったのである。」（XXⅢ,S.55）形而上学的演繹において「判断表」を手引きとしてカテゴリーを導出するという手続きは、困難を克服すべくカントが文字通り「発見」した道なのである。

　一般に、或る概念の内容を規定するということは、その概念が他の概念

と異なっていることを示すことである。そして諸概念が互いに異なるのは、各々の対象が互いに異なるからである。しかしながら、「対象一般」の概念は対象の一切の差異を超えている。したがって「対象一般」の概念を規定するために、対象の差異を手がかりにすることは許されない。それゆえ、カテゴリー導出の成功は、対象の差異に基づかないような仕方で概念間の差異を示すことに懸かっていることになる。

　形而上学的演繹のこの課題に対してカントはどのように答えるのであろうか。この解答の基本線は、形而上学的演繹の成果として示されるカテゴリーの定義から明らかとなる。

　　　「カテゴリーとは、それによって対象一般の直観が判断のための論理的諸機能の一つに関して規定されたものとして見なされるような対象一般の概念である。」(B128)

すなわち、「対象」の差異にではなく「機能（Funktion）」の差異に依拠すること。これこそカントが「対象一般」の概念を規定するために採用する方法である。そしてこれが「判断表」を手引きとする方法であることは言うまでもない。

　しかし、言うまでもなく判断機能とは思考機能にすぎない。では思考機能の差異からいかにして思考対象の差異を導出することができるのだろうか。考察に格好の手がかりを与えるのは『プロレゴメナ』の次の文章である。

　　　「しかるに、このような原理を見つけ出すために、私は次のような悟性の働き（Verstandeshandelung）を探した、それは悟性の他の働きをすべて含んでいるような悟性の働きであり、また、表象の多様を思考一般（Denken überhaupt）の統一へともたらす諸様態（Modifikationen）あるいは諸契機（Momente）の差異によってのみ自己を区別するような働きである。そして私はこのような悟性の働

きを判断（Urteilen）に見出したのである。さて、欠陥を完全には免れていないとはいえすでに完成した論理学者の仕事が私の前にあった。これによって私は純粋な悟性の諸機能——これはしかしあらゆる客観に関して未規定（in Ansehung alles Objektes unbestimmt）であった——の完全な表を示すことができた。こうして最後に私は判断するためのこの諸機能を客観一般（Objekte überhaupt）に関係付けた……、こうして純粋悟性概念が生じたのである……」(IV,323f.)

ここでカントはまず、カテゴリー導出のために求められる「機能」は二つの条件をみたす必要があることを指摘している。

第一に、それはあらゆる思考作用をすべて包括するような思考作用（「悟性他の働きをすべて含んでいるような悟性の働き」）でなければならない。この働きは、思考が思考であるかぎりにおいて備えているべき形式としての働きであり、カントはこれを「表象の多様を思考一般の統一へともたらす」働きと言いかえている。つまり、カントが求めるのは一切の思考の形式をなす＜普遍的＞な思考機能である。

第二に、この「思考一般」の働きの間の差異は、思考されるもの（思考の対象）の区別に依存する差異であってはならない。なぜなら、思考されるものの差異に基づいて「思考一般」の差異を考えることは、思考一般の普遍性を否定することであり、したがって自己矛盾に陥るからである。したがって、「思考一般」の間の差異は、「思考一般」の働きの外から規定される外的差異ではなく、働きそれ自体において与えられている内的差異でなければならない。カント自身の言葉で言うなら、求められる「思考一般」の働きは、「諸様態あるいは諸契機の差異によってのみ自己を区別するような働き」でなければならない。

ここからカントはカテゴリーに至る次のような道筋を示す。カントによれば、この二つの条件をみたす「機能」は「判断」において見出される。第一に、「判断」機能こそ「思考一般」の機能であるからである。しかも第二に、「完全な表」において判断機能の差異が、「あらゆる客観に関して

未規定」な「純粋な悟性の諸機能」そのものの内的差異として一挙に与えられているからである。こうして得られた「思考一般」の機能とその差異を「客観一般に関係付け」るならば、「対象一般」の概念たる「純粋悟性概念」が生じるとされるのである。

　上の文章において簡潔にカントが示すカテゴリー導出のこのようなプログラムは、『純粋理性批判』の「あらゆる純粋悟性概念の発見の手引き」(A66ff,B91ff)の箇所において実行された。「形而上学的演繹」と呼ばれるこの部分においてカントが論証しようとするのは次の二点である。
①思考一般の機能の内的な差異が「判断表」において与えられていること。
②この表から対象一般の概念が生じること。この論証はどのようになされるのかを我々は次に検討しなければならない。

第三節　思考一般の機能としての判断

　なぜ判断表は思考一般の機能の内的な差異を示しうるのか。これを明らかにするために、我々はまず本節において、「思考一般」の「機能」が「判断」として見なされるのはなぜなのかを考察し、次節において、この機能の内的な差異が「判断表」において示されていることを確認することにしよう。前者についての議論をカントが行うのは、『純粋理性批判』の「あらゆる純粋悟性概念の発見の手引き」の第一章「論理的悟性使用一般について」においてである[50]。

　思考の能力である「悟性」は「非感性的な認識能力」(A67,B92)である。このことは（少なくとも人間の悟性にとっては）悟性が「直観」の能力ではなく「概念」による認識（A68,B93）の能力であることを意味している。しかるに、カントによれば、（感性的）直観と概念の差異は、前者が「触発（Affektion）」にもとづくのに対し、後者が「機能（Funktion）」にもとづく点にある。したがって思考とは「機能」である。「しかるに私は機能を、様々な諸表象を一つの共通の表象の下で秩序付けるはたらきの統一

と見なす。」(ebd.)

　しかるに、「悟性は概念によって判断する以外の仕方で概念を使用することはできない」(ebd.)。したがって我々は、「判断」が「機能」であることを示すことによって、思考を機能として規定する根拠を得ることができるだろう。これをカントは以下のように説明する。

　　「あらゆる判断には、多くのものに妥当し、またこの多くのもののなかで所与の表象をも含んでいるような概念がある、そしてこの所与の表象が対象に直接に関係するのである。たとえば、『あらゆる物体は可分的である』という判断において『可分的なもの』という概念は他の様々な概念に関係する。それがこの場合には特に『物体』という概念に関係するのだが、しかしこの物体の概念は我々に現れる或る諸現象の方に関係するのである。したがって、この諸対象は可分性の概念によって間接的に表象されるのである。」(ebd.)

ここでカントは、判断の主語と述語の関係に着目することによって、「判断」と対象との関係を論理的に分析している。判断における主語と述語の関係を外延的に見るならば、或る概念（述語）が、その下に含まれる多くの下位表象の一つ（主語）に関係することに他ならない[51]。しかし、述語概念がどの特定の下位表象に関係するのかということは、述語概念そのものによって決定されるのではない。述語概念がどの主語概念と結びつくかは、述語概念にとっては任意の事柄であり、それはむしろ「我々に現れる或る諸現象」すなわち直接に対象に関わる「直観」によって決定されるのである。この意味において、「判断」は対象を「間接的」に表象する。しかしカントはまさにこの点に、「判断」が「機能」である理由を見出す。

　　「したがってあらゆる判断は、我々の諸表象の間の統一の機能（Funktion）である。すなわち、直接的な表象の代わりに、これやそれ以外の多くの表象を自らの下に含むような一つのより高次の表象が

対象の認識のために使われ、そしてそれによって多くの可能的認識が一つの認識においてまとめられるのである。」(A69,B94)

ここでカントが言おうとすることは次のことである。「SはPである」という判断は、Sをその一つとする多くの「直接的な表象」を、Pという共通徴表（「より高次の表象」）を含むものと見なすことである。これはまさしく「様々な諸表象を一つの共通の表象の下で秩序付ける働きの統一」であり、したがって「機能」と呼ぶことができる。言いかえれば、「SはPである」という判断は、「xはPである」という「機能」、すなわちPxというFunktionが特定の値をとったものに他ならない。そしてこの判断が特定の主語Sをとることは判断の「機能」の働きによるのではない。それは感性の「触発」にもとづくものであって「機能」とは区別されるべきである。判断はいわば＜可能的主語の述語＞であり、カントが判断を「機能」と呼ぶのはこの意味に他ならない。

あらゆる判断は、論理的形式から見れば、このような統一機能である。したがって、あらゆる思考は機能である。この意味において「思考一般」は「判断」の「機能」であると言うことができる。思考は直観による「触発」からの独立性を持つ独自のはたらき、すなわち「機能」なのである。しかしカントの議論はこれで終わりではない。判断の機能の差異に注目して「純粋な悟性の諸機能」を見出そうとする――これがカントの意図である――ならば、以上の議論ではまだ十分ではないからである。これまでの議論においては、判断の機能の差異はすなわち述語概念の差異として考えられている。すなわち、「あらゆる物体は可分的である」という判断と「あらゆる金属は物体である」という判断が機能として異なるのは、それぞれの述語が異なっているからである。判断機能の相違とは判断の述語の相違に他ならない以上、判断が異なる述語を持つ分だけ別の機能が見出されることになる。したがって、もしこの議論に基づいて「純粋な悟性の諸機能」を求めようとすれば、「純粋な悟性の概念」を述語とする判断を見出すしかないであろう[52]。こうして問題は完全に振り出しに戻ってしまう。

したがってカントはさらに議論を続けなければならない。
　カントは次のように論点を進める。

　　「しかるに、我々は悟性のあらゆる働きを判断に還元することができ
　　るのだから、その結果として、悟性一般は判断する一つの能力として
　　表され得る。」(ebd.)

一見すると論点は以前と変わっておらず、思考はすべて判断であることが繰り返されているだけのようにも見える。しかし、ここには同じ事態に対する視点の差異がある。すなわち、考察の視点が、あらゆる個々の判断＝機能（これを＜判断機能A＞と呼ぼう）から、一つの判断機能全体、すなわち「判断する一つの能力」（これを＜判断機能B＞と呼ぼう）へと移行しているのである。「思考一般」は、もはや各々の判断としてではなく、判断しうる一つの能力として、すなわち、一つの機能として把握されている[53]。この差異の意味するところは、悟性が「判断する一つの能力」であることの理由を述べる次の文章から明らかとなる。

　　「その理由はこうである。上述のように悟性とは思考する能力である。
　　思考とは概念による認識である。しかるに概念は、可能的判断の述語
　　(Prädikate möglicher Urteile) として、まだ規定されていない諸対
　　象の何らかの表象に関係する。たとえば、物体の概念は、この概念に
　　よって認識されうるところの何かを、たとえば金属を意味する。した
　　がって、概念は、その下に――それをつうじて概念が諸対象に関係し
　　うるような――他の諸表象が含まれているということによってのみ概
　　念なのである。それゆえに、可能的な判断（ein mögliches Urteil）
　　――たとえば「あらゆる金属は物体である」という判断――における
　　述語が概念なのである。」(ebd.)

　ここでカントが言おうとするのは、「可能的判断の述語」であることが

第二章　超越論的論理学の着手——形而上学的演繹

概念を概念たらしめる形式であるということである。＜判断機能A＞においては概念が＜可能的主語の述語＞と見なされていたことを思い起こすならば、相違は明確であろう。概念が＜可能的主語の述語＞と見なされたとき、思考＝機能であるのは個々の判断であり、その機能（関数）の変項は様々な主語であった。これに対して、＜判断機能B＞において概念が「可能的判断の述語」と見なされるとき、変項とみなされうるのは主語ではなく個々の判断である。そしてこの場合に個々の判断を変項とする思考＝機能は、「判断する一つの能力」と呼ばれるものに他ならない。「判断する一つの能力」は、すべての判断を自ら下しうるような一つの機能であるという点において、あらゆる判断を統一する機能である。これは個々の判断のいかなる述語内容にも依存しない——「まだ規定されていない諸対象」に関わる——形式的機能である。この＜判断機能B＞こそ、思考を思考たらしめる形式、すなわち「思考一般」の機能と呼ばれるにふさわしいものであろう。こうして「思考一般」が「判断」の「機能」であることは、新たな意味を持つことになる。すなわち、「判断」の「機能」は、もはや述語の内容に依存する機能ではなく、純粋に形式的な機能と見なされるのである。

　こうして「思考一般」の機能は、思考内容に依存しない思考機能、すなわち一つの機能（eine Funktion）として形式化されたことになる。しかるに、カントの議論の意図は、判断の機能の差異に注目して「純粋な悟性の諸機能」を見出すことにあった。それゆえ、カントの意図が成就するためには、この一つの機能が「諸様態あるいは諸契機の差異によってのみ自己を区別するような働き」（Ⅳ,323）であることが示されねばならない。つまり問題なのは、判断する一つの機能ははたして諸機能（Funktionen）として自らを差異化しうるのかということである。すなわち、「思考一般」の諸機能は内的な差異として示されうるのか。さらに言い換えれば、個々の判断を統一する形式的機能とは、その純然たる形式性を失うことなく差異化され得るものなのか。

　カントによればこのことは「十分に成立しうる」。

「したがって、もし諸判断における統一の諸機能（Funktionen der Einheit in den Urteilen）をすべて示すことができるならば、悟性の諸機能を完全に見出すことができる。しかるにこのことが十分に成立しうるものであることを、次の章が明らかにするであろう」(A69, B94)

第四節　「判断表」の提示

「次の章」(「判断における悟性の論理的機能について」(A70,B95)) においてカントは「判断表」を提示する。

「判断一般のあらゆる内容を我々が捨象して、そこで単なる悟性形式に注目するならば、判断における思考の機能（Funktion des Denkens）は四つの表題にもたらされうること、その四つの表題はそれぞれ三つの契機を自らのもとに含むことを我々は見出す。それらは次の表において適切に表されうる。

1
判断の量
全称的
特称的
単称的

2
質
肯定的
否定的
無限的

3
関係
定言的
仮言的
選言的

　　　　　4
　　　　　様相
　　　　　　蓋然的
　　　　　　実然的
　　　　　　必当然的

　　　　　　　　　　　　　　　　　　　　　　　　　　　　」(ebd.)

　この判断の分類は、カント独自の仕事ではなく、「欠陥を完全には免れていないとはいえすでに完成した論理学者の仕事」(Ⅳ,323) である。カントの新しい洞察は、むしろ、諸々の判断種類を提示した「論理学者」の仕事の意味の再発見にある[54]。これまでの我々の考察に照らすならば、カントが判断表において「見出す」のは次のことである。

　判断表に示される各々の「思考の機能」は、いずれも「思考一般」の機能である。たとえば、全称的判断の形式「あらゆるSはPである」においてSとPはどのような内容であってもよいから、これは「可能的判断」(A69,B94) の形式である。またこの形式は、SとPのすべての内容を「一つの共通の表象の下で秩序付けるはたらきの統一」(A68,B93) であるかぎり、「機能」と呼ばれるにふさわしい。この機能は、それが秩序付ける表象内容を限定することなくそのすべてに妥当するものである以上、思考一般の機能と言わねばならない。すなわち、全称的判断の形式は、それなしにはいかなる思考も成立しないような機能であると見なされねばならない。そしてこのことは他のすべての判断形式ついても同様に妥当する。しかし、同時にまた、各々の判断機能はいずれも特殊な判断機能である。各々の判断機能が互いに区別されるものである以上、これは当然のことである。

　したがって、カントが、そして我々が判断表において見出すのは、各々が厳密に普遍的であると同時に特殊的でもあるような思考機能である。これは一見すると不合理な事態のように思われる。たとえば次のように反論されるかもしれない。実際に存在する判断は（量の観点から見れば）全称的・特称的・単称的のいずれかのグループに分類される以上、各々の判断形式が普遍性を持つことは元来不可能である、と。判断形式が諸判断の類

81

的な分類を意味するとするすれば、この反論は正しいだろう。しかし、カントが判断形式を「機能」と見なすとき、判断形式を何らかの類的存在と見なす考えはすでに排除されている。判断形式は、個別的な判断から抽出される形象ではなく、「判断一般のあらゆる内容」を「捨象」(A70,B95)する[55]ことによって見出される「機能」である。つまり各々の判断機能のもとには任意の表象が包括され得る。全称的判断という機能にのみ包括され得る表象もなければ、その機能に包括され得ないような表象もない。そしてこのような「機能」は実際に複数存在する。とすればその各々は普遍的でありかつ特殊的であるほかないのである。

　カントはまさにこのことを判断表に「見出す」(ebd.)。このことをアプリオリな事実として発見したことによって、カントは、思考一般の諸機能を見出すという課題を解くことができるのである。なぜなら、判断機能の特殊性と普遍性とが両立するということは、まさに、機能間の差異が外的な差異ではなく、内的な差異であることを意味するものに他ならないからである。すなわち、「量」「質」「関係」「様相」の区別およびその各々の観点のもとでの三つの判断機能の区別はいずれも一つの判断機能の内的な差異であり、したがって十二個の判断形式は確かに「思考一般」の「機能」の「諸様態あるいは諸契機の差異」(Ⅳ,323) を示している。判断表における個々の判断機能は、「判断する一つの能力」(A69,B94) をそれぞれの仕方で表現するのである。

　こうして、カテゴリー導出のプログラムの前半部は実行された。我々は、ここにおいて、カントがカテゴリー導出の手がかりとして判断表を持ち出すことの意味を理解することができる。それは、カントの「形式主義への偏愛」を意味するのではなく、またカテゴリー表の「完全性」を論理学を盾に強弁するための手段でもない[56]。

　カントの意図はむしろ、思考一般の特定の機能を発見するというアポリアに近い困難を打開する方策が、実のところ「判断表」において直接に与えられていることを示すことにあった。この意味において、カントは、判断表を利用したのではなく、カテゴリーの導出のための鍵としてまさに

「発見」したと言うべきである。

第五節　カテゴリーの導出

　判断表に提示された諸機能は、判断内容の捨象によって見出される形式的機能である以上、我々が何を思考するか、すなわちいかなる客観を思考するかには関わりなく機能する。すなわち、「あらゆる客観に関して未規定」(Ⅳ,323f.) である。そしてそのかぎり、この機能はまだ「対象一般の概念」すなわちカテゴリーではない。カントは単なる判断機能とカテゴリーの区別を次のように説明している。

> 「カテゴリーとは、それによって対象一般の直観が判断のための論理的諸機能の一つに関して規定されたものとして見なされるような対象一般の概念である。定言的判断の機能は、主語が述語に対して持つ関係の機能であった。たとえば『あらゆる物体は可分的である』という判断がそうである。しかし、悟性の単なる論理的使用に関しては、二つの概念のうちのどちらに主語の機能が、またどちらに述語の機能が与えられるかは未規定のままにとどまった。なぜなら、『若干の可分的なものは物体である』とも言えるからである。しかるに、実体のカテゴリーによって——私が物体の概念をそのカテゴリーのもとに置く場合には——次のことが規定される、すなわち、物体の経験的直観は経験においてけっして述語としてではなく常に主語としてのみ見なされねばならない。他のあらゆるカテゴリーにおいてもこれと同様である。」(B128f.)

「定言的」な判断機能は、＜ＳはＰである＞という「述語の主語への関係」(A73,B98) を成り立たせる論理的機能である。そのかぎり、ＳとＰの位置にどのような直観が置かれるべきかについては何も規定しなかった。これ

に対して、「実体」の「カテゴリー」の下に何かが包摂されるならば、それは「述語としてではなく常に主語としてのみ見なされねばならない」(ebd.)。すなわち、「実体」のカテゴリーは、「対象一般の概念」であるかぎり、その下に包摂される「対象一般の直観」を、実体の意味に従って規定する。したがって、たとえばもし「物体」の経験的直観が「実体」のカテゴリーの下に置かれるならば、それは「常に主語としてのみ見なされねばならない」。これによって、「実体」のカテゴリーは、直観一般を「規定」するのである。

　このように、カテゴリーは、直観一般を包摂することによって直観一般を「規定」する機能である。このように言うことは、カテゴリーが直観一般に妥当する意味内容をもつ「概念」であると言うことに等しい[57]。この点に判断機能とカテゴリーとの違いがある。判断機能は思考一般を成立させる機能であるが、カテゴリーは対象一般を思考する概念である。判断機能は、未規定の（つまり任意の）Xを思考する機能であり、後者はすべてのXを規定する思考機能である[58]。したがって、両機能の区別は、思考される対象が＜未規定＞であるか、＜普遍的＞であるかの違いにあると言ってよいだろう。

　対象の未規定性と対象の普遍性とは、対象の内容的な差異が一切捨象されている点では同じである。だとすれば、判断機能とカテゴリーとの区別は、同じ機能が持つ相貌の違いにすぎないのではないか。そして実際にカントは、この両機能の同一性を明確にすることによって、判断機能からカテゴリーを導くことの正当性を示そうとするのである。これは、『プロレゴメナ』で言われた、「判断するためのこの諸機能を客観一般に関係付け」(Ⅳ,324)る作業に他ならない[59]。

　この作業は、「純粋悟性概念あるいはカテゴリーについて」(A76ff.B102ff.)と題された章で行われるが、その手続きの要点は、議論の結論部に位置する次の文章に尽くされている。

　　「一つの判断におけるさまざまな表象に統一を与える機能と同じ機能

第二章　超越論的論理学の着手——形而上学的演繹

がまた、一つの直観におけるさまざまな表象の単なる総合に統一を与えるのであって、この機能が普遍的に表現されるならば純粋悟性概念と呼ばれる。したがって、同じ悟性が、しかも、それによって悟性が諸概念において分析的統一によって判断の論理的形式を成立させたところの働きとまさに同じ働きによって、直観一般における多様の総合的統一を通じて、自らの表象に超越論的内容をもたらすのであり、このためにこの表象は、アプリオリに対象に関係する純粋悟性概念と呼ばれるのである、このことは一般論理学がなし得ないことである。」(A79, B104f.)

この文章は、カントの論証が二つのステップを踏むことを示している。
①まず、「一つの判断におけるさまざまな表象に統一を与える機能」（「分析的統一」）と「一つの直観におけるさまざまな表象の単なる総合に統一を与える」機能（「総合的統一」）とが「同じ」機能であることを示すこと。
②次に、前者、すなわち「一つの判断における」分析的統一（＜判断機能A＞）を「普遍的に表現」したものが「判断表」の判断機能（＜判断機能B＞）であり、また「一つの直観における」総合的統一（概念機能）を同じく普遍化したものが「純粋悟性概念」であることを示すこと。これによって「判断表」の判断機能と「純粋悟性概念」とは一致することが帰結する。

まず①の論点から検討しよう。「純粋悟性概念あるいはカテゴリーについて」の章におけるカント自身の論述は、一見すると①の論点とは無関係であるように見える。しかし、この章の核心をなす上の引用文の内容は明らかに「論理的悟性使用一般について」の章の内容に対応していることを念頭に置きつつ、カントのあまりにも簡潔な論述を補いながら考察するならば、①の論点についてのカントの考えを次のように再構成することができると思われる。

「一つの判断におけるさまざまな表象に統一を与える機能」、すなわち

85

「分析的統一」とは、「論理的悟性使用一般について」の章で説明された＜判断機能Ａ＞に相当する。これは述語によって（主語をその一つとする）下位の諸表象を統一するという、論理的形式から見られたかぎりの判断の機能であった。しかし他方で、判断とは、或る「内容」を持った「認識」でもある。そこでカントは次のように主張する。「ｘは可分的である」という判断は、その論理的形式から言えば、「分析的統一」の機能であるが、他方で、それ自体が或る「内容」の認識であるという点から言えば、「総合」の機能である。

> 「しかるに私は、異なった諸表象を互いに付加し、その多様性を一つの認識において把握する働きを、最も普遍的な意味において、総合(Synthesis) と呼ぶ。……我々の表象のあらゆる分析に先立って、この表象が与えられていなければならない、そしていかなる概念も内容に関しては (dem Inhalte nach) 分析的に生じることはありえない。しかるに、多様の総合（多様が与えられるのが経験的にであろうとあるいはアプリオリにであろうと）が、認識をはじめて産み出すのである。たしかに、認識は最初のうちはまだ混乱していることがありうるし、したがって分析を必要とする。しかし、本来、諸要素を集めて認識となし、或る内容へと統一するものは、やはり総合なのである。したがって、総合は、我々の認識の第一の起源について判断しようとするなら、我々が注目すべき第一のものである。」(A77f.B103)

認識の「内容」を成立させるのは、「分析」ではなく「総合」であるとカントは言う。注意すべきなのは、ここで「総合」は「最も普遍的な意味において」理解されているということである。これは、経験的な総合であるかアプリオリな総合であるかを問わず、認識一般の内容の「第一の起源」であるような「総合(Synthesis)」である。しかし「総合」とは何なのか。

「純粋悟性概念の超越論的演繹」の16節に付された注は、この点につい

第二章　超越論的論理学の着手──形而上学的演繹

ての説明として役立つ。

「……例えば私が赤一般を思考するとき、私はそれによって（徴表として）どこかに見出されうるような、あるいは他の諸表象と結合されうるような性質を表象する。……様々な（verschieden）諸表象に共通のものとして思考されるべきであるような表象は、その表象のほかになお異なった何か（etwas Verschiedenes）をそれ自体において持つような諸表象に属するものと見なされる。したがってこの表象は他の諸表象（たとえ単に可能的表象であれ）との総合的統一において前もって思考されねばならないのであり、しかる後にはじめて私は、表象を共通概念たらしめるところの意識の分析的統一をその表象に即して思考することができるのである。」(B133f.Anm.)

この文章に即して「xは赤である」という判断を例にとろう。この認識の「内容」は、言うまでもなく、何かが「赤である」ことの把握である。これは、「x」が「赤」として思考されること、すなわち、「赤」が「様々な諸表象（x）に共通のもの」として思考されることに他ならない。一見すると、この思考は、様々な表象のうちに「赤」という共通徴表を分析的に見出すことによって成立するように思われる[60]。しかしながら、この「分析」によって或る共通徴表を抽出するためには、それが共通徴表であるという認識内容が先行していなければならない。すなわち「xは赤である」という認識が暗黙のうちに前提されているからこそ、xの内に共通徴表を分析的に見出すことができるのである。したがって、「xは赤である」という思考が判断の論理的形式を充たすものであることを分析によって確認するとき、我々は常に同時に、「xは赤である」という判断の「内容」を、分析以前に成立しているものとして前提している。言いかえれば、＜或る表象が共通徴表である＞という──判断一般に備わる──事態は、分析によって見出される判断の論理的形式を表現すると同時に、分析によっては成立しない判断「内容」をも表現している。

87

上の引用文で、カントはこの「内容」を可能にするものが「総合」であることを主張している。カントが言おうとするのは次のことである。何かが——たとえば「赤」が——「様々な諸表象に共通のもの」であるという事態は、「赤」がそれらに共通であるところの「様々な表象」（「赤い夕焼け」「赤い本」等）が、「赤」なる性質の他に、それとは「異なった何か」（「夕焼け」「本」等）を持つことを含意している。すなわち、「様々な表象」は、それに「共通のもの」と同じであると同時に異なっていなければならない。したがって、「赤」を「様々な諸表象に共通のもの」として思考することは、「赤」なる共通徴表を、それと異なる諸表象と「総合」することによってのみ可能となる。

　これを次のように言いかえることができる。「様々な表象」は、それに「共通のもの」と異なっているが、その異なり方は各々の表象においてまた別様でなければならない。さもなければ、「様々な表象」はその複数性を失い、それによって「共通のもの」であることも意味を失うであろう。つまり、「xは赤である」において、各々のx（$x_1, x_2, x_3, x_4, \cdots\cdots$）は、「赤」であるという点では同じであるが、同時に、相互に異なるものでなければならない。したがって、「様々な諸表象に共通のもの」を思考することは、多なる表象を互い異なりかつ同じものとして把握することである。これこそカントが「異なった諸表象を互いに付加し、その多様性を一つの認識において把握する働き（Handlung, verschiedene Vorstellungen einander hinzutun, und ihre Mannigfaltigkeit in einer Erkenntnis zu begreifen）」（A77,B103）と呼ぶところのもの、すなわち「最も普遍的な意味」における「総合（Synthesis）」（ebd.）に他ならない。カントが「総合」を「内容に関して」「認識の第一の起源」（ebd.）と見なすのは、以上の意味においてであると思われる。

　さらに、「総合」が認識一般の可能性の条件とされることは、認識一般の成立条件についてのテーゼ——「直観と概念が我々のあらゆる認識の要素をなす」——（A50,B74）と、次のように関連している。「総合」は互いに異なる多様を同じものとして把握する。この把握は、統一されるべき多

様が互いに異なるものであることの把握、すなわち多様性の把握を含むが、多様性の起源を含んではいない。多様性そのものは総合によって生じるのではなく、総合に対して与えられる。すなわち、多様性の根拠は「総合」の機能ではなく、「触発」であり、「直観」である。したがって、「直観」がなければ「総合」は機能しえない。一方、「総合」は、互いに異なる多様を同じものとして把握するかぎり、多様を無秩序に結合する「想像力」(Einbildungskraft)の「盲目的な」機能（A78, B103）ではありえない。「この[盲目的な]総合を概念にもたらすことは、悟性に属する機能であり、これによってはじめて悟性は本来の意味での認識を我々に与えるのである。」(ebd.[ ]内筆者挿入) したがって、認識一般の内容の起源としての「総合」には、概念によって「統一」を与えるという契機がすでに含まれているのである。

　こうして、認識の「内容」を可能にする機能は、「一つの直観におけるさまざまな表象の単なる総合に統一を与える」機能、すなわち「総合的統一」の機能と呼ばれることになる。そして、この機能は、「分析的統一」すなわち「一つの判断におけるさまざまな表象に統一を与える機能」と「同じ」機能であると言うことができる。なぜなら、上に見たように、両機能は、或る表象が共通徴表であるという同一の事態を、一方は、判断の論理的形式として、他方は、認識内容として、それぞれ可能にする機能だからである。「分析的統一」と「総合的統一」とは思考の同一の機能を別の側面から表現するものに他ならない。こうして上の①の論点は確保されたことになる。

　②の論点に移ろう。「一つの判断における」分析的統一が普遍化されたものが「判断表」で示される判断諸機能であることは、すでに本章第三節と第四節で確認された。したがって、残る問題は、「総合的統一」の機能を「普遍的に表現」したものが「純粋悟性概念」であるという点である。このことはどのように理解されるべきであろうか。
　この点についてカントは次のように言う。

「しかるに純粋総合は、普遍的に表現されるならば、純粋悟性概念を与える。(Die reine Synthesis, allgemein vorgestellt, gibt nun den reinen Verstandesbegriff.)」(A78,B104)

上述のように、「総合」とは認識内容を成立させる一般的機能であるから、「純粋総合」は純粋な認識内容を成立させる機能を意味している。しかるに、純粋な認識内容とは、まず、空間時間が含む「アプリオリな純粋直観の多様」(A77,B102)に即して考えられるであろう。この場合「純粋総合」は、幾何学等において、時空の多様についての概念(共通徴表)、すなわち「空間時間の概念」を成立させる機能である。たしかに、この概念は経験的所与の性格に依存しないかぎり普遍性を持っている。しかしその普遍性には必然的な制限がある。

「空間時間は……しかしながら、そのもとにおいてのみ心が対象の表象を受け取ることができるような我々の心の受容性の条件に属すのであり、したがってこの条件はまた空間時間の概念を常に触発せざるをえない。」(ebd.)

空間時間が「我々の心の受容性の条件 (Bedingungen der Rezeptivität unseres Gemüts)」であることは「空間時間の概念」の性格に影響を与えざるをえない。このことの意味は「超越論的感性論」の内容を顧慮するならば明らかであろう。感性論においてカントが言うように「空間についてはアプリオリな直観(経験的ではない)が空間についてのあらゆる概念の根底にある」(A25,B39)。したがって、たとえば「線や三角形についての普遍的概念」(ebd.)は、我々の空間直観の性質によって規定された性格を持つ。これらの概念によって構成される「三角形において二辺の和は残りの辺よりも大きい」(ebd.)という命題を真とする根拠は、線や三角形の概念そのものの性格にあるというより、むしろその概念の根底にある空間直観の性質、すなわち「我々の心の受容性の条件」の性質にある。言いかえれ

ば、もし「我々の心の受容性の条件」の性質が別様であるならば、「線や三角形についての普遍的概念」も別の性格を持ち、それ故「三角形において二辺の和は残りの辺よりも大きい」という命題は偽とされるかもしれない。こうして、空間時間が「我々の心の受容性の条件」であることは「空間時間の概念」を「常に触発」せざるをえない。空間時間についての概念は「純粋総合」によって可能になるとはいえ、その普遍性は制限されているのである。

　したがって、「純粋総合」一般が厳密に普遍的な概念を可能にするのではない。だとすれば、カントが、「純粋総合」一般が「純粋悟性概念」を「与える」と言う代わりに、「普遍的に表象されるならば」という限定詞を付した理由も明らかであろう。それは、「純粋悟性概念」が厳密な普遍性を持つ概念であるからに他ならない。このような文脈で見るならば、カントが「純粋総合」の普遍化について語るとき、「我々の心の受容性の条件」への制限を排除することが念頭にあったこともまた明らかである。普遍的な純粋総合によって成立する概念とは、「我々の心の受容性の条件」による触発から完全に自由な概念なのである。「純粋悟性概念」は単に時間空間という我々の純粋直観の総合によって成立する概念ではない。むしろそれは、「直観一般（Anschauung überhaupt）における多様の総合的統一を通じて」（A80, B105.）成立する概念であり、その概念内容はいかなる時空規定をも含まない「超越論的内容」（ebd.）であり、「このためにこの表象はアプリオリに対象に関係する純粋悟性概念と呼ばれるのである」（ebd.）。「総合的統一」の機能が「普遍的に表現」されることは、総合的統一を触発する時空条件を完全に捨象することを意味している。これによってまさに純粋に悟性的な起源を持つ概念が発現するのである。

　こうして、形而上学的演繹は最終地点に達した。「分析的統一」と「総合的統一」とが同一の機能であり、両者を普遍化したものがそれぞれ、判断表の諸機能と、「純粋悟性概念」の諸機能であるとすれば、判断表の諸機能を「純粋悟性概念」へと変換することが可能なのである。

「超越論的分析論は、我々の認識の単なる論理的形式が、——あらゆる経験に先立って対象を表示……するところの——純粋概念の起源をアプリオリに含みうる例を我々に与えた。判断の形式（これが直観の総合についての概念へと変えられて）がカテゴリーを生み出したのである……。」(A321,B377f)

第六節　形而上学的演繹の成果

　カントは判断表に対応する「カテゴリーの表」(A80,B106) を提示するとき、何故それらが「対象一般の概念」の内容を示すと言えるのか、その理由をすでに説明し終わっている。判断表の判断諸機能は普遍性と同時に特殊性を持つものであった。同様にカテゴリー表の示す各々の純粋悟性概念も、それ自体においては普遍的内容を持つと同時に、それぞれが限定された内容を持つ概念、すなわち「客観一般の思考を異なった諸様態において (nach verschiedenen modis) 表現する」(A247,B304) ような概念である。カントは、単なる論理的分析によっては導出しえないこの「対象一般の概念」を、判断機能からの変換という操作によって得た。「カテゴリーの表」は、「純粋悟性認識の諸要素」が、すなわち「それなくしてはいかなる対象も思考されないような諸原理」(A62,B87) が存在することを、その「内容」と共に示している。こうして「超越論的論理学」の可能性が確認されたことになる。「形而上学的演繹」の成果はまずここにあると言わねばならない。

　「形而上学的演繹」の成功の鍵の一つは純粋悟性概念が普遍的な「純粋総合」であることを明らかにした点にある[61]。カントのこの洞察は、純粋悟性概念の本質を決定すると同時に、「純粋総合」という概念が「超越論的論理学」の中心的概念となる所以をなすものでもある。この点を最後に確認しておかねばならない。

　一般に何かを思考することは「総合」によって可能となる。「総合」と

第二章　超越論的論理学の着手——形而上学的演繹

は、多なる表象を互いに異なりかつ同じものとして把握する機能であった。これが判断の論理的形式を成立させる機能と同一の機能として考察されたことからも明らかなように、カントは「総合」を、経験的・心理的な表象連合とのアナロジーから発想しているのではない。「総合」は、それなしには認識一般が内容を持ちえないような機能であるかぎり、認識の内容的起源を問う「超越論的論理学」に属する。したがって「総合」は、あくまでも概念的——論理的な総合であり、そのかぎり、たとえ経験的内容に即して機能する場合にも、表象連合という単に心理的性格を持つわけではない[62]。

　このことは、感性的所与の具体性を前提しない「純粋総合」の場合にはとりわけ明瞭である。普遍的な「純粋総合」の内容を決定するのは、いかなる所与内容でもない。たとえば「原因と結果（Ursache und Wirkung）」（A80,B106）のカテゴリーは、「或るAに対して、それとはまったく異なるBが規則によって定立されるという特殊な種類の総合」（A90,B122）である。しかしそれは言うまでもなく「A（原因）」と「B（結果）」という順次心に浮かぶ二つの心象を総合することではない。さもなければ原因と結果は感性的な所与であることになり、カテゴリーから普遍的性格は完全に失われてしまうであろう。そればかりか、カテゴリー自体の内容にはAに対してBが時間的に先行するという感性的条件はまったく含まれていない。むしろ「原因と結果」が「純粋総合」であるということは、我々が「或るAに対して、それとはまったく異なるBが規則によって定立される」という純然たる非感性的な関係を、所与対象一般において、すなわち普遍的に成立する関係として思考することに他ならない。すなわちカテゴリーとしての「原因と結果」の関係は「超越論的内容」（A80,B105）を持つ。言いかえれば、「原因と結果」という概念は、対象一般を包摂する「超越論的述語（transzendentale Prädikate）」（A343,B402）であり[63]、この包摂を行う機能が「純粋総合」なのである。「総合」は「表象そのものを生産する」（A51,B75）「自発性」の機能である以上、「純粋総合」は「超越論的内容」を直観一般において「生産する」と言ってもよいだろう。このように、我々

がカテゴリーを対象一般についての「普遍的」規定として理解しうるのは、カテゴリーを「純粋総合」として見なす場合のみである。すなわち、我々の「純粋悟性認識」は「純粋総合」によってのみ可能なのである。これは、「我々自身が諸物のうちに置き入れるものだけを我々は諸物に関してアプリオリに認識する」(B XVIII) という、カントがコペルニクスの業績に比した「考え方の変革的方法」(ebd.) に他ならない。この意味において、「純粋総合」は「超越論的論理学」の中心概念と見なされねばならない。

総括しよう。「形而上学的演繹」において、カテゴリーが普遍的な「純粋総合」として理解されることによって、それが「純粋悟性認識の諸要素」(A62,B87) であり、また「それなくしてはいかなる対象も思考されないような諸原理」(ebd.) であることが示され、しかも、この「諸原理」のすべての内容がカテゴリー表において与えられた。しかし、そうだとすれば、「超越論的論理学」の構想は、少なくとも「超越論的分析論」は、すでに成就したことになるのではないだろうか[64]。純粋に知性的な認識を感性的認識からまったく分離することで満足する「就任論文」のカントならばそう考えるかもしれない[65]。しかし、『純粋理性批判』のカントの思考は、「純粋悟性概念」＝「純粋悟性認識」を得たこの地点からまさに本格的に始まるのである。我々ははたして本当に「純粋悟性概念」を持っているのか。「純粋総合」は実は空虚な機能ではないのか。これは、「形而上学的演繹」を前提とする問であるが、しかしもはやその枠内で解決することは不可能である。こうして我々は「超越論的演繹」に赴かねばならない。したがって、「形而上学的演繹」は、「超越論的論理学」の「着手」にすぎない。しかしながら、「形而上学的演繹」の成果は、「超越論的論理学」の以降の進展においてもけっして撤回されることはない。カテゴリーがいかなる感性的条件にも拘束されない普遍的な「純粋総合」であることは、カテゴリーの本質的規定として、以降の『純粋理性批判』の重層的な議論を通底する。この意味で「形而上学的演繹」は「超越論的論理学」全体の揺らぐことのない場を設定しているのである。

第三章　超越論的論理学の正当化
── 超越論的演繹

　「純粋悟性概念の超越論的演繹」の章が『純粋理性批判』の中核をなす箇所であり、またその叙述がきわめて難解であることは周知の事実である。その故にまた、「超越論的演繹」に関して現在に至るまでさまざまな解釈の試みがなされてきた。とりわけ第二版の演繹の証明構造についての問題は、ヘンリッヒの問題提起[66]以来、議論が続いている。そもそも「超越論的演繹」においてカントは何を問題にしたのかについてさえ、理解が一致しているわけではない[67]。これまでの「超越論的演繹」の解釈には、演繹の問題を「超越論的論理学」の問題の文脈の内に置く視点が希薄であったように思われる。我々の見るところでは、「超越論的演繹」の問題は、「超越論的論理学」の構想それ自体に向けられた「権利問題」なのである。本章はこの視点からの考察によって、「超越論的演繹」の問題とその論証過程について考察し、それを通じて、「超越論的演繹」が「超越論的論理学」において持つ意味を把握することを試みる。

第一節　超越論的演繹の問題

　「超越論的演繹」において何が問題になっているのか。これについての一般的な見解は次のようなものであろう。

　「カテゴリーは、それが主観から発現し、経験を通じて客観に習って得られるものではないという意味で、主観的である。だがそうすると、カテゴリーが客観的妥当性を持つということ、すなわち客観が我々の

95

主観的なカテゴリーに従うということはいかにして可能であろうか。これがカントの言うカテゴリーの客観的妥当性の問題である。」[68]

しかしはたしてカントはこのような仕方で「超越論的演繹」の問題を設定しているであろうか。すなわち、カテゴリーが「主観的」であるということが演繹の問題の出発点に置かれるのであろうか。我々は超越論的演繹の問題を正確に把握することから始めねばならない。

　カントは『純粋理性批判』第一版の序文において、超越論的演繹の問題について次のように述べている。

「我々が悟性と名付ける能力の根本を究め、同時に悟性の諸規則と限界を規定するための研究として、私が超越論的分析論の第二章において純粋悟性概念の演繹という題目のもとに行った研究以上に重要なものを私は知らない……。しかるに、なにほどか深い基礎を持つこの考察には二つの側面がある。第一の側面は、純粋悟性の対象に関係し、悟性のアプリオリな概念の客観的妥当性を示し、理解させるべきものである。まさにこれゆえにこの側面は私の諸目的に本質的に属している。もう一つの側面は、純粋悟性そのものを、その可能性と、純粋悟性自身が基づく認識諸力に関して、つまり純粋悟性を主観的関係において考察することをめざす。この究明は私の主要目的に関して大きな重要性をもつのではあるが、しかし私の主要目的にはやはり属していない。なぜなら、主要な問は常に、『悟性と理性はあらゆる経験から自由に何をいかにして認識しうるのか』ということであって、『思考する能力そのものはいかにして可能か』ということではないからである。」（A XVI, 傍点一部筆者）

このようにカントは、「超越論的演繹」の問題は、純粋悟性そのものに関するものではなく、純粋悟性が「何をいかにして認識しうるのか」という純粋悟性の対象にかかわるものであることを強調し、純粋悟性概念の使用

の「限界」とその「客観的妥当性」を示すことが演繹の主題であると述べている。だが、カテゴリーの使用を限界付けるという問題とカテゴリーの客観的妥当性を示すという問題とは、一見するとまったく別の問題であるように思われる。しかし、以下においても見るように、カントはこの二つの問題を截然と区別することなく扱うのである。カントは両者の関連をどこに見ていたのだろうか。この点が明確になるときにのみ、超越論的演繹の問題を正確に把握することができると思われる。

周知のようにカントによれば、「演繹（Deduktion）」という語は「事実問題（quid facti）」ではなく「権利問題（quid juris）」(A84, B116) についての説明を指す。一般に「権利問題」とは或る事柄についてその正当性に対する疑念が生じる場合にのみ成立するような問題である。したがって、或る「概念」に対して「演繹」が要求されるのは、その概念の正当性についての異議が申し立てられ、それによって「権利問題」が発生する場合に限られる[69]。そうである以上、純粋悟性概念に対して、その「権利問題」に関わる「演繹」——「超越論的演繹」——が要求されることには、その有意味性に対する疑念が先行しているのでなければならない。その疑念とは何であろうか。

カントは、純粋悟性概念の演繹が「不可避的に必然的である」(A87, B119) ことの理由を次のように述べている。

「これに対して、純粋悟性概念とともに、純粋悟性概念それ自体についてのみならず、空間についてもまた超越論的演繹を求める不可避的な要求が始まるのである。その理由は次のことにある。純粋悟性概念は直観と感性の述語によってではなく、純粋思考の述語によってアプリオリに諸対象について語るが故に、感性のあらゆる条件なしに諸対象に普遍的に関係するということ、そして、純粋悟性概念は経験に基づいていないから、純粋悟性概念がその総合をあらゆる経験に先立って根拠付けるような客観をアプリオリな直観においてあらかじめ示すことができないこと、それ故にまた、純粋悟性概念の使用の客観的妥

当性と制限について疑念を引き起こすのであるが、そればかりではなく、純粋悟性概念は空間の概念を感性的直観の諸条件を超えて使用する傾向性を持つが故に、空間の概念をも二義的にしてしまうということである。それゆえにまた先に空間についても超越論的演繹が必要とされたのである。」(A88,B120f. 傍点一部筆者)

　ここで注目されるのは、純粋悟性概念が「感性のあらゆる条件なしに諸対象に普遍的に関係する」ということが、純粋悟性概念の使用の「客観的妥当性と制限」について疑念を生むとされていることである[70]。すなわち、カテゴリーに対して「超越論的演繹を求める不可避的な要求」が生じる理由は、感性条件に拘束されることなく対象一般の内容を表すというカテゴリーの本質的規定それ自体にあり、またその演繹要求は、カテゴリーの使用の「客観的妥当性」だけでなく、同時にその「制限」の正当性に対しても向けられている。すなわち、カントは、カテゴリー自身の「普遍的」な性格自身がその使用に対して二重の疑念を惹起すると考えている。超越論的演繹の問題を理解するためにはこの事情を明らかにしておかねばならない。

　まず、カテゴリーの使用の「制限」に対する「疑念」とは何を意味するのだろうか。言うまでもなくこの「制限」ということで理解されているのは、カテゴリーの使用が「経験」の範囲内に制限されることである。そして、この制限が必要であるのは、カテゴリーによってこの制限が容易に越えられうるからである。前章で明らかにしたように、カテゴリーは、時空という感性的条件を含まない対象一般の概念であり、そのかぎりにおいて、「それなくしてはいかなる対象も思考されないような諸原理」(A62,B87)であった。言うまでもなく、このことは、カテゴリーが＜それによってどんな対象でも思考され得るような概念＞であることを意味しない。対象一般の思考の必要条件は、その十分条件ではないからである。しかしながら、カテゴリーが「感性のあらゆる条件なしに諸対象に普遍的に関係する」概念であることから、カテゴリーがさらに「感性のあらゆる条件なしに」対

象一般の思考のために使用され得ると推論することは、けっして必然的ではないとしても、やはり自然な推論であることは間違いない。「純粋悟性概念をいったん手にするならば、私はまた、おそらく不可能であるような対象や、たしかにそれ自体可能ではあるがいかなる経験においても与えられえないような対象を考え出すことができる」(A96)。こうして思考される例えば「霊」のような対象は、カントによれば、「恣意的で不合理な妄想」(ebd.)である。したがってカテゴリーの使用は経験の対象に制限されねばならないのである。

　ここで重要なことは、カントにとってこのような制限が必要であるということそれ自体はあらためて正当化される必要のない事柄だということである。『純粋理性批判』に先立って、すでに『視霊者の夢』の時点でカントは「経験と常識の低地（niedriger Boden der Erfahrung und des gemeinen Verstandes）」（Ⅲ,S.368）に立脚することの必要性について力説しており、「就任論文」においてもその立場は基本的に変わらない[71]。そして、『純粋理性批判』についてカントは、「批判の体系は我々の理性の全思弁的使用は可能的経験の対象以上には及ばないという命題の上に建てられている」(Ⅳ,S.474, 傍点筆者)と明言する。カントにとって、純粋悟性の及ぶ範囲を経験に限定することの必要性は、あらためて正当化されるまでもない大前提なのである。したがって、演繹によって解消されるべき「疑念」とは経験への制限の必要性それ自体ではない。

　ではカテゴリーの使用の経験への限界付けに関してどのような「疑念」が生じうるとカントは考えるのか。それは限界付けの可能性についての疑念である。カテゴリーの使用を経験へと限界付けることはたしかに必要であり、望ましいことである。しかし限界付けははたして可能なのか。「疑念」はここにある。

　　「これらの高名な人物の内の前者[ロック]は、夢想（Schwärmerei）に門戸を開いた、なぜなら理性は、ひとたび権能を手中にしてしまえば、漠然とした節度の要求によってはもはや制限されえないからであ

る。」(B128　[　]内筆者)

　理性がカテゴリーによって感性条件に拘束されることなく対象一般を思考しうるとすれば、理性は経験の対象を超えた対象を思考する権限を持つと考えるのは自然である。したがって、理性の使用の制限を促す「漠然とした節度の要求」の方がむしろ不当な要求なのではないか。言いかえれば、カテゴリーが時空の条件に束縛されない普遍性を持つかぎり、その使用を経験へと限界付けることは元来不可能なのではないか。この「疑念」は少なくとも整合的なものである。カントは、彼が「節度の要求」を無視する機縁を与えた人物とみなすロックについて、「悟性の純粋概念を経験において見出したので、この概念をまた経験から導き、にもかかわらず不整合を犯して、この概念をもってあらゆる経験の限界をはるかに超えた認識を試みようとあえてした」(B127)と述べている。しかるにカントはロックとは反対に、すでに「形而上学的演繹」において、純粋悟性概念をアプリオリな概念として導出している。したがって、その概念をもって経験を超えようと試みることは、むしろカントの立場においてこそ整合的なのである。それ故また、カテゴリーの限界付けの可能性に対する疑念はだれよりもカント自身に向けられていると言わねばならない。だからこそまたカントは、この疑念を深刻に受け止めねばならなかったのである。

　また、理性の使用を経験へと制限することの必要性を認識しながらもその可能性を確信しえなかったのは前批判期のカント自身であった。カントは、『視霊者の夢』において「経験と常識の低地」について語りつつ、「この土地を我々が我々自身に指定された場所として見なすならば、すなわち、そこから外に出れば必ず罰せられる場所、我々が有益なもので身を支えるかぎり我々を満足させる一切のものを含む場所と見なすならば、それはなんと幸せなことであろう」(Ⅲ, S.368)と嘆息する。カントは「人間理性の限界についての学」(ebd.)について語る一方で、限界付けが原理的に可能である理由を示すことができなかった。だからこそカントは、視霊者の夢を形而上学の夢と同様に「夢想」として一蹴することもできなかったので

ある。このアンビバレンツ——これは「就任論文」においても払拭されていない[72]——は「超越論的演繹」によってはじめて解消することになるであろう。

こうしてまず明らかとなったのは、カテゴリーの「制限」に対する「疑念」とはカテゴリーの限界付けの可能性に対する疑念であり、この疑念はカテゴリーが普遍的な概念であるかぎりにおいて生じる疑念であるということである。

では、もう一つの「疑念」、すなわちカテゴリーの客観的妥当性に対する疑念とは何を意味するのか。先にあげたロックへの言及に続いてカントはヒュームの名を挙げて次のように言っている。

> 「後者[ヒューム]は懐疑論に完全に身をゆだねてしまった、なぜなら彼は、我々の認識能力がきわめて一般的に理性だと誤って錯覚されていることを発見したと信じたからである。」（B129　[　]内筆者）

カントはカテゴリーの客観的妥当性に対する疑念をヒュームの懐疑論において見ている。このことは『プロレゴメナ』において次のように明確に述べられる。

> 「こうしてまず私はヒュームの異論が一般的に考えられないかどうかを試みてみた、そしてほどなく、原因と結果を結合する概念は悟性がアプリオリに物を結合する唯一の概念ではけっしてなく、むしろ形而上学はすべてこのような概念から成り立っていることを私は見出した。私はこのような概念の数を確かめようと試みた、そしてこのことを私の望みどおりに、すなわち唯一の原理からなすことに成功したので、私はこれらの概念の演繹に向かった。……この演繹は私の聡明な先行者[ヒューム]には不可能に思われたし、また彼以外の誰もがこの演繹に思いつくことすらなく、概念を大胆に使用しながら、概念の客観的妥当性がそもそも何に基づいているのかを問わなかったのだが、まさ

しくこの演繹は、かつて形而上学のために試みられえたもののうちで最も困難なものであった。」(Ⅳ,.S.260)

ここで明瞭に述べられているように、純粋悟性概念の客観的妥当性の正当化という課題は、因果性の客観的妥当性についてのヒュームの懐疑のカント自身による一般化である。ヒュームは「或るものが、それが定立されるならばそれによってまた別のものが必然的に定立されねばならないというような性質を持ちうることを、理性はいかなる権利をもって思考するのか」(Ⅴ,S.257) を疑った。カテゴリーの「客観的妥当性」の権利問題の内実を把握するためには、この問題をヒュームの懐疑の側から見ることが必要である。

ヒュームの懐疑は、因果性の概念が必然性と普遍性を備えたアプリオリな概念であることに向けられている。しかしヒュームは単に因果性が経験的概念であることを主張するのではない。「この鋭敏な人は、この概念が経験的起源を持つことをなおさら許すことはできなかった。なぜなら、これはまさに、原因性の概念の本質をなす連結の必然性に矛盾するからである。」(Ⅴ,53) ヒュームは、原因の概念が「けっして経験的に表現され得ないような尊厳」(A91,B124) を持つことをカントと共に承認する。そしてヒュームは、原因の概念はまさにこのような尊厳を持つが故にその客観的妥当性を経験を通じて示すことはできず、したがって「単なる妄想として完全に廃棄されねばならない」(ebd.) ことを主張した[73]。それゆえヒュームの懐疑は、我々の理性が因果性をアプリオリなものとして思考するという事実に向けられているのではない。カントの言うように、ヒュームにとって「原因の概念が正当で有益でありまた自然認識全体に関して不可欠であるということが問題だったのではない。なぜならヒュームはこのことをけっして疑わなかったからである。彼が疑ったのはむしろ、はたして原因の概念が理性によってアプリオリに思考されうるのかということである」(Ⅴ, S.258f.)。ヒュームの疑いは、事実として我々が原因性をアプリオリに思考するということ自体の「権利」に向けられている。この懐疑の結果、ヒュー

第三章　超越論的論理学の正当化——超越論的演繹

ムは因果性の思考という事実を因果性の妄想へと格下げし、さらに、その妄想の生じる所以、すなわち思考の「主観的」必然性が客観的なものと誤認されるメカニズムを、「習慣」(B127) として説明することになる。我々は因果性をアプリオリに思考する。しかし、ヒュームによればそれは仮象なのである。

　因果性が厳密に普遍的（アプリオリ）であるかぎり、因果性の思考を、それを空虚な妄想とする懐疑に対して、正当化することが必要になる。カントによれば、ヒュームは「超越論的演繹」の唯一の「先行者」であり、「超越論的演繹」はこのヒュームの懐疑の「一般化」において成立する。カントにおいてこの「一般化」が可能であるのは、言うまでもなく、厳密な普遍性を備えた概念のすべてが「形而上学的演繹」においてすでに見出されているからである。カントによる懐疑の「一般化」とは、客観的妥当性への懐疑が因果性を含めた12個のカテゴリーすべてに対して及ぼされるということを意味している。

　しかし、カントは懐疑の「一般化」において「形而上学的演繹」の手続きの正当性を問題にするのではない。「このこと［形而上学的演繹］を私の望みどおりに、すなわち唯一の原理からなすことに成功したので、私はこれらの概念の演繹に向かった」(Ⅳ,.S.260　［　］内筆者) という言葉からも明らかなように、カントは「形而上学的演繹」が成功したことを確かめた上で「超越論的演繹」に向かうのである。前章において見たように、「形而上学的演繹」は、すべてのカテゴリーを、それなくしてはいかなる対象も思考されないところの概念として、判断の論理的機能という「唯一の原理」(Ⅳ,.S.260) から導出した。この導出の手続きが正しいかぎり、我々が普遍的な「純粋総合」を持ち、それによって我々は対象一般に対して「超越論的内容」(A80,B105) を付与するということは、事実として認めざるをえない。したがって、カテゴリーについての「事実問題 (quid facti)」はすでに解決している。カテゴリーによって付与される内容が対象一般の述語であることを我々は思考せざるをえない。しかし、それがたとえ事実であるとしても、それによってこの対象一般の純粋思考それ自体が「仮象」であ

る可能性は排除されない。太陽が我々の肉眼に対して小さく映るという事実がその仮象性を排除しないように。「思考の主観的条件が客観の認識と見なされることのうちにあらゆる仮象があると言いうる。」(A396) 我々がカテゴリーによって対象一般の性質を思考するということ、すなわち、「純粋悟性概念は……感性のあらゆる条件なしに諸対象に普遍的に関係する」(A88,B120) ことは事実である。しかし、このカテゴリーの対象への普遍的な関係自体が、我々が必然的に想定する「思考の主観的条件」にすぎないのではないか。カテゴリーの「客観的妥当性」の問題とは、この懐疑に抗して、対象一般の思考の仮象性を否定するための権利を示すことにある。「いかにして（wie）アプリオリな概念が対象に関係するのかという仕方の説明を私はその超越論的演繹と名付ける」(A85,B117) とカントが言うとき、カントは、アプリオリな概念が対象に関係するという——「形而上学的演繹」で確証された——事実（daß）を前提にした上でその権利（wie）を明らかにすることが「超越論的演繹」の課題であることを述べているのである[74]。

　このように、カテゴリーの客観的妥当性の問題は、対象一般についてのアプリオリ＝普遍的な思考の権利を示すことにある。しかるに、この普遍的思考が空虚であるということは、経験的な思考も含めた一切の思考が空虚であることを意味する。「形而上学的演繹」で示されたように、カテゴリーは、経験的思考からの抽象によってではなく、思考一般を可能にする諸機能（判断機能）から導出された。したがって、もしカテゴリーが空虚であるなら、我々がなしうるかぎりのすべての思考が空虚なものと見なされざるをえない。カテゴリーの権利問題が、対象のアプリオリ＝普遍的な思考に向けられているかぎり、その問題の及ぶ範囲は、対象の思考の一部分に限定されたものではありえないのである。それは、一般に思考が対象に関係しているという事実それ自体を「単なる妄想」と見なすことに導く。何故に何かが思考されると言えるのか。むしろ何も思考され得ないのではないか。こうしてカテゴリーの客観的妥当性に対する懐疑は、一般にすべての思考において実は何も思考されていないのではないかと問うことに帰

着する。ヒュームの懐疑の「一般化」から導かれるこの帰結をカントは「普遍的な懐疑論（allgemeiner Skeptizismus）」と名付けている。

> 「こうしてヒュームの原則的な経験論は、数学に関してすらも、したがって理性のあらゆる学的な理論的使用において、また不可避的に懐疑論へと導くのである……。通常の理性使用が、（認識の指導者たちを襲うこの恐るべき崩壊にもかかわらず）うまく切り抜けるか、それともむしろ回復不能なまでに一切の知の破壊に巻き込まれてしまうか、すなわち同じ原則から普遍的な懐疑論が帰結せざるを得ないか（もちろんこれは学者たちをしか襲わないであろうが）については、私は各自に判断を任せようと思う。」（Ⅳ,S.52）

カテゴリーを「単なる妄想」と見なすことは、「対象について判断する能力、つまり対象および対象に属するものを認識する能力を理性に対して拒む」（Ⅳ,S.12）ことに帰着する。カテゴリーの客観的妥当性に対する「疑念」とは、対象を認識するという我々の理性能力そのものに対する懐疑なのである。

以上において、カテゴリーの普遍性がカテゴリーの「客観的妥当性と制限」についての二重の「疑念」を生む理由とその疑念の内容が明らかとなった。カントは、「超越論的演繹」の課題がこの二つの疑念に対して向けられていることを明確に述べている。

> 「これから我々が行おうとしているのは、人間の理性をしてこの二つの岩礁の間をうまく通過させることができるかどうかの試みである、すなわち、理性に対して一定の限界を示すことができるかどうか、そしてそれにもかかわらず、理性にはそれに適合した活動の全領域が開かれていることを確保することができるかどうかを試みることである。」
> （B128, 傍点一部筆者）

「演繹」は、一方において「理性に対して一定の限界を示すことができる」ことを示すことによって理性の無際限の「夢想」に抗しながら、他方で、理性の認識能力に関する「懐疑論」に対しては、理性にはそれに「適合した全領域が開かれていることを確保」しようとする。「演繹」の基本性格としてのこの両面性を我々はまず理解しておかねばならない。

さて、以上の考察から第一に明らかなのは、「超越論的演繹」の二重の課題——カテゴリーの使用の「限界」付けの正当化とカテゴリーの「客観的妥当性」の正当化——はいずれもカテゴリーの主観性という性格にではなく、むしろその普遍性（アプリオリ性）という性格に起因するものだということである。むしろ、カテゴリーが普遍的概念であるが故に、その使用を経験に制限することの可能性が疑われると同時に、その客観的妥当性が疑われるのである。カテゴリーが単なる「思考の単なる主観的条件」（A89,B122）ではないかという問は、カテゴリーの客観的妥当性に対する疑いの内容にほかならず、したがって、カテゴリーの客観的妥当性の問題自体を引き起こす原因ではない。この点においてまず我々は演繹の二重の課題の起源は、「感性のあらゆる条件なしに諸対象に普遍的に関係する」（A88,B120）というカテゴリーの本質的規定にあることを確認することができる。

しかし、演繹の二つの問題の関連はその起源の同一性にあるだけではない。これらの問題が内容的にも相互に連関することを我々は容易に理解することができる。いかにしてカテゴリーは、その普遍性にもかかわらず、その使用が経験に「制限」されうるのか。このカテゴリーの「限界」付けの可能性についての問は次のように言いかえられる。すなわち、カテゴリーの使用が経験にのみ制限されるにもかかわらず、いかにしてカテゴリーは普遍的＝アプリオリな内容を持ちうるのか。むしろカテゴリーは経験的概念であり、アプリオリな概念と見なすことはできないのではないか。これがカテゴリーの「客観的妥当性」の問であることは明らかであろう。このように、演繹の二つの問題——カテゴリーの使用の「限界」付けとカテゴリーの「客観的妥当性」の問題——は、その問題の性格上、相互に切り離

第三章　超越論的論理学の正当化——超越論的演繹

して論じうるものではないのである。

　こうして、我々が超越論的演繹の問題をカテゴリーの普遍性に起因する問題として把握するならば、カテゴリーの使用の限界付けとその客観的妥当性という一見別のものに思われる二つの問題は実は不可分の関係にあることが明らかとなる。そうであるとすれば、カントがこの二つの問題を截然と区別することなく扱う理由も我々は理解することができる。実際「第一版」の演繹においてはカテゴリーの使用の限界付けは「問題」として表面に現れてはいない。しかし、問題の性格から見て、第一版の超越論的演繹においても、カテゴリーの客観的妥当性の正当化がなされることによって同時にカテゴリーの使用の限界の正当性も示されていることは疑えないのである。

　しかし、読者にはそれが理解されなかった。ヨハン・シュルツ——カントは彼を「この地方で私の知るかぎり最も優れた哲学的頭脳」(X, S.133)と呼んだ——は、『純粋理性批判』初版に対する批評を含むウルリッヒの書物[75]への書評において次のように言う。

>　「カントの体系の主要点——純粋理性の真の限界規定がそれに依存している——は、特に、純粋理性批判の84ページから147ページが与える純粋悟性概念の『演繹』である。したがって、著者[ウルリッヒ]が特にこの部分を取り上げなかったのは遺憾としなければならない。しかしおそらく、批判のまさにこの部分において非常に強く現れる難解さによって彼は妨げられたのであろう。この部分はカントの体系が完全な確信を与えるためにはまさに最も明快でなければならないのであるが。」[76]（[　]内筆者）

　第二版において「超越論的演繹」の「叙述」(BXXXVIII)が全面的に書き換えられた理由の一つは、「純粋理性の真の限界規定」を明示するためであったと思われる。カントは、第二版の超越論的演繹において、カテゴリーの客観的妥当性についての論述を、カテゴリー使用の「限界規定」を明示的

に示しながら組み立てているのである。「批判の体系は『我々の理性の思弁的使用全体は可能的経験の対象以上にはけっして及ばない』という命題の上に建てられている」(Ⅳ,S.474) とすれば、第二版における叙述の変更はまさに叙述の「改善」(BXXXⅧ) を意味するであろう。この理由によって我々は以下において第二版の超越論的演繹を取り上げる。超越論的演繹の問題の中心は、カテゴリーの＜普遍性＞とその使用の＜制限＞とが両立可能であることを示すことにある。もしこのような理解が正しいとすれば、「超越論的演繹」におけるカントの議論は、この問題に答えるべく構成されているはずである。この点を検証するためにも、我々はいよいよ演繹本文の考察に進まねばならない。

第二節　第二版演繹の論証構造

　第二版の超越論的演繹は、一読した者の目にも、周到に用意された論証構造をそなえているという印象を与える。しかし、それがどのような論証構造であるのかについての見解は解釈者たちの間で長く一致を見なかった。この状況の中で、ディーター・ヘンリッヒが行った問題提起は画期的な意味を持つものであった。ヘンリッヒは、第二版の演繹において異なった箇所で二回結論が引き出されているという事実に注目する。すなわち、カントは、まず20節において「それゆえ所与直観における多様は必然的にカテゴリーに従う」(B143) として一つの論証を締めくくった後に、さらに26節において「カテゴリーは経験のあらゆる対象にアプリオリに妥当する」(B161) ことを演繹の成果として示す。ヘンリッヒによれば、この二つの結論は、同じ事柄が異なった仕方で二度証明されていることを意味するのではなく、むしろ「両者が一緒になってはじめて演繹の証明を構成するような二つの論証」[77] がなされていることを意味する。なぜなら、カントは一度目の結論を述べた直後の21節で「上の命題において純粋悟性概念の演繹の始まり (Anfang) がなされたのである……。後に (26節) ……我々

の感官のあらゆる対象に関するカテゴリーのアプリオリな妥当性が説明されることによって、演繹の意図ははじめて完全に達成されるであろう。」(B145) と述べるからである。こうしてヘンリッヒは、「演繹のテクスト全体の解釈の成功の基準」を「20節と26節は、その見かけに反して、相俟って超越論的演繹の一つの証明を与えるような異なった帰結を持つ二つの論証であることを示すこと」と定式化し、この問題を「二段階証明の問題 (Problem der zwei Beweisschritte)」と名付ける[78]。

　ヘンリッヒの提示するこの問題が超越論的演繹の解釈の成功の基準を正しく示していることは疑うことができないであろう。したがって、我々の超越論的演繹の解釈もまた「二段階証明の問題」を避けて通るわけにはいかない。演繹の前半部と後半部でそれぞれ何が論証されているのか。そしてそれらの論証はどのような意味で一つの論証を形成しているのか。

　演繹の前半部と後半部においてそれぞれ何が論証されているのかについては、カント自身が次のように明言している。

　　「後に (26節)、感性において経験的直観が与えられる様式から、経験的直観の統一は、カテゴリーが、パラグラフ20で述べたように、所与直観一般の多様に対して規定するところの統一に他ならないことが示される、したがってまた、我々の感官のあらゆる対象に関するカテゴリーのアプリオリな妥当性が説明されることによって、演繹の意図ははじめて完全に達成されるであろう。」(B144f.傍点筆者)

　　「……超越論的演繹において、直観一般の対象についてのアプリオリな認識としてのカテゴリーの可能性が示された (20、21節)。今や、我々の感官に現れうるかぎりの諸対象をカテゴリーによって……アプリオリに認識する可能性……が説明されねばならない。」(B159　傍点一部筆者)

　このカントの言葉に従うなら、演繹の前半部は「感性的直観一般」の対象

について、後半部は「経験的直観」の対象についてそれぞれカテゴリーの妥当性が論証されていると理解することはきわめて自然であろう。これまでの演繹解釈の多くはこのように理解しており、我々もまた基本的にこのような理解の上に立つ。だがこのような解釈に対して難点を指摘することはきわめて容易である。すなわち、もし前半部において「感性的直観一般」の対象に対してカテゴリーの妥当性が示されたとすれば、「経験的直観」の対象に対する妥当性を示すべき後半部がなぜ必要なのか。それは類から種へのトリヴィアルな直接推理にすぎず、このような解釈によっては後半部で実際にカントが行う論証は無意味なものと見なさざるをえない[79]。このような指摘はたしかに正鵠を得ている。しかしだからといって、上のカント自身の言明を無視することは許されない。演繹の前半部が「感性的直観一般」の対象に対して、後半部が「経験的直観」の対象に対してそれぞれ演繹が遂行されていることは、カント自身の言葉が保証する事実だからである。したがって、演繹の論証構造を理解するにはまずこのジレンマから脱していなければならない。

　前節で我々が明らかにしたように、超越論的演繹の問題——カテゴリーの「客観的妥当性」とその使用の「制限」の可能性を示すこと——はカテゴリーの＜普遍性＞に起因する権利問題であった。この観点から演繹の二段階を考察するならば、上のジレンマは克服可能であると思われる。上述のように、演繹の核心をなす問題は、経験に対する制限的適用の可能性に向けられている。すなわち、経験に対してのみ適用されうることによってカテゴリーは何故にその普遍性を失わないのか。演繹の問題がここにあるとすれば、演繹における前半部から後半部への移行は、類から種への形式論理的な推論ではありえない。なぜなら、カテゴリーが「感性的直観一般」の対象に妥当することは、当然、カテゴリーが「経験的直観」の対象にも妥当することを含意するが、しかし「経験的直観」の対象にのみ妥当することをけっして含意しないからである。むしろ形式論理的に見ればそれは背理である。というのも、カテゴリーが「経験的直観」の対象にのみ妥当する概念であると考えることは、その外延が＜対象一般＞であるべきカテ

ゴリーは実は＜特定の対象＞を外延とする概念であるという矛盾を認めることになるからである。このことは、形式的に見るなら、カテゴリーが「経験的直観」の対象の概念、すなわち経験的概念であることを、したがってもはやカテゴリーではないことに帰着する。それ故に、カテゴリーが経験的直観にのみ適用されることの正当化という演繹の問題は、類から種への形式論理的な推論にによって解決されるものではありえないのである。「直観一般」から「経験的直観」へと移行する演繹の二段階は、むしろ、形式論理的に考えるかぎり解決困難であるような問題に対応するものとして捉えられるべきなのである。

　こうして我々は、演繹の二段階は、カテゴリーの制限的適用の正当性という問題の解決に向けられて構成されていることをあらかじめ見通すことができる。この見通しの正しさを検証するためにも、我々は演繹の実際の議論を詳細に検討しなければならない。

1　演繹の第一段階

　演繹の第一段階の課題は、「直観一般の対象についてのアプリオリな認識としてのカテゴリーの可能性」(B159) を示すことである。カテゴリーが「直観一般についてのアプリオリな認識」であること——すなわちカテゴリーが純粋悟性に起源を持つ概念として時空条件から独立に対象一般を表象すること——は、形而上学的演繹において事実として示された事柄である[80]。言い換えれば、形而上学的演繹は、カテゴリーを「それなくしてはいかなる対象も思考されないような諸原理」(A62,B87) として示したのである。しかし、超越論的演繹は、カテゴリーのこのような性格そのものが「単なる妄想」(A91,B123f.) ではないかという疑念を眼前にしている。したがって、超越論的演繹は、この疑念に対して、「カテゴリーの可能性」を擁護しなければならない。演繹におけるカントの議論の背後には、懐疑に対する正当化というモチーフが潜んでいる。このことを我々はここでも念頭に置いておかねばならない。

111

カントは、「直観一般の多様に関して単なるカテゴリーにおいて思考されるような総合」を「悟性総合（Verstandesverbindung, synthesis intellectualis）」(B151) と呼ぶ。ヒュームが疑った「カテゴリーの可能性」とはこの「悟性総合」の可能性に他ならない。

> 「我々の懐疑家[ヒューム]は、……このような概念の自己増殖（Vermehrung der Begriffe aus sich selbst）を、そして、我々の悟性（あるいは理性）が経験によって孕まされることなくいわば自己分娩すること（Selbstgebärung）を、すぐに不可能とみなし、したがって悟性と理性のアプリオリな諸原理と称されるものを想像上のものとみなした、そして、これらの原理が経験とその諸法則から生じる習慣にほかならず、したがって単に経験的な規則、すなわちそれ自体偶然的な規則であって、我々はこれに誤って必然性と普遍性を帰すのだと考えたのである。」(A765,B793〔 〕内筆者)

ヒュームの考えでは、因果性に代表されるような悟性の「自己分娩」、すなわち悟性による普遍的＝アプリオリな総合は、それ自体、「不可能」な「想像上の（eingebildet）」ものである。総合は「経験によって孕まされる」ことによってのみ可能だからである。このような懐疑に対して「悟性総合」すなわちカテゴリーの資格を正当化すること、すなわち「我々はカテゴリーなしにはいかなる対象も思考することはできない」(B165) ことを異論の余地のないものとして確定することは、まさにカテゴリーの客観的妥当性を擁護することに他ならない。演繹の第一段階の課題はここにある。

　この課題の解決のための手がかりとしてカントが示すのが、「我思う」の自己意識に他ならない。演繹の第一段階の実質的な始まりを告げる16節の冒頭には、次の有名な文章が置かれている。

　　「我思う（Ich denke）ということは、あらゆる私の表象に伴うこと

第三章　超越論的論理学の正当化——超越論的演繹

ができるのでなければならない。なぜなら、さもなければまったく思考されえないようなものが私の内で表象されることになるだろうからである。このことは、表象が不可能であるか、あるいは少なくとも私にとって無であることと同じことを意味する。あらゆる思考に先立って与えられうるような表象は直観と呼ばれる。したがって、直観のあらゆる多様は我思うに対して必然的な関係を持つ……。」(B131f.)

あらゆる直観は、それが「あらゆる思考に先立って与えられるような表象」すなわち一般に感性的な直観であるかぎり、「我思う」に対して「必然的な関係」を持つ。カントはこの事実をその正当性が誰によっても疑われることのないような事実として提示する。以下に見るように、カントの目論見は、この自己意識の事実の正当性が認められるかぎり、「悟性総合」の可能性もまた認められねばならないことを示すことにある。

　直観一般の多様と自己意識の統一の関係のうちに、カントは「悟性総合」の可能性が含まれると考える。

「私はまた根源的統覚の統一からアプリオリな認識が可能になることを示すために、その統一を自己意識の超越論的統一と名付ける。なぜなら、或る一つの直観において与えられる多様な表象は、もしそのすべてが一つの自己意識に属さないならば、すべてが私の表象ではないことになるであろうからである、言いかえれば、多様な表象は、私の表象であるかぎり（私がそのようなものとして意識しているかどうかは別として）、そのもとにおいてのみ多様な表象が普遍的自己意識において共在しうるところの条件に必然的に合致せねばならない、さもなければ多様な表象は汎通的に私に属さないことになるだろうからである。この根源的結合から多くのことが導かれる。」(B132f.)

　感性的直観一般と「我思う」との関係が必然的であるということは、直観一般の多様は必然的に「一つの自己意識に属」することを意味する。すな

113

わち、直観一般の多様はすべて「私の表象」として「普遍的自己意識」の下に属する。直観一般と自己意識とのこの「根源的結合（ursprüngliche Verbindung）」は、直観内容に依存しないアプリオリな結合であり、この結合の必然性を疑うことはできない。そしてこのアプリオリな「根源的結合」から「多くのことが導かれる」。

　直観一般と自己意識との「根源的結合」から即座に帰結するのは、この結合が「表象の総合を含んでおり、またこの総合の意識によってのみ可能である」(ebd.) ことである。なぜなら、直観一般の多様をすべて「私の表象」と見なすためには、直観一般の多様を「私の表象」というメルクマールの下に相互に「総合」することが必要だからである。

　　　「したがって、アプリオリに与えられたものとしての、直観の多様の総合的統一は、あらゆる私の規定された思考にアプリオリに先行する統覚の同一性自身の根拠なのである。」(B134)

こうして直観一般と「我思う」との必然的関係から、その「根拠」として、アプリオリな「総合」の必然性が帰結する。すなわち、直観一般と自己意識との必然的関係はアプリオリな「総合的統一」をその成立根拠として含んでいる。演繹において示されねばならないのは、この「統覚の根源的－総合的統一」(B131) が含意するアプリオリな総合こそ「悟性概念」すなわちカテゴリーに他ならないということである。

　しかしながら、この統覚のアプリオリな統一は単なる主観的な統一ではないのか。すなわち、直観一般と「我思う」とが必然的に関係するということ自体が主観の内部でのみ妥当する事柄にすぎないのではないか。つまり、統覚のアプリオリな統一は仮象にすぎないのではないか。もしそうならば、「悟性総合」としてのカテゴリーが単なる「想像上」のものにすぎないというヒュームの懐疑は解消しない。そこでカントは続く17節において、いわば統覚の総合的統一の客観的妥当性を示そうとする。

第三章　超越論的論理学の正当化──超越論的演繹

「悟性とは、一般的に言えば、認識の能力である。認識とは、所与の諸表象が一つの客観へと一定の関係を持つことである。しかるに、客観とはその概念において所与表象の多様が合一されているところのものである。さて、諸表象のあらゆる合一は、諸表象の総合における意識の統一を必要とする。したがって、意識の統一は、それのみが表象の対象との関係を、すなわち表象の客観的妥当性を決定し、表象が認識となることを決定するところのものである、したがってまた悟性の可能性すらも意識の統一にもとづくのである。」（B137　傍点一部筆者）

このカントの文章は次のように敷衍される。一般に「認識」の成立とは、単なる表象の発生ではなく、「客観」についての表象の成立である。また、「認識」には一義性が不可欠である（さもなければ真偽の確定は不可能である）以上、表象と客観との関係は、随意に変更しうるような関係ではなく、「一定の関係 (bestimmte Beziehung)」でなければならない。しかるに、我々はこの「一定の関係」あるいは認識の一義性が成立する根拠を、表象内容から区別された客観それ自体が持つ一定の性質に帰することはできない。なぜなら、そのような客観それ自体について語ることは無意味だからである[81]。したがって、認識が客観に対して持つ「一定の関係」とは、認識内容それ自体の一義性以外のなにものでもない。すなわち、「客観とはその概念において所与表象の多様が合一されているところのものである」。もちろんこの「所与表象の多様」の「合一」のあり方は、その合一を行う「概念」の多様性に応じて様々に異なる。しかし、多様な「概念」による所与表象の様々な合一は、あらゆる所与表象一般の合一可能性を前提としている。この合一可能性を与えるのは、一切の所与表象に対して「私の表象」というアプリオリな一義性を与える作用、すなわち超越論的自己意識における根源的総合的統一に他ならない。したがって、統覚の統一が成立することは、認識一般の一義性が成立することを、それ故また表象の「客観」が成立することを意味する。「意識の統一は、それのみが表象の対象との関係を、すなわち表象の客観的妥当性を決定し、表象が認識となるこ

115

とを決定するところのものである。」

　こうして、統覚の総合的統一の成立と客観一般の成立とは同じ事態を指しており、両者の間にはいかなる空隙もない。

　　「したがって、意識の総合的統一は、あらゆる認識の客観的条件であって、この条件は単に私が客観を認識するために必要とするものではなく、私にとって客観となるためにあらゆる直観が従わねばならないような条件である……。」(B138)

統覚の総合的統一は、直観一般が「私に対して客観となる」ことを決定するような条件である以上、統覚の総合的統一をもはや主観的な仮象と考えることは不可能である。なぜなら、統覚の総合的統一が主観的なものとして想定されうるためには、統覚と区別されつつそれに対応するものとしての客観が表象されねばならないが、まさにこのような「客観」の表象こそが不可能であるからである。「客観」は統覚の相関者ではなく、いわば統覚の本質的属性である。この意味において統覚の統一は「自己意識の客観的統一」(B139) とも呼ばれるのである。

　客観は自己意識に対して成立するのではなく、自己意識において成立する。この事態は、主観と客観とが相関的に対立するという図式に慣れた思考——それはヒュームの思考でもある——にとって理解し難いものであろう。カントは、「自己意識の客観的統一とは何か」(ebd.) と題された18節において、自己意識が「主観的」であるという我々の自然的態度に対置させながら、自己意識が「客観的」であるという一見逆説的な事柄に説明を加えている。

　　「統覚の超越論的統一は、一つの直観において与えられるすべての多様が客観の概念へと合一されるところの統一である。それ故にこの統一は客観的と呼ばれるのであり、これは意識の主観的統一とは区別されねばならない」。(ebd.)

カントはこの区別を、それぞれの意識統一が「時間」と関わる仕方の違いから説明する。「主観的」と呼ばれる意識の統一は、「内官の規定」(ebd.)として時間条件に従属する。すなわち、「私が多様を同時的あるいは継起的なものとして経験的に意識しうる」(ebd.) ことに基づく、特定の諸記憶や諸知覚の統一体としての自己意識である。特定の時点での特定の経験内容の恣意的な結合――「諸表象の連合」(B140)――によって規定されたこの本質的に可変的＝「偶然的」(ebd.) な意識統一にとって、客観の認識もまた恣意的な表象連合にすぎない。「或る人は或る言葉の表象を或る事象に結び付け、他の人は他の事象に結びつける」(ebd.)。この「統覚の経験的統一」は、それに対応するものとして想定された外部の「客観」に対してその都度偶然的な関係を結ぶような可変的意識であり、その意味で「主観的な妥当性しかもたない」(ebd.)。

>「これに対して、時間における直観の純粋形式は、一つの与えられた多様を含むような単なる直観一般として、意識の根源的統一の下に従属するのであり、これはもっぱら、我思うという一なるものに対する直観の多様の必然的な関係による、すなわち経験的総合の根底にアプリオリに存するところの悟性の純粋総合によるのである。」(ebd.)

「意識の根源的統一」は時間条件に従属しない。むしろ時間の方がこの意識統一に従属する。一見不可能に思われるこの事態はしかし、「直観一般」が必然的に「我思う」に従うということのうちにすでに含意されていた。すなわち、「時間における直観の純粋形式」は、それがいかなる特質を持った表象であるかに関わらず、単なる「直観一般」として、自己意識の統一の下に必然的に従属する。「我思うという一なるものに対する直観の多様の必然的関係」が承認されるかぎり、「我思う」が時間へと拘束されることなくむしろ時間をすら自らの下で統一するところの自己意識であることもまた承認されねばならない。それゆえ自己意識の統一に対して客観が相

関的に対応することを想定する余地はもはやまったく残されていない。すなわち「この統一のみが客観的に妥当する」(B140)。

こうして統覚の総合的統一の客観的妥当性はありうべき異論に対して擁護されたことになる。統覚の総合的統一が感性的条件に拘束されることなくアプリオリに成立することには、もはや疑いの余地はない。こうしてカントは、第一段階の演繹の最後のステップに至る。すなわち、統覚の総合的統一に含まれる「悟性の純粋総合」(ebd.) がカテゴリーであることの確定（19節・20節）である。

前章において詳しく検討したように、形而上学的演繹においてカテゴリーは「表象の多様を思考一般の統一へともたらす異なった諸様態あるいは諸契機（Modifikationen oder Momente）」(Ⅳ,S.323) としての判断諸機能から導出された。「思考一般の統一」の諸様態としてのこの同じ判断機能をカントはここで「統覚の客観的統一」の諸様態として把握し直す。すなわち「判断とは与えられた認識を統覚の客観的統一へともたらす仕方（Art）以外のなにものでもない」(B141)。カントはこれを次のように説明する。

> 「判断における繋辞　ist は、所与表象の客観的統一を主観的統一から区別することを目指すのである。なぜなら、この繋辞は、所与表象が根源的統覚およびその必然的統一に関係することを示すからである、たとえ判断それ自体が、たとえば『物体は重い』のように、経験的であり、したがって経験的であるとしても。これによって私が言いたいのは、これらの表象[物体および重さの表象]が経験的直観において相互に必然的に結びつくということではなく、むしろ、そこから認識が成立しうるかぎりにおいて、これらの表象が直観の総合における統覚の必然的統一によって……相互に結びつくということである。これによってのみこの関係から判断が、すなわち客観的に妥当する関係が生じるのである……。」(B141f.　[　]内筆者)

認識一般の本質は、何事かを主張する力、すなわち客観的妥当性の要求を持つところにある。カントが主張するのは、この力能が認識の内容に由来するものではなく、「判断」の形式的機能に由来するということである。たとえば、「物体は重い」という認識は、内容から見れば経験的認識であり、したがって偽でもありうる。しかし、このような「偶然的」な認識であっても、それが認識であるかぎり、その内容が真であることを、すなわち「表象が……相互に必然的に結びつく」ことを主張する。認識一般のこの客観的妥当性の要求は、認識内容の捨象（内容の真偽の度外視）によって見出されるような認識一般の普遍的形式の力能である。この普遍的形式は、「私に対して客観となるためにあらゆる直観が従わねばならないような条件」（B138）としての統覚の客観的統一と合致する。しかるに、この普遍的形式はまた「判断」の形式的機能とも正確に一致する。なぜなら、認識とは「判断」であり、また「判断表」に挙げられた12個の判断機能は判断内容の完全な捨象によって見出されたものであったからである。こうして判断機能は統覚の統一とまったく同質の必然性と普遍性を持つことが明らかとなる。すなわち、12個の判断機能は統覚の統一を異なった観点において表現する「諸様態」に他ならない。判断機能による直観一般の統一の仕方は判断機能の差異に応じて異なるが、これは統覚の統一自身の内的な差異なのである。

　こうして判断の形式的機能が直観一般に対する統覚の統一の作用と同一であるとすれば、直観一般の多様は「判断する論理的諸機能の一つに関して規定されている」（B143）と言うことができる。なぜなら、統覚の統一と判断機能が同一であるかぎり、直観一般は、統覚の統一によって必然的に「私の表象」として規定されることにおいて同時に判断機能の一つによって——すなわち「量」・「質」・「関係」・「様相」の点から——規定されているはずだからである。しかるに、判断機能によって直観一般が規定されることに疑いの余地がないとすれば、カテゴリーが空虚であるという疑いもまた消え去ることになる。なぜなら、「カテゴリーとは、与えられた直観の多様が判断の論理的機能に関して規定されているかぎりにおいて、まさ

にこれらの判断機能に他ならない」(ebd.) からである。「したがってまた与えられた直観における多様は必然的にカテゴリーに従う。」(ebd.) こうして演繹の第一段階は締めくくられる。

以上の検討によって明らかなように、演繹の前半部は、統覚の総合的統一の必然性を根拠として、時空条件を越えたカテゴリーの普遍性を正当化することに向けられている。「悟性総合」すなわち「直観一般の多様に関して単なるカテゴリーにおいて思考されるような総合」(B151) の普遍性を単なる主観的仮象と見なすことが不可能であるのは、統覚の総合的統一を仮象と見なすことが不可能であるからである[82]。「直観一般」が必然的に「我思う」の表象に関係することと、対象一般が量・質・関係・様相の判断機能によって必然的に規定されることとは正確に同じ事柄である。このことは、時空条件から独立に成立する判断機能としての「純粋カテゴリー」[83]が客観的妥当性を持つことを意味する。したがって、「或るものが、それが定立されるならばそれによってまた別のものが必然的に定立されねばならないというような性質を持ちうることを理性はいかなる権利をもって思考するのか」(V,S.257) というヒュームの問には今や次のように答えることができる。すなわち、因果性という普遍的な純粋総合の正当性（客観的妥当性）は仮言的な判断機能の可能によって保証されており、判断機能のこの可能は統覚の客観的統一によって保証されている、と。「悟性総合」はこうして正当化され、カテゴリー自体が仮象であるとするヒュームの懐疑は無効となる。カントは、カテゴリーが「それなくしてはいかなる対象も思考されないような諸原理」(A62,B87) であり、「我々はカテゴリーなしにはいかなる対象も思考することはできない」(B165) こと——形而上学的演繹の成果——の擁護をなし終えたのである。

2　第二段階への移行

しかし、演繹はこれで終わるわけではない。カント自身が20節の結論を受けて21節において言うように、上述した15節から20節においてなされた

第三章　超越論的論理学の正当化――超越論的演繹

のは「演繹の始まり」(Anfang einer Deduktion) (B144) であって、「演繹の意図が初めて完全に達成される」(B145) のは後の26節においてなのである。我々は、ここにおいて、ヘンリッヒが「二段階証明の問題」と名付けた問題に直面する。演繹の「第一段階」と「第二段階」においてそれぞれ何が証明されているのか、また、両者の証明内容はどのように関係して演繹を結論へと導くのか。我々はすでにこの問題に対する見通しを述べておいたが、今や、上で分析した第一段階の内容を踏まえながら、第二段階への移行部分をなす21節から23節におけるカントの論述内容を検討することによって、この問題に対してより具体的に答えることができると思われる[84]。

これまでたびたび引用した21節に現れる演繹の「始まり」に言及するカントの文章をあらためて掲げておこう。

「それ故、上述の命題において、純粋悟性概念の演繹の始まりがなされたのである。カテゴリーは感性から独立に悟性においてのみ生じるものであるから、この演繹においては、私は多様が経験的直観に与えられる仕方を捨象せねばならなかった、それは、悟性によりカテゴリーを通じて直観に付け加わる統一にのみ着目するためである。後に (26節)、感性において経験的直観が与えられる様式から、経験的直観の統一は、カテゴリーが20節で述べたような所与直観一般の多様に対して規定するところの統一に他ならないことが示される。したがってまた、我々の感官のあらゆる対象に関するカテゴリーのアプリオリな妥当性が説明されることによって、演繹の意図がはじめて完全に達成されるであろう。」(B144f.)

この文章の意味するところは明瞭である。演繹の第一段階は、カテゴリーが時空条件から独立に直観一般を規定しうること (「カテゴリーは感性から独立に悟性においてのみ生じること」) を示すために、「多様が経験的直観に与えられる仕方」すなわち時空条件を意図的に「捨象」した。「演繹

121

の意図」が「我々の感官のあらゆる対象に関する」カテゴリーの妥当性の説明にある以上、その意図が完全に達成されるためには時空条件を考慮に入れた第二段階がなお必要とされる。

　しかし、このような説明が二段階証明の問題の十分な解決をもたらさないことは明らかであろう。すなわち、「演繹の意図」の本来の意図が時空的対象に対するカテゴリーの妥当性を示すことにあるとすれば、なぜ「第一段階」において時空条件を捨象する必要があったのか。あるいはまた、「第一段階」ですでにカテゴリー自体の妥当性が示されたにもかかわらず、なぜ「第二段階」が必要なのか。この点がいまだ不明なのである。この事情は22節と23節を検討することによってはじめて判明する。

　この両節においてカントは「対象に関する純粋悟性概念の使用の限界」(B148) を明示する。すなわち「カテゴリーは経験の対象へ適用されること以外に物の認識のために使用されない。」(B146) カントはその理由を次のように述べる。

　　「対象を思考することと、対象を認識することとは同じではない。すなわち、認識のためには二つの要素が必要である。まず第一に、それによって一般に対象が思考されるところの概念（カテゴリー）であり、第二に、それによって対象が与えられるところの直観である。というのは、対応する直観が概念にまったく与えられ得ないとすれば、概念は形式から見れば或る思想であろうが、しかしあらゆる対象を欠くのであり、その概念によっては何らかの物についての認識はまったく不可能であろうからである。なぜなら、このとき、私の思想が適用されうるようなものは、私の知るかぎり、存在しないであろうし、また存在することもできないであろうからである。したがって、純粋悟性概念による対象一般の思考は、それが感官の諸対象に関係するかぎりにおいてのみ、我々において認識となりうるのである。」(B 146　傍点一部筆者)

第三章　超越論的論理学の正当化——超越論的演繹

ここで言われる対象の「思考」と「認識」との区別は『純粋理性批判』全体を貫くカントの基本前提である。カテゴリーの使用が限界を持つことは、この基本前提から即座に帰結する自明の事柄であると言わねばならない。しかしここで重要なのは、演繹の前半部においてはこの区別が捨象されていたことである[85]。このことは、演繹の前半部において「多様が経験的直観に与えられる仕方」が「捨象」(B144) されたことと同じことを意味している。カントが演繹のこの場面でこの捨象を中止してあらためて「思考」と「認識」との区別を持ち出し、それによってカテゴリーの限界を明示することの中に、我々はカントの方法的意図を見ることができる。すなわち、演繹の「第一段階」が（思考と認識の区別の捨象によって）カテゴリーの「直観一般」に対する妥当性を示すことのうちには、カテゴリーの「限界」規定を準備する意図が含まれていたということである。

このような解釈は23節にある次のカントの言葉からも裏付けられる。

　「空間時間はこの[経験の]限界を超えてはまったく何も表象しない。なぜなら、空間時間は感官においてのみあり、感官の外では何の現実性も持たないからである。純粋悟性概念はこのような制限からは自由であり、直観が我々の直観に似ているか似ていないかに関らず、それが感性的であって知性的でないものでありさえすれば、直観一般の対象に及ぶのである。しかし、概念を我々の感性的直観を越えてさらに拡張することは我々にとって何の役にも立たない。」(B148 [　]内筆者)

カントは、カテゴリーは本来我々の感官への「制限からは自由」であると言うと同時に、カテゴリーを我々の感官以上に「拡張」することの無意味さを指摘する。ここでのカントの意図がカテゴリーの「限界」付けにあることは明白であろう。カテゴリーは時空条件から本質的に「自由」であり、「直観一般の対象に及ぶ」ものであるがゆえに、「我々の感性的直観を超えてさらに拡張する」ことができる。カテゴリーが本質的にこのような拡張を許容するような概念であることがすでに確定されているからこそ、カテ

ゴリーの使用の「限界」について語ることができる。しかるに、演繹の「第一段階」が時空条件を考察の視野から捨象することによって「直観一般」に対するカテゴリーの妥当性を示したことは、カテゴリーの原理的な拡張可能性を示したことをも意味している。換言すれば、「第一段階」において「我々はカテゴリーなしにはいかなる対象も思考することはできない」(B165)ことが示されたとき、「カテゴリーは思考においては我々の感性的直観の諸条件に制限されていない」(B166Anm.)ことが含意されていたのである。したがって、「第一段階」におけるカテゴリーの客観的妥当性の証示は、カテゴリーの無意味な拡張的使用の可能性をも含意していたかぎり、カテゴリーの使用の「限界」付けのために必要な準備であったと見なさねばならないのである。

　一般に「限界」の規定は、限界（境界）の内と外との区別を可能にする。したがって、カテゴリーの使用の限界規定は、限界の外の領域が存在することをも示すことになる[86]。カントは、「認識」をもたらすことのないカテゴリー使用について、次のように言う。

　　「したがって、我々が非感性的直観の客観を与えられたものとして想定するならば、当然、その客観には感性的直観に属するものは何も帰せられないという前提にすでに含まれているところのあらゆる述語によってその客観を表象することができる。すなわち、『その客観は延長しておらず、あるいは空間の中にはない』とか、『その客観においてはいかなる変化（時間における諸規定の継起）も見出されない』等々である。しかしながら、客観の直観が何でないのかを示すだけで、その直観にいったい何が含まれているのかを言うことができないとすれば、それはやはり本来の認識ではない。」(B149)

ここでカントは「本来の認識」を与えないようなカテゴリーの「使用」の可能性を説明していると言ってよい。我々はしばしば時空の領域に属さないものについて思考し、それについての言明を行う。もちろん「我々の感

性的で経験的な直観のみが純粋悟性概念に意味を与えることができる」(B149) 以上、このような思考および言明は無意味である。しかしこのことは時空条件を越えたカテゴリーの使用が端的に不可能であることを意味しない。むしろカテゴリーのこのような使用が可能であることは、カテゴリーの本質から言って当然であり、また「第一段階」の成果からの必然的帰結でもある。上の引用文においてカントは、カテゴリーの超時空的使用が可能であると同時に無意味である所以を説明する。カントによれば、時空条件を越えたものについての思考は、時空の領域に属さないものについての積極的な言明ではなく、或るものが時空に属さないという消極的な言明である。「客観が時空に属さない」という言明が、「客観が時空に属する」という言明の純粋に論理的な否定に過ぎないかぎり、その言明は固有の内容を持っていない[87]。固有の意味を備えているのは、カテゴリーの時空への適用によって生じる「客観が時空に属する」という言明のみである。すなわち、カテゴリーの超時空的使用は、カテゴリーが時空に適用された成果としての認識に対して事後的になされる論理的操作に他ならないのであり、したがってそれ自体においてはいかなる「適用」でもないような「使用」なのである。カントはこうして時空を捨象したカテゴリーの使用が無意味であると同時に可能であることを示すのである[88]。

　このようにカントは、「第一段階」においてカテゴリーの普遍性を保証した成果を踏まえて、22節と23節においてカテゴリーの使用の限界を規定する。こうして「第一段階」によってカテゴリーの妥当性が示され、次いでカテゴリーの使用の限界規定が示されたとすれば、これによって演繹の目的はすでに達成されたように見える。すると、24節以降の演繹の「第二段階」はもはや不要ではないのだろうか。

　しかし、実のところ、事情は逆であって、我々は今や「第二段階」の問題が発生する地点にいるのである。なぜなら、カテゴリーの使用が時空領域にのみ限界付けられるということは、「カテゴリーは経験的認識の可能性にだけ役立つ」(B147) ということを意味するが、まさにこのことが新たな問題を引き起こすからである。カテゴリーはいかにして経験の可能性

の条件でありうるのかという問題がそれである。『純粋理性批判』第二版の前年（1786年）に出版された『自然科学の形而上学的原理』の序文においてこの点に触れて次のように言っている。

> 「……純粋理性のあらゆる使用は、経験の対象以外のところに向かうことはけっしてできない。またアプリオリな原則においてはいかなる経験的なものもその条件ではありえないから、アプリオリな原則は経験一般の可能性の原理以上のものであることはできない。このことだけですでに純粋理性の限界規定の真にして十分な基礎である。しかしこのことだけでは、経験がいったいいかにして、かのカテゴリーによって、かつカテゴリーによってのみ可能であるのかという課題が解決されてはいない。」(Ⅳ,S.475)

カテゴリーが「いかにして」経験の可能性の条件でありうるのかという問題は、カテゴリーの「限界規定」の後に、すなわちカテゴリーが「経験一般の可能性の原理以上のものであることはできない」ことが主張された後に発生する問題である。これが演繹の「第二段階」の問題に他ならない。

　この問題が、カテゴリーの使用の限界規定の後に、しかも必然的に発生することは明らかであろう。カテゴリーがいかにして経験に適用されうるかを問うことは、カテゴリーがいかにして経験にだけ適用されうるかを問うことと一致する。しかるに、カテゴリーは経験からは独立の起源を持つかぎりにおいてカテゴリーの名に値し、またそのかぎりにおいて対象一般の概念としての普遍性を持つ。にもかかわらずカテゴリーが経験にだけ適用されるとすれば、このことは正当化を要求する。なぜなら、或る概念が経験にのみ適用されうるにもかかわらず経験から独立の起源を持ちうるということは背理であるように思われるからである。カテゴリーは、アプリオリであるかぎり、その使用は経験に制限されえないし、また経験に制限されるかぎり、アプリオリではありえない。すなわち、カテゴリーのアプリオリ性＝普遍性とカテゴリーの使用の限界付けは両立不可能ではない

か。しかしもし両立不可能ならば、カテゴリーは明らかに無意味なのである。カテゴリーと見なされている概念は、その適用が経験に制限される以上、実は経験に起源を持つものであり、それをアプリオリ＝普遍的と称することは無意味ではないのか[89]。したがって、カテゴリーがいかにして経験に適用されるかという問は、まさにカテゴリーの客観的妥当性を問うものであり[90]、ヒュームの懐疑の反復に他ならない。演繹の「第二段階」はこの問に答えるべく必然的に要求されるのである。

　こうして我々は「二段階証明」の問題に次のような解答を与えることができる。「第一段階」と「第二段階」はどちらも同じくカテゴリーの客観的妥当性の問に、すなわちカテゴリーのアプリオリ性・普遍性の正当化に向かうものである。しかし、両者における客観的妥当性の問は、それらがカテゴリーの使用の限界規定の前に位置するか、あるいはその後に位置するかによって性質を異にする。「第一段階」は、カテゴリーがアプリオリな綜合であることによって惹起されるカテゴリーの妥当性の問題を扱うのに対して、「第二段階」は、カテゴリーが経験にのみ適用されることによって発生するカテゴリーの妥当性の問題を論じるのである。しかも両者は、カテゴリーの使用の限界規定を介して必然的に結合することによって、一つの論証をなす。「第一段階」の成果は、「第二段階」の論証においてその不可欠な前提として使用されるであろう。そしてカントの言うとおり、「第二段階」において「我々の感官のあらゆる対象に関するカテゴリーのアプリオリな妥当性が説明されることによって、演繹の意図がはじめて完全に達成される」(B145) ことになるであろう。22節と23節におけるカテゴリーの使用の限界規定は、演繹の二段階を結ぶ紐帯として、第二版の演繹において本質的な役割を果たしているのである[91]。

3　演繹の第二段階

　我々の解釈によれば、演繹の第二段階の課題は、カテゴリーが経験的認識に対してのみ使用されるにもかかわらずアプリオリ性を保ちうることを

示すことにある。次に我々は、この解釈を検証するためにも、演繹の実質的な第二段階をなす24節と26節とを分析することによって、カントが第二段階の議論を実際にどのように構成しているのかを確かめねばならない。

24節は「感官一般の対象に対するカテゴリーの適用について」(B150) という標題を持っている。カントはこの節において悟性（カテゴリー）の感性に対する「第一の適用」(B152) について述べる。「同時に他のあらゆる適用の根拠」(ebd.) とされるこの「第一の適用」を可能にするものとして、カントは「構想力の超越論的総合」(B151) を挙げている。我々の解釈にとって重要なのは、カントのこの議論が演繹の課題の解決にとってどのような意味を持つのかにある。

まず「第一の適用」とは何を意味するのか。すでに引用しておいた文章においてカントが言うように、カテゴリーに対して「対応する直観」(B146) が与えられないならば、カテゴリーは単なる形式的な思考であって、「このとき、私の思想が適用され得るようなものは、私の知るかぎり、存在しないであろうし、また存在することもできない」(ebd.)。カテゴリーに対して「直観」が対応することが、カテゴリーのあらゆる適用の前提なのである。したがって、カントが24節において問題にする「第一の適用」とは、カテゴリーに対して「対応する直観」が与えられることに他ならない。

ではカテゴリーに対して「対応する直観」が与えられるということはどのような事態を指すのか。それは、カテゴリーの意味するところが直観的に理解されるという事態を指している。カテゴリーの経験への適用に先立ってまず——カテゴリーの直観への「第一の適用」として——カテゴリーの意味が直観的に理解されていなければならない。カテゴリーの内容についてのこの直観的理解があってはじめて、カテゴリーの経験的な適用事例が具体的に与えられ得るのである。しかしながら、「悟性総合」としてのカテゴリーには、まさにこの直観的な理解が欠けているのである。24節の冒頭でカントはこの事情を次のように示している。

第三章　超越論的論理学の正当化——超越論的演繹

「純粋悟性概念は単なる悟性によって直観一般の対象に関係するのであって、直観は、それが感性的直観であれば、我々の直観であるか、それとも別のなんらかの直観であるかについては規定されていない。しかしまさにそれが故に、純粋悟性概念は単なる思考形式であって、それによってはまだいかなる規定された対象も認識されない。」（B150）

　たとえば、原因性のカテゴリーは、「或るAに対して、それとはまったく異なるBが規則によって定立されるという特殊な種類の総合」（A90,B122）である。これは仮言判断の形式をなす「単なる思考形式」であって、「それによってはまだいかなる規定された対象も認識されない」。すなわち、この純粋カテゴリーには「あらゆる意味、すなわち客観との関係」（A241,B300）が欠けており、カテゴリーが何を意味しているのかを我々は理解することができないのである[92]。原因性の純粋カテゴリーの意味するところを理解するためには、我々はカテゴリーに「対応」する時間の純粋直観を与えて、A（原因）がB（結果）に対して時間的に先行するという意味を付与せねばならない。「したがって、抽象的な概念を感性化すること、すなわち概念に対応する客観を直観において示すこともまた必要である、なぜならこのことなしには概念は（言わば）意義（Sinn）、すなわち意味（Bedeutung）を欠いたままであろうからである。」（A240,B299）カテゴリーが経験に適用される前提として、まずカテゴリーに意味を与えること。これこそカテゴリーに「対応する直観」を与えることに他ならない。24節の問題はこのことがいかにして可能なのかを示すことなのである。

　いかにして概念に対して直観が対応するかという問題は、カテゴリーの場合、特別な困難を帯びることになる。カントが24節において演繹の前半部を回顧して言うように、「純粋悟性概念における多様の総合あるいは結合は、統覚の統一にのみ関係した」のであり、「したがって単に超越論的であるだけではなく、純粋に知性的でしかなかった」（B150）。すると「単なる思考形式」として「純粋に知性的」であるところのカテゴリーに対し

て直観を対応させることは、カテゴリーを感性化することにならないだろうか。しかし、カテゴリーに直観を対応させることが不可能であるとすれば、カテゴリーに意味を与えることはできない。こうして24節の問題はカテゴリーの超越論的演繹の問題に接続することになる。すなわち、対象一般の概念としてのカテゴリーの知性的・普遍的性格を失うことなくカテゴリーを直観化することはいかにして可能なのか。

　問題は次のように言いかえられる。カテゴリーが「純粋に知性的」な「思考形式」であるかぎり、カテゴリーは原理的にいかなる直観的内容によっても規定されえないが、にもかかわらず、カテゴリーは直観的規定を持たねばならない。すなわち、カテゴリーは感性によって規定されることなく感性的規定を得ることができねばならない。それはいかにして可能か。カントによれば、それはカテゴリーが感性を規定することによって可能となる。

　　「しかるに我々においては表象能力の受容性（感性）に基づく感性的直観の或る種の形式がアプリオリに根底に存しているが故に、悟性は、自発性として、統覚の総合的統一に合致して、所与表象の多様によって、内官を規定する（bestimmen）ことができる、またこうして悟性は、我々の（人間の）直観のあらゆる対象が必然的に従わねばならないところの条件として、アプリオリな感性的直観の多様の統覚の総合的統一を考えることができる。これによって単なる思考形式としてのカテゴリーは客観的実在性を、すなわち直観において我々に与えられ得るような諸対象への適用を……得るのである……。」（B150f. 傍点一部筆者）

　統覚の統一が「自発性の作用」（B132）であるかぎり、統覚の諸様態としての純粋カテゴリーもまた「表象そのものを産出する能力」としての「自発性」（A51,B75）に基づいている。しかし、悟性のこの自発性の作用は、直観一般に対して純粋カテゴリーを産出する（すなわち「悟性総合」）だ

けではなく、我々のアプリオリな感性形式に対して純粋カテゴリーを産出することができる。すなわち悟性は純粋カテゴリーによって「内官を規定する」のであり、これによって「客観的実在性」[93]を得る。このように言うことでカントが示そうとするのは、カテゴリーが時間的規定を得る仕方に他ならない。すなわち、カテゴリーが感性的・直観的規定を得るのは、カテゴリーに対して感性的な規定が与えられることによるのではなく、むしろ感性に対してカテゴリーの規定が与えられることによる。言いかえれば、カテゴリーが時間的な規定を受けるのではなく、時間の方がカテゴリーの規定を受ける。これによって我々は、カテゴリーの知性的性格を損なうことなく、カテゴリーの意味を直観的に理解することができる。

カントはこのことを正当化するために「構想力」の働きを引き合いに出す。

> 「構想力（Einbildungskraft）とは、対象が現前しない場合にも対象を直観において表す能力である。しかるに、あらゆる我々の直観は感性的であるから、構想力は、その下においてのみ構想力が悟性概念に対応する直観を与えることができるところの主観的条件の故に、感性に属する。しかし、構想力の総合はやはり、——感官のように単に規定されうるものではなく、規定するもの（bestimmend）であって、したがって感官をその形式に従って統覚の統一に合致してアプリオリに規定しうるような——自発性の行使であるかぎり、構想力は感性をアプリオリに規定する能力である。そして、カテゴリーに従う構想力による直観の総合は、構想力の超越論的総合でなければならない、これは悟性の感性に対する作用であり、我々に可能な直観の対象に対する悟性の第一の適用（同時に他のあらゆる適用の根拠）である。この構想力の超越論的総合は、形象的なものとして、一切の構想力なしに単に悟性によってなされる知性的総合とは区別される。」(B151f.)

カテゴリーの「対象」、言いかえれば、カテゴリーの純粋に知性的な規定

に対応するものは、時空において「現前しない」。たとえば、原因性の純粋カテゴリーの対象——すなわち「原因性」——は、それが純粋に知性的であるかぎり、けっして直観として与えられない[94]。しかし、カテゴリーの対象を「直観において表す」ことができなければ、カテゴリーは我々にとって無意味である。ここに、「対象が現前しない場合にも対象を直観において表す能力」が要請されることになる。この受容性と自発性をあわせ持つ能力を「構想力」（想像力）として我々は認めている。この能力がもし否定されれば、我々の日常的な想起や予期等の働きがすべて否認されてしまう以上、この能力の正当性を疑うことはできない。したがって、我々は「構想力」を、カテゴリーの対象を直観において表す能力として、すなわち「悟性概念に対応する直観を与えることができるところの主観的条件」として考えることができる。しかるに、すでに指摘したように、カテゴリーに「対応する直観を与える」ことは、カテゴリーに直観的規定を与えることではなく、むしろ逆に、直観に対してカテゴリーの規定を与えることでなければならない。構想力の自発性はこの点も可能にする。構想力は自発的に「感性をアプリオリに規定する能力」であり、また「カテゴリーに従う構想力による直観の総合」は、カテゴリーの規定をアプリオリに直観に対して与える——すなわちカテゴリーの規定を直観において生産する——ことができる。この「生産的構想力（produktive Einbildungskraft）」（B152）の働きをカントは「構想力の超越論的総合」と呼び、また単なる「悟性総合」から区別して「形象的総合」（B151）と呼んでいる。「生産的構想力」は、カテゴリーの知性的規定を直観に与えることにおいて、カテゴリーを「直観において表」し、カテゴリーに「対応する直観を与える」。言わばカテゴリーは直観によって規定されることなく直観化されるのである。この一見不可思議な事態はしかし「構想力」の一般的性質に属している。したがって、「生産的構想力」の正当性も、自発性と受容性を兼ね備えた構想力それ自体の二重の機能が否定されないかぎり、またカテゴリーと時空のアプリオリ性が反駁されないかぎり[95]、許容されねばならない。このことが認められるならば、カテゴリーが感性によって規定されること

第三章　超越論的論理学の正当化——超越論的演繹

なく対応する感性的直観を得ることもまた正当化されるのである[96]。

　以上、24節において、単なる「思考形式」としての知性的性格を損なうことなくカテゴリーの意味を直観的に理解しうることが示された。たとえば、我々は論理的仮言性という純粋に知性的な性格を持つところの原因性のカテゴリーに対して、その性格に抵触することなしに、原因が結果に時間的に先立という直観的な意味を与えることができるのである。カテゴリーが「客観的実在性を欠く単なる思考形式」(B148) であって「客観についての空虚な概念」(ebd.) にすぎないという疑念はこうして払拭されたことになる。

　しかしこれで演繹の第二段階が終わるわけではない。24節でカテゴリーにアプリオリに意味を与える可能性が確保されたことによって、たしかに、カテゴリーがその知性的性格を失うことなく感性的なものに「適用」される可能性が一般的に示された。だがこのことによっては、カテゴリーがそのアプリオリ性を失うことなく「経験」に対してのみ適用されることがいかにして可能かという問題が答えられたとは言えない。この問題こそ超越論的演繹本来の問題であり、これに解答を与えることによって演繹全体を締めくくるのが26節である。

　「純粋悟性概念の普遍的に可能な経験的使用の超越論的演繹」(B159) という標題が示すとおり、26節の課題はカテゴリーの経験的使用を正当化することにある。カントはその冒頭で、演繹の第一段階で「直観一般の対象についてのアプリオリな認識としてのカテゴリーの可能性が示された」ことを回顧した後、「今や、我々の感官に現れうるかぎりの諸対象をカテゴリーによって……アプリオリに認識する可能性が……説明されねばならない」(B159f.) と言う。今や問題なのは経験の対象がカテゴリーによってアプリオリに認識される可能性である[97]。すなわち、この問題は、「いかにして我々の感官に現れうるかぎりの一切のものが悟性のみからアプリオリに生じるところの諸法則に従わねばならないのか」(B160) という問題であり、これはまた「いかにしてカテゴリーは自然の多様の結合を、自然から得ることなく、アプリオリに規定できるのか」という「謎」(B163)

133

とも言いかえられる。このような記述を見れば明らかなように、カントが26節において解こうとするのはカテゴリーの「経験的使用」の「謎」である。

カテゴリーは、時空的性質の捨象において成立する「超越論的内容」を備え、「対象一般」の規定を表す概念である。このことはすでに第一段階で保証された。したがって、もしカテゴリーを対象一般に対して使用すること、すなわち「超越論的使用」(A238,B298) が許容されるとすれば、カテゴリーと経験的対象との関係について「謎」は存在しない。なぜなら、その場合経験的対象は、対象一般として、カテゴリーの規定の下に立つことになるが、これは単なる論理的包摂を意味し、したがってその可能性は分析的自明性に属するからである。しかるに、カテゴリーの使用は「経験的使用」に制限されねばならない。この場合、経験の対象は、対象一般としてではなく、経験の対象として、カテゴリーの規定の下に、すなわち「対象一般」の規定の下に立たねばならない。これはもはや論理的包摂によっては説明されえない事柄である。ここにカテゴリーの「経験的使用」の「謎」がある。経験の対象は、それが一般に対象であるという理由によってではなく、それが時空において認識される対象であるという理由によって、カテゴリーの規定を持つものでなければならない。言い換えれば、経験の対象は、それが時空において与えられるものであるというまさにそのことの故に、カテゴリーの規定に反し得ないものでなければならない。さらに言い換えれば、カテゴリーの規定に従わないものはそもそも時空において与えられ得ないのでなければならない。超越論的演繹はその最終局面においてこの「謎」に直面するのである。

では26節の議論を見ることにしよう。我々の経験は「知覚」から成るが、それは単なる多様ではなく、すでに一定の仕方での結合すなわち「覚知の総合」(B160) によって可能となるものである。そしてこの総合の仕方は、直観形式としての「空間と時間の諸表象」(ebd.) によってすでにアプリオリに限定されている。すなわち、感覚の内容およびその総合の仕方がどれほど多様であろうとも、時空の持つアプリオリな性質に反することはでき

ない。したがって、覚知の総合は時空の持つ一定の規定に従ってのみ総合されうる。このことは感性論においてすでに確定済みである。しかるに、ここで論証されねばならないのは、時空のみならずカ̇テ̇ゴ̇リ̇ー̇もまた覚知の総合がそれに反し得ないような規定を与えるものだということである。カテゴリーの客観的妥当性はここに懸かっている。

　論証は次の一文によって始められる。

　　「しかるに空間と時間は単に感性的直観の形̇式̇であるだけでなく、直̇観̇そのもの（これは一つの多様を含んでいる）として、したがって直観におけるこの多様の統̇一̇の規定と共にアプリオリに表象されている（超越論的感性論を見よ）。Aber Raum und Zeit sind nicht bloß als Formen der sinnlichen Anschauung, sondern als Anschauungen selbst (die ein Mannigfaltiges enthalten) also mit der Bestimmung der Einheit dieses Mannigfaltigen in ihnen apriori vorgestellt (siehe transz. Ästhet.).」(B160)

空間と時間は単に感性的直観の「形式」であるだけでなく、「一つの多様（ein Mannigfaltiges）」を含んだ「直観そのもの」でもあり、したがって、「この多様の統一の規定と共に」表象されると言う。カントの目論見はこの「統一の規定」がカ̇テ̇ゴ̇リ̇ー̇がもたらす規定であることを導くことにあるのだが、この結論に至る過程を詳しく検討しよう。

　まず直観形式としての時空が「直観そのもの」として「一つの多様」を含むということは何を意味するのか。カントが参照を指示している「超越論的感性論」では次のように言われていた。「我々が感性と名付けるこの受容性の恒常的な形式は、その内で諸対象が我々の外のものとして直観されるところのあらゆる諸関係の必然的な条件であり、またこの諸対象が捨象されるならば、この形式は純粋直観であって、これが空間という名を持つ。」(A27,B43 傍点筆者)「……[空間という]形式は、それにおいてあらゆる対象が規定されねばならないような純粋直観として、あらゆる現象に先

135

立って諸対象の諸関係の原理を含み得る……」(A26,B42 [ ]内および傍点筆者)。ここに明らかなように、カントは基本的に時空表象を諸対象の時空的な「諸関係」と見なしている[98]。したがってまず、空間時間という「直観そのもの」において直観されている「多様」とは、感性的直観の「形式」をなすアプリオリな空間時間的な多様な「諸関係」である。しかるに、この「諸関係」が「直観」であるということは、時空の「諸関係」が「諸物一般の諸関係についての普遍的概念」(A25,B39)の下で概念的に統一される多様としては理解されえないことを意味する。むしろ時空の「諸関係」は「本質的に一つ」であって、その多様性は一つの時空の「諸制限」(ebd.)にすぎないが、同時にまた、時空的関係の各々は本質的に「多」であって、「無限に多い表象を自らのうちに含む」(B40)。「一」であると同時に「多」であるというこの独自の表象様式の故に、時空は概念ではなく「直観」であるとされたのである。したがって、「形式」としての時空が同時に「直観そのもの」である場合に含んでいるとされる「一つの多様 ein Mannigfaltiges」とは、「一」であると同時に「多」を含むという時空の直観的なあり方を指していると理解しなければならない[99]。

したがって、この時空直観における「一つの多様」が「この多様の統一の規定」と「共に」表象されると言われるとき、この「統一」とは、直観に本質的な「一」性であることは明らかであろう。これは直観の個的で唯一の性格を表現するものに他ならない。この点を踏まえた上で、しかしカントは、この「統一」は「総合の統一」すなわち「結合」であり、したがって直観の「中に」ではなく、直観と「共に」見出されるものだと言う。

「したがって、我々の外および内なる多様の総合の統一さえもすでに、それ故空間あるいは時間において規定的に表象されるべきあらゆるものが合致しなければならないような結合もまた、あらゆる覚知の総合の条件として、アプリオリにすでにこの諸直観と共に（諸直観の中にではなく）同時に与えられているのである。Also ist selbst schon Einheit der Synthesis des Mannigfaltigen, außer oder in uns,

136

第三章　超越論的論理学の正当化——超越論的演繹

mithin auch eine Verbindung, der alles, was im Raum und Zeit bestimmt vorgestellt werden soll, gemäß sein muß, a priori als Bedingung der Synthesis aller Apprehension schon mit (nicht in) diesen Anschauungen zugleich gegeben.」(B160f.)

ここで当然次のような疑問が生じる。「統一」が直観に本質な単一性である以上、それはまさに直観の「中」に見出されるものではないのか。また、この「統一」はあくまでも直観に属するものである以上、それが「総合の統一」すなわち何らかの概念的な統一として見なすことは論点に飛躍があるのではないか。おそらくカントはこの疑念が生じるのを予想して、次のような長い注を付している。

「空間は、対象として表象されるならば（実際に幾何学において必要とされるように）、直観の単なる形式以上のものを、すなわち、感性の形式に従って与えられた多様を直観的表象へと総括することを含んでおり、したがって、直観の形式が単に多様を与えるのに対し、形式的直観は表象の統一を与えるのである。この統一を私は感性論では単に感性に帰したが、それはただ、この統一が、感官には属さないがしかしそれによってはじめて空間時間についてのあらゆる概念が可能になるような総合を前提するにもかかわらず、あらゆる概念に先行することを注意するためである。なぜなら、総合によって（悟性が感性を規定することによって）空間あるいは時間は諸直観としてはじめて与えられるのであるから、このアプリオリな直観の統一は空間と時間に属するのであって、悟性の概念に属するのではないからである（24節）。」(B160f.Anm.)

この凝縮されたカントの説明を理解するために、「対象として表象」される直観、すなわち「形式的直観」として、或る個的な＜継起＞という時間関係を例にとって考えてみよう[100]。＜t_1からt_2への時間的継起＞は、アプ

リオリな「一つの多様」として、他の関係と取り替えることのできない個的な関係直観である。しかるに、この＜t₁からt₂への時間的継起＞の直観は、それが個的な直観であるかぎり、多様を、すなわち＜t₁とt₂との間に存在する無限に多くの時間的継起＞を、自らのうちに含んでいる。したがって、直観には、その個的性格の故に、「与えられた多様を直観的表象へと総括すること」が必然的に伴っている。そのかぎりこの「表象の統一」はあくまでも時間直観そのものに、すなわち感性に属する統一である。しかしまさにこの同じ事態の内に別の契機が潜んでいる。すなわち、＜t₁からt₂への時間的継起＞の直観が＜t₁とt₂との間に存在する無限に多くの時間的継起＞の多様を「総括」することにおいて、その多様をまさに＜継起＞として「総括」しているということである。個別的継起の直観は、それが必ず多様な継起を含む以上、＜継起＞として把握されることによって可能となっている。このような把握はまさに「総合」である。直観の個的・唯一的なあり方はそれ自体において「総合」を予想するのである[101]。しかるに、「総合」は何らかの概念を前提している。それはどのような概念なのか。＜継起＞という概念がそれだと思われるかもしれない。しかしそう考えることは端的に不可能である。なぜなら、そう見なされるならば＜継起＞という一般概念が＜継起＞の直観を可能にすることになるが、これは時間が直観であることの全面的な否定に他ならないからである。したがって、ここで前提にされている「総合」を行う概念は、時空の直観を自らの下に事例として含むような一般的表象、すなわち「空間時間について」の概念ではない。つまりそれは感性的な概念ではありえない。むしろ空間時間の直観の方が空間時間の概念を可能にするのである以上、ここで前提されている「総合」は、空間時間の直観を可能にすることによって空間時間の概念をも可能にするような総合、すなわち非感性的な総合でなければならない。この意味において、個別的直観の個別性であるところの「統一」は、「感官には属さないがしかしそれによってはじめて空間時間についてのあらゆる概念が可能になるような総合（eine Synthesis, die nicht den Sinnen angehört, durch welche aber alle Begriffe von Raum und Zeit

第三章　超越論的論理学の正当化──超越論的演繹

zuerst möglich machen werden)」（B161Anm.）を「前提する」とカントは言うのである。しかしながら、重ねて注意せねばならないのは、形式的直観の「統一」は非感性的概念による「総合」によって可能になるとしても、この「統一」は形式的直観が直観（これは感性的で受容的であるほかない）であるために必要とする「統一」であったことである。つまり、「総合によって（悟性が感性を規定することによって）空間あるいは時間は」──概念の下に包摂されるのではなく[102]──あくまでも「諸直観としてはじめて与えられる」（ebd.）のである。したがって、「このアプリオリな直観の統一は空間と時間に属するのであって、悟性の概念に属するのではない」（ebd.）一言で言えば、形式的・個的直観の統一とは、非感性的概念における総合によって可能になるところの感性的な統一なのである。

　こうして先の疑念は解消された。直観に本質的な単一性であるところの「統一」は、非感性的な概念における総合によってのみ表象可能である。このことは、「一」であると同時に「多」であるという構造を時空表象がアプリオリに備えている点から説明された。そしてこの「統一」は、それが非感性的総合による以上、直観の「中に」は見出され得ないが、一方それが感性的統一であるという意味では、直観と「共に」見出されるのである。

　非感性的な総合とはすなわち純粋に知性的な総合である。純粋知性的な総合によって感性が直観的な統一を得る。このような一見逆説的な事態ははたして可能なのか。だがカントにとってこの問題はすでに解決済みである。その正当化は、カントが上の「注」の末尾で参照を促していたように、「24節」においてすでに与えられているからである。既述のように、「構想力の超越論的総合」は、カテゴリーの時空への「第一の適用」を、知性的総合としてのカテゴリーを──その知性的性格を損なうことなく──感性化することによって果たした。しかるに、このカテゴリーの感性化とは、直観に対してカテゴリーの規定が与えられることである以上、これは同時に、感性がカテゴリー化されることに他ならない。感性がその感性的性格を損なうことなく知性的規定を受けることが可能であることは、すでに24

節において示されていたのである。したがって、純粋知性的な総合によって感性が直観的な統一を得る可能性は、カテゴリーの時空への適用可能性として正当化済みである。そこでカントは次のように言うことができる。

> 「しかるに、この総合的統一は、根源的意識においてカテゴリーに従ってなされる所与直観一般の多様の結合の統一が、ただ我々の感性的直観に適用されたものに他ならない。」(B161)

時空の直観に属する「総合的統一」は、単なる思考形式としてのカテゴリーが時空へと「適用」されたものに他ならないのである。

　こうして論証は目標に到達した。我々の「知覚」を可能にする「覚知の総合」は時空の持つ性質に反することはできない。しかるに時空の直観は、それが直観であるかぎり、本質的にカテゴリーによって規定されていると考えねばならない。したがってカテゴリーの規定に反するような仕方で「知覚」を行うことは不可能なのである。

> 「したがって、それによって知覚すら可能になるところのあらゆる総合はカテゴリーに従う、そして、経験とは連結された知覚による認識であるから、カテゴリーは経験の可能性の条件であり、したがってアプリオリにあらゆる経験の対象にも妥当するのである。」(ebd.)

　今や、カテゴリーが「何が経験の対象として認識されうるのか」(B165)をあらかじめ規定する概念であることが正当化され、「いかにして我々の感官に現れうるかぎりの一切のものが悟性のみからアプリオリに生じるところの諸法則に従わねばならないのか」(B160) に対して根拠が示された。カテゴリーは、「対象一般の概念」としての知性的性格を失うことなく、我々の経験内容一般を規制することができる。カテゴリーの「経験的使用」に関する「謎」がこうして解かれることにより、カテゴリーを「経験的使用」へと制限する可能性もまた正当化され、演繹の第二段階は終結する。

超越論的演繹の問題は解決されたのである。

第三節　超越論的演繹の成果

　以上の超越論的演繹を振り返ってみよう。まず第一段階において純粋総合としてカテゴリーの妥当性が示された。それによって、カテゴリーが、時空条件に制限されない対象一般についての普遍的規定を持つことが正当化された。しかしながら、カテゴリーのこの普遍的内容の「適用」は、時空における経験的認識に限定されねばならない。この限定の可能性を示したのが第二段階である。すなわち、カテゴリーの純粋に知性的な内容は、その普遍性を失うことなく、その適用が経験に制限され得るのである。カテゴリーの普遍性によって惹起される「純粋悟性概念の使用の客観的妥当性と制限について」の「疑念」(A88,B120)は、こうして解消したことになる。

　カントは「悟性概念のこの演繹の成果」(B165) を次のように総括する。

　　「我々はカテゴリーなしにはいかなる対象も思考することはできない。我々はいかなる思考された対象をも、かの概念に対応する直観なしには、認識することはできない。しかるに、あらゆる我々の直観は感性的であり、またこの認識は、直観の対象が与えられているかぎり、経験的である。そして経験的認識が経験である。したがって、我々にとってアプリオリな認識は可能的経験の対象に関してのみ可能である。」(B165f.)

カントは、カテゴリーに基づく「アプリオリな認識」が「可能的経験の対象に関してのみ可能」であるということを、演繹の「成果 (Resultat)」と見なしている。このことは、カントが演繹によって示そうとしたことの核心がどこにあるのかを明確に示すものである。

「超越論的論理学」の課題は、「それなくしてはいかなる対象も思考されないような諸原理」(A62,B87) を「純粋悟性認識」(ebd.) として示すことにあった（本論第一章第三節）。「形而上学的演繹」は、この「純粋悟性認識」がカテゴリーの「超越論的内容」(A80,B105.) によって表現されるものであることを示した（本論第二章）。「超越論的演繹」の上の「成果」はこの問題連関の中に位置付けられる。すなわち、「超越論的演繹」は、「超越論的論理学」が与えるべき「純粋悟性認識」が「可能的経験の対象に関してのみ」可能なものであることを正当化したのである。これは「超越論的論理学」の構想にとって明らかに重大な意味を持つ。「悟性の諸規則と限界を規定するための研究として……純粋悟性概念の演繹という題目のもとに行った研究以上に重要なものを私は知らない」(A XVI) と言われる理由はここにあるのである。

　「超越論的論理学」の求める「それなくしてはいかなる対象も思考されないような諸原理」は、＜それなくしてはいかなる経験の対象も認識されえないような諸原理＞として示されねばならない。これが「超越論的演繹」の成果である。しかし重要なことは、これによって「超越論的論理学」の原理が持つべき「純粋悟性認識」としての性格が廃棄されはしないということである。すなわち、カテゴリーの使用が経験に制限されることがカテゴリーの持つ「超越論的内容」が経験的内容に変化することを意味するとすれば、それは「超越論的論理学」の構想自体の原理的破綻に他ならない。むしろ、カテゴリーは、時空あるいは経験的所与に適用が制限される場合にも、時空条件に拘束されない普遍的内容を保持すること。まさにこのことの正当化が「超越論的演繹」の意図であった。これは繰り返して強調したとおりである。演繹の「主要な問」が「悟性と理性はあらゆる経験から自由に何をいかにして認識しうるのか」(ebd.) にあったとすれば、今やカントは次のように答えることができる。悟性は、対象一般の規定を、経験の対象についてのみ、「あらゆる経験から自由に」認識することができる、と。言い換えれば、「形而上学的演繹」において対象一般の概念として導出されたカテゴリーが、「超越論的演繹」において、「現象において客観一

般（Objekt überhaupt）を思考する根本概念」（A111）であることが示されたのである。これはカテゴリーの普遍性の制限ではなく、カテゴリーの使用の制限にすぎない。「感性の形式的諸条件を欠いた純粋カテゴリーは、単に超越論的な意味を持つが、しかし超越論的には使用されない」（A248,B305）。「超越論的演繹」は、カテゴリーの普遍的・超越論的意味を擁護すると同時に、その普遍的・超越論的使用を禁止しうる根拠を示すことによって、「超越論的論理学」の構想を正当化したのである。

　また「超越論的演繹」による「超越論的論理学」の正当化は、「超越論的論理学」の進むべき方向の決定を含意している。すなわち、「超越論的演繹」を経た今、我々は「超越論的論理学」の求める「それなくしてはいかなる対象も思考されないような諸原理」を、対象一般に対して「超越論的述語」（A343,B401）を付与することによって得ることはできないことを確信する。たとえば、「量」のカテゴリーに関して、「あらゆる物は量である（ein jedes Ding ist ein Quantum）」（B289）と言うことはもはやできない。「超越論的演繹」によってカテゴリーの使用が経験的認識に制限されうることが示された以上、カテゴリーは、対象一般に対してではなく、経験の対象一般に対して「超越論的述語」として述語付けられねばならない。これによってのみ「それなくしてはいかなる経験の対象も認識されえないような諸原理」が「純粋悟性の諸原則」（A159,B198）として示されるであろう。「超越論的論理学」の照準はここに定められたのである。

　しかしそうであるとすれば、もはや「超越論的論理学」の課題は果たされたのではないだろうか。たとえば、「量」のカテゴリーを経験の対象（現象一般）に述語付けて、＜あらゆる現象は量である＞という命題を得るならば、これによって我々はすでに純粋悟性の「原則」を手中にしているのではないか。しかしカントはそう考えない[103]。

　　「しかし、カテゴリーはいかにして経験を可能にするのか、そしてカテゴリーは現象への適用において経験の可能性のいかなる原則を与えるのか、これについては判断力の超越論的使用についての次の章がよ

り多くを教えるであろう。」(B167)

　「超越論的演繹」は、経験の対象に対してのみカテゴリーを述語付けることを——この述語付けがカテゴリーの普遍性に抵触しないことを示すことによって——正当化した。しかし、この述語付けの可能性を原理的に保証することは、この述語付けが「いかなる原則を与えるのか」を直ちに明らかにしない、とカントは考える。ここから明らかなように、カントは、純粋悟性の「原則」がいかにして可能なのかという問題、すなわち、経験の対象に対してカテゴリーはいかにして述語付けられるのかという問題を、「演繹」とは別の次元にある問題と見なしているのである。ではそれはどのような問題なのか。この点を考察するためには、我々は「概念の分析論」を去って、「原則の分析論」へと、すなわち「判断力の超越論的理説」へと赴かねばならない。

第四章　超越論的論理学の展開
—— 図式論の問題

　「純粋悟性概念の図式性について」(以下「図式論」)の章において、カントが、カテゴリーがいかにして現象に適用されるかという問題を、カテゴリーの下への現象の「包摂 (Subsumtion)」という形で問い、その包摂の可能性を「超越論的図式」に求めることは周知の事柄であろう。しかし、「図式論」の問題の本質がカントの言うとおり「包摂」の問題にあると解釈されることは少ない。むしろ、カントによるこの問題の定式は、図式論の本質的課題の単に形式的・外面的な表現にすぎないと解釈される傾向が一般的である。たとえば、カッシーラーは、図式論の本来の主題を「普遍概念の心理学的可能性」[104] に見る。またハイデガーによれば、図式論の真の意図は、純粋悟性概念の本質を図式として示すことによって一般形而上学に根拠を与えることであり、包摂問題は「問題の導入」としてのみ理解されねばならない[105]。また、エルンスト・クルティウスは、図式論の議論の内在的な分析によって、図式論の問題は「超越論的総合」によって解決されるものであって「包摂理論は非本質的かつ妨害的なものとして無視され得るものである」[106] ことを主張する。

　しかし、現象のカテゴリーの下への「包摂」の可能性を問うことは、図式論の問題にとってはたして非本質的な事柄なのだろうか。「図式論」の問題を「超越論的論理学」の問題設定に沿って理解するならば、むしろ、「包摂」問題こそが本質的な問題であると言えるのではないだろうか。そして「図式論」の問題をこの点に見ることによってのみ、「図式論」の「重要」かつ「不可欠」(Ⅳ,S.316) である所以を示すことができるのではないだろうか。本章において我々は、「図式論」の「問題」を「超越論的論理学」の問題連関の内に定位し、それによって「図式論」の重要性を浮き

彫りにすることを試みる。

第一節　「判断力」の規則

　「図式論」は「超越論的論理学」の第二篇「判断力の超越論的理説（原則の分析論）」の第一章に位置する。カントは、「図式論」の論述に入るに先立ち、「超越論的判断力一般について」という「序論」(A132,B171) を与えている。
カントはまず判断力を「包摂」の能力として特徴付ける。

　　「悟性一般が規則の能力として定義されるならば、判断力 (Urteilskraft) は、規則のもとに包摂する (subsumieren) 能力、すなわち、或るものが一つの与えられた規則のもとに属するもの（与えられた規則の事例）であるかどうかを区別する能力である。」(A 132,B 171)

ここでカントが「規則」と言うのは、「それに従って或る多様が（同じ仕方で）定立され得るような一般的条件の表象」(A113) すなわち一般概念によって表現される規則性の表象である。したがって、「悟性」が「規則の能力」であることは、悟性が概念＝規則を可能にする能力であることを意味する。たとえば悟性は「赤」という概念を「x は赤い」という規則として可能にする。これに対して、「判断力」は、「規則の下に包摂する能力」であり、悟性が与える概念＝規則のもとに何が属するのかを「区別する」能力である。すなわち、「判断力」は、「x は赤い」という規則の x に属すべきものを判定し、たとえば「りんご」をこの規則の下に包摂して、「りんごは赤い」という判断を成立させる。このように「判断力」は悟性の与える概念（規則）を前提とした上で、この概念の下への「包摂」によって判断を成立させる能力であると言うことができる。

第四章　超越論的論理学の展開──図式論の問題

　さて判断力について何らかの理論を与えることはできるのか。すなわち「判断力に対する指示」(a.a.O)、すなわち概念への包摂がいかになされるべきかの基準を与えることはできるのか。この基準はしかし「一般論理学」によっては示され得ない。

　　「しかるに、一般論理学が、どのようにして我々は規則のもとに包摂すべきか、すなわち、或るものがその規則のもとに属するかどうかをいかにして区別すべきかを一般的に示そうとするならば、それは再び規則によってなされるほかないであろう。」(A133,B172)

　「xは赤である」という規則に何が「包摂」されるべきか、すなわちxに何が属するかを「一般的に」示すことはできない。xに「りんご」は属するが「みかん」は属さないということを決定する基準は、常に個別的で偶然的な経験に求める他ない。この基準をあえて「一般的」に、すなわち「認識のあらゆる内容を捨象する」(A132,B171)「一般論理学」が与えようとすれば、「xには赤いものが属する」という基準を与えるほかないだろう。これは「xは赤である」という元の「規則」そのものを反復するにすぎない。こうして、「一般論理学」が規則への包摂基準を与えようとすれば、必然的に同語反復に陥ることになる。

　「一般論理学」が判断力の基準を与えることができない理由は、概念への包摂の基準を概念内容に関わりなく示すことが原理的に不可能であるからである。先に見たように「一般論理学」は真理の普遍的な決定条件を示すことができなかった[107]。判断力による包摂の基準は、真理の基準と同様に、認識内容に関わる問題なのである。したがって、「判断力」の基準とは、単に判断一般の論理的形式を可能にする基準ではなく、むしろ真なる判断を下すための基準である。規則を可能にするのが「悟性」だとすれば、「判断力」は「規則を正しく (richtig) 使用する能力」(A133,B172) である。しかるに、規則を「正しく」使用するための基準を、規則の内容に関わりなく「一般的」に提示することは不可能である。したがって、「一般

147

論理学」は判断力による包摂の基準を示すことはできない。

　しかし、カントは、「たとえ一般論理学が判断力に対していかなる指示をも与え得ないとしても、超越論的論理学に関しては事情が異なっている」(A135, B174)と言う。そしてカントはこの理由を次のように説明する。

　　「しかるに、超越論的哲学は次のような特徴を持っている。すなわち、超越論的哲学は、悟性の純粋概念において与えられるところの規則（あるいはむしろ諸規則に対する普遍的条件）の他に、この規則が適用されるべき事例をアプリオリに示すことができる。超越論的哲学がこの点において他のあらゆる教示的な学問（数学を除く）に対して何故このような利点を持つのかと言えば、それは超越論的哲学が、アプリオリに対象に関係すべき諸概念を扱うからである……。」(A135, B175)

　超越論的論理学は「アプリオリに対象に関係すべき諸概念」すなわち純粋悟性概念を扱うかぎり、一般論理学と異なり、「一定の内容」(A131, B170)、すなわち「超越論的内容」(A79, B105)を手にしている。すなわち、超越論的論理学は、一般論理学のように、概念＝規則一般の下への対象の包摂条件を問うのではなく、超越論的内容という「一定の内容」を持つ概念の下への対象の包摂条件を問う。すなわち、超越論的論理学は、概念への包摂条件を、概念内容の性質に基づいて考察することができる以上、一般論理学のように循環に陥ることなく、カテゴリーという普遍的規則の下に何が包摂されるべきかをアプリオリに示すことができる。こうして「判断力の超越論的理説」が可能となるのである。

　ではこの「理説」は何故必要なのか。前章で考察したように、「超越論的演繹」は純粋悟性概念が経験の対象一般の「超越論的述語」であることを正当化した。したがって、現象一般をカテゴリーの下へ「包摂」することが可能であることは確定しているわけである。だとすれば、カテゴリーに関する「包摂」の問題はどこに存在するのであろうか。カントは上の引

第四章　超越論的論理学の展開——図式論の問題

用に続けて次のように言っている。

>「……超越論的哲学は同時に、諸対象がかの諸概念との一致においてそのもとにおいて与えられ得るところの諸条件を普遍的かつ十分な徴表において示さねばならない、さもなければ、かの諸概念はあらゆる内容を欠き、したがって単なる論理的形式であり、純粋悟性概念ではないであろうからである。」(A136,B175)

カントはここで、現象一般がカテゴリーと一致する形で与えられ得るための条件が「普遍的かつ十分な徴表において」すなわちアプリオリに示されねばならないことを主張している。これは現象一般をカテゴリーへと「包摂」することの内に或る問題が内在していること、そしてそれ故にこの包摂の規則が必要になることを示唆している。しかしこの問題が何であるかを明確にするためには「図式論」の議論の検討に入らねばならない。

こうしてカントは「序論」において、「判断力」による「包摂」の問題が、「超越論的論理学」においてのみ、したがってまた「純粋悟性概念」についてのみ、成立し得ることを主張する。したがって、「序論」に直接に続く「図式論」もまた、「超越論的論理学」の観点から、しかも「純粋悟性概念」に関わる「包摂」だけが論じられるべきものである。この点を念頭に置くことは、「図式論」の本質を理解する上でも重要であると思われる。

第二節　カテゴリーへの「包摂」の問題

「図式論」は「包摂」についての論述から始められる。これは「序論」とのつながりから見ればきわめて自然である。

>「或る対象が或る概念の下に包摂される場合には、常にその対象の表

象と概念は同種的（gleichartig）でなければならない。すなわち概念は、それの下に包摂されるべき対象において表象されるものを含んでいなければならない。なぜならこれこそ、ある対象がある概念の下に含まれている、という表現の意味することだからである。」(A 137,B 176)

　判断力によって対象を概念（規則）の下に「包摂」するための一般的な条件は、「対象の表象と概念」とが「同種的」であることにある。すなわち、対象の表象の内容と概念の内容とがまったく重ならないならば（「概念」が「それの下に包摂されるべき対象において表象されるものを含んで」いないならば）、「包摂」は成立しない。カントはこの同種性を「包摂」という操作自体に含意される事柄と見なしている。そして判断力による「包摂」が、単に判断の論理的形式を成立させる条件ではなく、真なる判断を下すための条件であった以上、「同種性」もまた、包摂によって真なる判断を下すための普遍的な条件であることになる。

　カントは「包摂」における「同種性」の例として幾何学的認識の例をあげる。

「たとえば、或る皿（Teller）の経験的概念が円（Zirkel）という純粋幾何学的概念と同種性を持つのは、前者において考えられている丸さ（Rundung）が後者において直観され得るということによるのである。」(A 137,B 176)

　経験的概念が純粋な感性的概念の下に「包摂」され、言いかえれば、時空についての純粋概念が経験的対象に「適用」される場合、両者の表象は時空的内容（「丸さ」）を共有する点において「同種性」を持つ。
　しかし、カントがこの例を持ち出す意図は、「純粋幾何学的概念」における包摂を問題とすることにあるのではなく、むしろ、この概念においては包摂に関する問題は存在しないことを示すことにある。「図式論」にお

いて包摂が問題となる唯一の概念は「純粋悟性概念」であり、そのかぎりにおいて「図式論」は「超越論的論理学」の圏内に位置するのである。このことは上の文に続くカントの次の文章が明確に示している。

「しかし、純粋悟性概念は、経験的な（それどころか一般に感性的な）直観に比べてまったく異種的（ganz ungleichartig）であり、けっして何らかの直観において見出されることはできない。しかるに、直観を純粋悟性概念に包摂すること、つまり、カテゴリーを現象へと適用することはいかにして可能なのか。この場合、カテゴリー、例えば原因性もまた感官によって直観されることができ、そうして現象のうちに含まれているとは、誰も言わないであろう。しかるに、このきわめて自然かつ重大な問題こそが、判断力の超越論的理説を必要とする本来の理由である。すなわち、いかにして純粋悟性概念が現象一般に適用され得るのか、その可能性を示すためである。対象がそれによって普遍的に思考されるところの概念が、対象をそれが与えられる相において具体的に表すところの概念とそれほど区別されず、異種的でないような他のあらゆる学問においては、前者の後者への適用に関して特別に論究することは不必要である。」（A 137f.,B 176f.）

現象一般とカテゴリーは「まったく異種的」である。したがって、「直観を純粋悟性概念に包摂する」ことがいかにして可能であるのかは、説明を必要とする「きわめて自然かつ重大な問題」である。このような説明は、「現象一般（Erscheinungen überhaupt）」が「普遍的に思考される」ような概念を扱う学問、すなわち純粋悟性概念の内容を扱う「超越論的論理学」以外の「他のあらゆる学問」においては必要とされない。

しかしながら、現象一般と純粋悟性概念との間にいかなる「同種性」も存在しないとすれば、そして一般に「包摂」が「同種性」を必要とするとすれば、それらの間の「包摂」は端的に不可能と言うべきではないのか。したがってその説明を求めること事態が倒錯した要求ではないのか。

たしかにこのような疑問は自然である。しかし、「図式論」のカントにとって、現象一般をカテゴリーへと「包摂」すること、すなわちカテゴリーを現象一般へと「適用」することが不可能であると考える余地は残されていない。なぜなら、このような懐疑はすでに「超越論的演繹」において除去されているからである。むしろ、カテゴリーが現象へと適用されることが「超越論的演繹」において正当化されているが故にこそ、「カテゴリーを現象へと適用することはいかにして可能なのか」という問題は「重大な問題」となる。この「適用」が可能であることは確定しているにもかかわらず、この「適用」が可能であるために必須の論理的条件が見出されないからである。これはまさに、「超越論的内容」としての純粋悟性概念の下への現象一般の「包摂」を行う「判断力の超越論的使用」(B167) に独自の困難であり、したがってまた「判断力の超越論的理説」に固有の問題である。「図式論」は、「超越論的演繹」との連関において、しかし「演繹」の問題には解消されない独自の問題を持つのである。
　現象とカテゴリーとが異種的であるということは――カテゴリーが「純粋悟性概念」である以上――動かすことができない事実である。したがって、現象のカテゴリーへの包摂が「直接に行われるならば論理に反する」(XII,S.224)[108]。カントは判断力による「包摂」に関わるこの（超越論的）論理学的な困難を解決するべく、「超越論的図式」を媒介とする間接的包摂という道を示す。

> 「さて次のことは明らかである。一方においてカテゴリーと、他方においては現象と同種性を持たねばならず、そしてカテゴリーの現象への適用を可能にするところの第三者がなければならない。この媒介的表象は、純粋（一切の経験的なものを含まない）でなければならず、しかも一面では知性的であり、他面では感性的でなければならない。このような表象が超越論的図式である。」(A138,B177)

カテゴリーと現象のそれぞれと「同種性」を持つ「第三者」、すなわち

第四章　超越論的論理学の展開――図式論の問題

「純粋」で「知性的」かつ「感性的」な内容を持つ表象がカテゴリーへの現象の包摂を媒介する。カントはこの「超越論的図式（transzendentales Schema）」を「超越論的時間規定」の中に見出す。

　　「しかるに超越論的時間規定は、それが普遍的で、アプリオリな規則にもとづくかぎり、カテゴリー（これは時間規定の統一をなす）と同種的である。しかし他方、時間が多様のあらゆる経験的表象のうちに含まれているものであるかぎり、超越論的時間規定はまた現象と同種的である。したがって、カテゴリーの現象への適用は、純粋悟性概念の図式として、現象のカテゴリーのもとへの包摂を媒介するところの超越論的時間規定をつうじて可能となるであろう。」(A 138f. B 177f.)

　「図式論」の問題が現象のカテゴリーの下への「包摂」の問題であるとすれば、それに対するカントの一般的解答は以上で尽きていると言ってよい。ここで我々は「図式論」の固有性とは何なのかを再び問わねばならない。たしかに、「図式論」は、現象一般のカテゴリーの下への「包摂」の論理的困難という「超越論的演繹」には見られなかった問を提出し、それに対して「超越論的図式」による媒介的包摂という独自の解答を与えてはいる。しかし、これは「超越論的演繹」の問題と解答を異なる仕方で反復しているにすぎないのではないか。

　我々は前節において、包摂の能力としての判断力は真なる判断を下す能力であることを見た。したがって、「図式論」においてカテゴリーへの現象一般の包摂の可能性が問題とされるとすれば、これもやはり真なる判断の形成の可能性に関わるものであるはずである。では「図式論」が問題にするのはいかなる判断なのか。これは「図式論」が「原則」の分析論の中に位置するという事情からもすでに明らかであろう。カントは「図式論」を振り返って次のように言っている。

　　「我々は前章において超越論的判断力を、その下においてのみ超越論

的判断力が純粋悟性概念を総合的諸判断のために用いる権限をもつところの普遍的諸条件に関してのみ、考察した。」(ebd.)

カントによれば、「超越論的図式」は判断力が純粋悟性概念を用いて「総合的諸判断」を形成する場合に必要な「普遍的諸条件」である。とすれば、「図式論」における現象一般のカテゴリーへの媒介的包摂についての考察の本来の目的は、「純粋悟性の諸原則」の可能性に向けられていることになる。我々はここに「図式論」固有の問題を見ることができる。

「演繹論」が示したのは、カテゴリーは普遍性を損なうことなく経験の対象へ適用され得るということであった。これはカテゴリーがその普遍性にもかかわらず現象一般の述語となり得るということを意味している。すなわち、現象一般に対してカテゴリーを「適用」すること、言いかえれば現象一般をカテゴリーに「包摂」することは可能である。この可能性によって、カテゴリーの客観的妥当性、すなわち「悟性」が純粋な概念を持つことが正当化されたのであった。

この成果の上に「図式論」は立っている。純粋悟性概念は、すでに客観的妥当性を持つものとして（現象一般に適用されるべきものとして）、「判断力」に対して与えられている。「判断力」は、カテゴリーへと現象一般を包摂することによって、真なる判断を形成しなければならない。しかるに、ここには、真なる判断形成のために一般に必要な要件、すなわち主語と述語との同種性が欠けている。したがって、現象一般という主語に対してカテゴリーを直接に述語付けることによって、真なる判断、すなわち純粋悟性の原則を作ることはできない。では判断力はいかにして現象一般に対してカテゴリーを述語づけることができるのか。ここに、「直観を純粋悟性概念に包摂すること、つまり、カテゴリーを現象へと適用することはいかにして可能なのか」(A137,B176) という「図式論」固有の問が成立する。

このように「図式論」の問題をいわゆる「原則」の形成条件に関わる問として理解することによって、「演繹論」の問題と「図式論」の問題との

第四章　超越論的論理学の展開——図式論の問題

違いが明らかとなる。では「図式論」はこの問にどのように答えているのであろうか。

　判断力は現象一般をカテゴリーの下に直接に包摂するのではなく、「超越論的図式」を媒介として間接的に包摂する。「超越論的時間規定」は、現象一般およびカテゴリーと「同種的」である。したがって、現象一般を「超越論的時間規定」に包摂することは可能であり、同時にまた「超越論的時間規定」をカテゴリーに包摂することも可能である。すなわち、間接的包摂とは包摂が二度行われることであると言ってよい。たとえば、現象一般の実体のカテゴリーの下への包摂は、「超越論的図式」（「時間における実在的なものの持続性」(A144,B183)）を介して、

　第一の包摂：＜現象一般は時間において持続する＞
　第二の包摂：＜時間において持続するものは実体である＞
という二つの包摂によって成就する。この二つの命題は、判断力による包摂条件を充たす以上、いずれも真なる命題である。二度の包摂による二つの真なる命題によって、現象一般のカテゴリーへの包摂は可能になるのである。

　しかし、こうして現象一般のカテゴリーへの包摂が可能となることは、＜現象一般は実体である＞という命題が真なる命題として成立することを意味するのではない。なぜなら、＜現象一般は実体である＞という命題は、＜現象一般＞が＜実体＞に直接に包摂されることを意味する以上、「まったく異種的」なものを「同種的」なものとする点で誤っているからである。＜現象一般は実体である＞という命題は、主語たる＜現象一般＞が暗黙のうちに知性化されて対象一般と同一視され、この対象一般に対してカテゴリーが適用されることを意味する。これは実体のカテゴリーの「超越論的使用」であり、すなわち「誤用」(A296,B352)である。カントは後の「原則論」において次のように言う。

　　「しかるにあらゆる総合的原則において注意されたことであり、またここで特に留意されねばならないことは次のことである、すなわち、

この類推は、超越論的悟性使用の原則としてではなく、単に経験的悟性使用の原則としてのみ唯一の意味と妥当性を持つということ、したがってまたそのようなものとしてのみ証明され得るということであり、それ故、現象はカテゴリーそのものの下に包摂されうるのではなく、カテゴリーの図式の下にのみ包摂されねばならないということである。」
　（A180f.B223　傍点筆者）

　現象を「カテゴリーそのもの（Kategorie schlechthin）」の下に包摂することは、端的に不可能である。したがってこう言わねばならない。現象一般をカテゴリーの下に包摂することは可能であるが、しかし、＜現象一般は実体である＞という命題は真ではない。
　むしろ、現象のカテゴリーの下への包摂が可能であることは、＜現象一般は時間において持続する＞、＜時間において持続するものは実体である＞という二つの命題が真であることを意味するのである。もちろん、この二つの命題から＜現象一般は実体である＞という命題が推論され得る。しかし推論は「判断力」の仕事ではない。「判断力」は、現象一般のカテゴリーへの包摂を、＜現象一般は実体である＞という判断を形成することによって成就するのではなく、「超越論的図式」を使った二段階の包摂によって成就するのである。

　したがって、我々は「図式論」におけるカントの主張を次のように理解することができる。我々は、現象一般をカテゴリーの下に包摂することによって、「純粋悟性の原則」を得るが、この「原則」は、現象一般に対して直接にカテゴリーを述語付けることによってではなく、現象一般に対して「超越論的図式」を述語付けることによってのみ形成可能である。第一の包摂によって生じる＜現象一般は時間において持続する＞という命題は、――この命題と常に同時に成立する第二の包摂によって＜時間において持続するものは実体である＞ことが保証されている以上――実体の「カテゴリー」の下への現象一般の包摂を意味するのである。

以上のように、「図式論」が「原則」の可能性を現象一般のカテゴリーへの包摂可能性という形で問うことを課題とし、「超越論的図式」がその課題に対する解答を与えるものであるとすれば、「包摂」の問題は「図式論」の本質的な問題であると言うことができる。しかも、「図式論」における「包摂」についての論述には、クルティウスの指摘するような「内的矛盾」[109] は存在しない。クルティウスは、カントが「図式論」冒頭で提示する「同種性」を条件とする「包摂」の説明を、「判断を包摂作用として解釈する判断理論」[110]、すなわち判断の論理的形式の説明と見なした上で、この「包摂」概念によって現象のカテゴリーへの異種的な「包摂」を語ることの不合理を指摘し、カントがカテゴリーへの「包摂」を語る場合には、「推論」としての「包摂」機能――すなわち小前提を大前提のもとに包摂することによって帰結を導く機能――という「別の包摂概念を密輸入」[111] していると考える。しかし、我々の考察によれば、カントは「包摂」を、判断の論理的形式や推論に関わるものとしてではなく、一貫して「判断力」の機能、すなわち規則の下に正しく包摂することによって真なる判断を下す機能として把握しているのであり、そこにはいかなる不整合もない。カントが「包摂」を「判断力」の機能と見なしている点をクルティウスも認めてはいるが、それを「図式論」が「判断力の超越論的理説」に入れられているという外面的な事情に帰すのであり、その結果次のような結論に至る。「包摂図式の導入は、私の考えでは、問題そのものに根拠を持つのではない。カントは自分の選んだ体系設定によって自分の思想を著述家としてそのように表現するように強いられたのである。」[112] しかしながら、我々の考えでは、カントが「包摂」という観点から「超越論的図式」を導入することは、「図式論」の問題そのものに根拠を持っており、またその問題は「図式論」の置かれた体系的な位置に相応しいものである。「図式論」は、カテゴリーが現象一般に適用可能であるという演繹論の成果を受け継ぎ、その適用がいかにして可能かという問を「判断力」による「包摂」の問題として、すなわち「原則」の形成の可能性の問題として展開することによって、「原則論」への橋渡しをする。「図式論」における「包摂」の問

題は、「原則論」において完結する「超越論的分析論」のプログラムに不可欠である。カントは、「図式論」においても、「超越論的論理学」の問題設定に忠実に思考しているのである。

第三節　総合と図式

　我々は、現象のカテゴリーの下への「包摂」の可能性を問うこと、またそれをつうじて「純粋悟性の原則」の可能性を問うことが、図式論の問題の本質に属すことを確認した。我々の解釈には、「包摂」の問題は図式論の実質的な問題ではないとする解釈が対立している。しかるに、後者の解釈が拠りどころとするのは、上で我々が検討したカントの論述ではなく、それに続くカントの論述である。実際、カントがカテゴリーの図式を「判断力」による「包摂」の媒介項として語るのは、前節において考察した範囲に限られている。その後の図式論の論述において、図式は、カテゴリーの使用の感性的条件として、あるいは構想力の総合の産物として規定されるのであり、「包摂」概念によって規定されることはもはやない。この点に、この箇所における図式の説明の中に図式論の中心問題を見出して、それを「包摂」による図式の説明から区別するような解釈が成立する余地がある。しかしながら、我々の見るところでは、図式論の叙述は、現象一般のカテゴリーへの「包摂」の問題を軸とする点で首尾一貫している。本節において我々はこの点を確認したい。

　カントは、前節で見たように、「超越論的時間規定」を媒介としてカテゴリーへの現象の包摂が可能であることを指摘した後に、一転して、「カテゴリーの演繹」の成果に言及する。

　　「カテゴリーの演繹で示されたことに従えば、次の問に決定を下すのに躊躇する人はいないだろうことが望まれる。すなわち、この純粋悟性概念は単に経験的使用のみを持つのか、それとも超越論的使用も持

第四章　超越論的論理学の展開——図式論の問題

つのかという問である。言いかえれば、純粋悟性概念は、もっぱら可能的経験の条件として、現象にアプリオリに関係するのか、それとも、物一般の可能性の条件として、対象それ自体に（我々の感性への制限なしに）及び得るのかという問である。」（A139,B178）

「カテゴリーの演繹」は、純粋悟性概念が「超越論的使用」を持たず、「経験的使用」のみを持つことを正当化した。我々が前章で確認したように、「演繹」は超越論的内容を持つカテゴリーが、それにもかかわらず「超越論的使用」を持たないことを正当化したのである。そしてカテゴリーの使用のこの制限は、言うまでもなく、カテゴリーの使用が「我々の感性」に与えられ得る対象に「制限」されていることを意味する。この制限なしにはカテゴリーは「意味を持ちえない」（ebd.）。すなわち、カテゴリーは、「その下においてのみカテゴリーが何らかの対象に適用され得るところの普遍的条件を含むような——感性の（すなわち内官の）——アプリオリな形式的条件」（A139f.B179）を必要とする。そしてカントはこの「条件」を「純粋悟性の図式」と名付ける。

「我々は、悟性概念がその使用においてそれに制限されるところの感性のこの形式的かつ純粋な条件を、この悟性概念の図式（Schema）と名付け、またこの図式による悟性の手続きを純粋悟性の図式性（Schematismus）と呼びたい。」（A140,B179）

カントはこうして、カテゴリーの使用を「制限」することによってその使用を可能にするところの条件を、カテゴリーの「図式」と呼ぶ。たしかにクルティウスの言うように[113]、図式のこの説明は、「カテゴリーの演繹」の成果に即する形で、「包摂」という概念を使用することなく行われているため、先の「包摂」概念による図式の説明とはまったく異なる視点から新たな図式を「導入」するものであるかのようにも見える。しかし、ここでカントが「純粋悟性の図式」を、カテゴリーの使用を「制限」する感性

的条件として示すことは、先の「超越論的図式」の説明と無関係ではない。「超越論的図式」は、「一方においてカテゴリーと、他方においては現象と同種性を持たねばならず、そしてカテゴリーの現象への適用を可能にするところの第三者」(A138,B177) として説明された。今やカントは同じ「純粋悟性の図式」を「悟性概念がその使用においてそれに制限されるところの感性の……形式的かつ純粋な条件」として説明する。我々はこの二つの説明の関連を、図式とカテゴリーとの関係の内に見出すことができる。すなわち、カントは、前者においてカテゴリーと「同種的」なものとして示した図式を、後者において、カテゴリーの使用を「制限」するものとして説明しているのである。先に見たように、図式とカテゴリーが「同種性」を持つかぎり、図式はカテゴリーの下に包摂可能であり、それによってたとえば＜時間において持続するものは実体である＞という命題が成立する。この点を踏まえた上でカントが指摘するのは、＜持続性＞と＜実体＞との「同種性」は、両者の完全な一致を意味しないということ、すなわち、＜実体＞という「超越論的内容」を持つ純粋悟性概念は、＜持続性＞という感性的内容を持つ図式に適用されることによって、その使用が「制限」されているということに他ならない。カテゴリーと超越論的図式とは、同種的ではあるが、同一ではない。カントはこの点を確認する目的で、「純粋悟性の図式」をカテゴリーを「制限」する感性的条件として説明するのである。したがってこの説明は、クルティウスの言うような「図式の新たな第二の導出」[114]ではなく、「図式」の説明の補完にすぎないと言うべきであろう。

　以上のようにカテゴリーとその図式との関係を規定した後、カントは考察の焦点を図式それ自体に移し、図式を「構想力の産物」として説明する。

　　「図式は、それ自体においては、常に構想力の産物にすぎない。しかし、この構想力の総合の意図するところは、けっして個的な直観ではなく、感性の規定における統一であるから、図式はやはり形象 (Bild) から区別されねばならない。」(A 140,B 179)

第四章　超越論的論理学の展開——図式論の問題

「図式」は、それ自体「構想力の総合」の産物であるが、「形象」とは区別されねばならない。上の文が「悟性概念の図式」について語られた文章の直後に置かれているという点から見て、この「図式」とは、カテゴリーの図式を指していることは明らかであろう。

しかしながら、カントはここからカテゴリーの図式の説明に進む代わりに、「図式」と「形象」の区別を、数の概念を例にとって説明する。「5という数」の「形象」は例えば「・・・・・」で表されるが、その数の概念において実際に思考されているのはその形象ではなく、「或る概念に従って或る集合量を或る形象において表す方法の表象」(ebd.)、つまり「図式」である。

>「しかるに、或る概念にその形象を与える構想力の普遍的な手続についてのこの表象を、私はこの概念に対する図式と名付ける。」(A 140, B 179f.)

このように、カントは、「図式」を、概念にその「形象」を与える構想力の「普遍的な」手続きと見なし、その点において「個的な直観」としての「形象」から区別する。

このような「図式」の説明は、数のような純粋感性的概念にのみ妥当するのではなく、図式一般に、すなわちカテゴリーの図式にも妥当するように思われる。ハイデガーはそのように解釈する。「概念を感性化する仕方としての図式形成を遂行することが、図式性と呼ばれる。図式はたしかに形象から区別されねばならないが、それにもかかわらず形象というようなものに関係付けられている。すなわち、図式には形象性格が必然的に属する。」[115] このような解釈に従うなら、カテゴリーの図式は、「或る概念にその形象を与える構想力の普遍的な手続き」として規定されることになるだろう。この規定は「包摂」の媒介項としてのカテゴリーの図式の規定とは明らかに別物である。しかしこのような解釈は正しいだろうか。

上の文に続いて、カントは「実際我々の純粋感性的概念の根底にあるのは対象の形象ではなく、図式である」(A140f.B180) と言い、上と同じ論点を「三角形」の例で説明する。「三角形」の概念の「普遍性」(A141.B180) を表現するのは、「三角形」の純粋形象それ自体ではなく、「空間における純粋形体に関する構想力の総合の規則」(ebd.) としての「図式」である。つまり、「純粋感性的概念」においては、「図式」は、概念に（純粋）形象を与える機能として、「形象」から区別される。そしてカントはさらに、同様のことが「経験的概念」にも妥当すると言う。「犬という概念」の普遍性を表現するのは、「私に経験が示す何らかの一つの特殊な形体や、私が具体的に表示しうるあらゆる可能的形象」(ebd.) ではなく、「我々の直観を規定する規則としての構想力の図式」(ebd.) である。したがって、「純粋感性的概念」と「経験的概念」において、「図式」は、概念に形象を与える「手続き」として、「形象」から区別される。カントはこれを次のように総括する。

　「現象およびその単なる形式に関する我々の悟性のこの図式性は、人間の心の深みに隠された技術であり、その真の操作法を我々が自然から読み取り、包み隠さず眼前に置くことは困難である。こうして、我々の言い得るのはただ次のことである。形象は生産的構想力の経験的能力の産物であり、感性的概念（例えば空間における図形）の図式は、アプリオリな純粋構想力の産物、あるいはそのいわば略図である。この略図により、またこの略図に従って形象がはじめて可能になるのであり、形象は、それが示すところの図式を介してのみ概念と結合されねばならず、形象それ自体は概念に完全に合致することはない。」(A 141f.B 181)

「純粋感性的概念」および「経験的概念」の図式（「現象およびその単なる形式に関する我々の悟性のこの図式性」）が具体的に何であるのか、つまり「三角形」の概念の図式、「犬」の概念の図式が何であるのかを明示

第四章　超越論的論理学の展開——図式論の問題

することはできない。それは「人間の心の深みに隠された技術」と言うしかない。これらの概念の図式については一般的な説明のみが可能である。すなわち、これらの概念の普遍性に「完全に合致する」のは「形象」ではなく「図式」であり、この「図式」によってのみ概念に「形象」が与えられ得る、と。

　ではカテゴリーの図式はどうなのか。カントはそれを、「純粋感性的概念」と「経験的概念」の図式と対比的に次のように説明する。

　　「これに対して、純粋悟性概念の図式は、いかなる形象にも齎され得ないようなものである。それは、単に、カテゴリーが表現する概念に従うところの統一の規則に合致した純粋総合一般であり、構想力の超越論的産物である。この超越論的産物は、内官の形式（時間）の諸条件から見て、あらゆる表象に関する内官一般の規定に関わるが、それは、あらゆる表象が統覚の統一に従ってアプリオリに一つの概念において連関するかぎりにおいてである。」(A142,B181)

　「純粋悟性概念の図式」は、「いかなる形象にも齎され得ない」。明らかにカントはこのことを、「純粋感性的概念」および「経験的概念」の図式の場合とは異なる、カテゴリーの図式の特徴として挙げている。「純粋悟性概念の図式」と他の概念の図式とは、それが形象と区別される仕方において異なっている。他の概念の場合、概念—図式—形象という関係が成立し、図式はその普遍性において形象と区別されながらも、概念を形象化するための媒介機能である以上、図式は自らを形象化すると言ってよい。これに対して、カテゴリーの場合には、＜カテゴリー＞→＜図式＞→＜形象＞という関係は成立しない。カテゴリーの図式は「いかなる形象にも齎され得ない」のである。

　図式性格のこのような差異は、他の概念の普遍性と純粋悟性概念の普遍性と次元の相違に基づいている。カテゴリー以外の概念とは、「対象がそれによって普遍的に思考されるところの概念が、対象をそれが与えられる

相において具体的に表すところの概念とそれほど区別されず、異種的でない」場合に使用される概念である。このような概念の内容には時空的要素が元々含まれているが故に、その内容を「個的な直観」において表すことは可能であり、したがって形象化可能である。これに対してカテゴリーの内容は、時空的要素を一切含まない「超越論的内容」(A79,B105)であるが故に、けっして形象化されない。「例えば原因性もまた感官によって直観されることができ、そうして現象のうちに含まれているとは、誰も言わないであろう」(A137f.B176f.)。カテゴリーは形象化されるのではなく、ただ図式化されるのである。

　カテゴリーの図式は、「いかなる形象にも齎され得ない」ことにおいて、それ以外の概念の図式とは原理的に異なっている。カントが経験的概念および純粋感性的概念の図式の説明を行う目的は、「純粋悟性概念」の図式を前者とのアナロジーによって説明するためではなく、むしろ差異を明確にすることによってカテゴリーの図式の固有性を際立たせることにあると言うべきであろう。「或る概念にその形象を与える構想力の普遍的な手続き」であることは、経験的概念および純粋感性的概念の図式にのみ妥当する規定である。したがって、この規定をもって、「包摂」概念によるカテゴリーの図式の形式的規定の根底にある実質的規定とすることはできないのである。

　しかし、カテゴリーの図式は「構想力の超越論的産物」として規定されている。これはカテゴリーの「図式の新たな第二の導出」ではないのか。クルティウスはそう解釈して「超越論的図式は総合の一変様であって、包摂ではない[116]」と言う。しかし、カテゴリーの図式が「構想力の超越論的産物」であることは、それが「包摂」機能であることと別の事柄を意味するのではない。

　超越論的図式は、現象一般のカテゴリーへの包摂を媒介する「超越論的時間規定」としてカテゴリーと「同種的」なものとされた。しかるにこの同種性はいかにして可能なのか。「構想力の超越論的産物」という規定はこの問に対する解答である。「超越論的時間規定」は、まず、構想力の

第四章　超越論的論理学の展開——図式論の問題

「超越論的」産物であるかぎり、「カテゴリーが表現する概念に従うところの統一の規則に合致した純粋総合一般」(A142,B181) を意味し、したがって、カテゴリーの純粋総合において思考される（時間条件に拘束されない）「超越論的内容」を持ち得る。他方で、「超越論的時間規定」は、「構想力の」超越論的「産物」である以上、カテゴリーの内容に即して時間一般を規定することによって、「あらゆる表象に関する内官一般の規定に関わる」(ebd.) 内容を持つことができる。つまり、「超越論的時間規定」は、構想力がカテゴリーの超越論的内容を時間において産出することによって可能となる。構想力は、カテゴリーを時間によって規定することなく、むしろ時間をカテゴリーによって規定することによって、「超越論的時間規定」を、カテゴリーと「同種的」なものとして、生産し得るのである。

　構想力のこのような働きは、クルティウスも指摘するように、演繹論24節において説かれた「構想力の超越論的総合」(B151) と一致する。しかし、この事実をもって、クルティウスが図式論の意義を演繹論の思想の反復と見なすことは正当でない[117]。前章で我々が考察したように、演繹論の問題の一つは、カテゴリーを経験的使用に制限することがいかにして可能なのかにあり、24節において示される構想力は、この演繹論の問題連関の内において本質的な役割を果たすものであった。これに対して図式論の問題は、判断力による純粋悟性原則の形成はいかにして可能なのかにあり、その解答が超越論的時間規定であった。超越論的時間規定を介してのみ判断力は現象一般をカテゴリーに包摂し得るということこそが、図式論の本質的な主張である。構想力が超越論的時間規定の成立に必要とされる能力とされるのは、図式論の主張を裏付けるものではあっても、その主張の本質的要素をなしているわけではない。演繹論と図式論との問題設定の差異が明確であるかぎり、図式論の叙述の一部が演繹論と重複することをもって、演繹論と図式論の内実の一致を主張することは不可能なのである。

　こうして我々は、図式論におけるカントの叙述は、現象一般のカテゴリーへの「包摂」の問題とする点で一貫していることを確認した。図式論の問題は、現象一般がカテゴリーの下への「包摂」されるための基準として、

すなわち「純粋悟性の原則」を形成するために不可欠な条件として、「超越論的図式」を明示することにある。本項において取り上げたカントの図式についての論述も、図式論のこの基本線から逸脱するものではない。ここでなされたのは、超越論的図式との「同種性」の内実の分析である。第一に、超越論的図式は、カテゴリーに有意味性を与える感性的条件として、カテゴリー使用を「制限」する（A146,B186）ものである。ここにカテゴリーとの差異がある。第二に、超越論的図式は、構想力の超越論的産物として、カテゴリーの超越論的内容を損なうことなくそれを「実在化 realisieren」（A146,B185f.）するものでもある。ここにカテゴリーとの同一性がある。カテゴリーと図式とはこのような差異性と同一性をを持つことにおいてはじめて「同種的」たりうるのである。

カントはこのような分析を回顧して「純粋悟性概念の超越論的図式一般に必要なものの無味乾燥で退屈な分析」（A142,B181）と呼び、この準備的「分析」をここで打ち切って、漸く超越論的図式を具体的に示す作業に移る。「超越論的図式をカテゴリーの秩序に従ってカテゴリーとの結合において示す」(ebd.) この箇所において初めて、図式論はその課題を十全に果たすことになるだろう。

第四節　図式と諸原則

これまでの準備的分析によって超越論的図式「一般」に必要な条件が明らかにされた。しかし、この条件を充たすような図式が、個々のカテゴリーに対して、いかなるものとして見出されうるのか。この点の解明は「諸原則」の形成にとって不可欠である。したがってまた「いかにして純粋悟性概念が現象一般に適用されうるのか」（A138,B177）という「図式論」の問題が判断力による「諸原則」の形成の条件を問うものであるとすれば、カントによる個々の超越論的図式の説明は、「図式論」のいわば本論である。我々の「図式論」解釈の正当性を検証する意味でも、この箇所のカントの

第四章　超越論的論理学の展開——図式論の問題

叙述を聊か詳細に分析しておかねばならない。

カントは「量」のカテゴリーの図式が「数」であることを次のように説明する。

> 「外官に対するあらゆる量（quantum）の純粋形象は空間であり、感官一般のあらゆる対象の量の純粋形象は時間である。しかるに、悟性の概念としての量̇（quantitas）の純粋図式は数（Zahl）、すなわち（同種的な）一から一への継起的な付加を総括するような表象である。したがって、数は、私が時間そのものを直観の覚知において産出することによる、同種的な直観一般の多様の総合の統一に他ならない。」
> （A142f. B182）

余りにも簡潔であるが故に難解なこのカントの説明は、次のように理解され得る。直観としての空間および時間は、それ自体、量[118]（quantum）である。すなわち時間は「あらゆる対象の量の純粋形象」である。しかし時空の感性的表象それ自体としての「量」と純粋悟性概念としての「量」（quantitas）とは異なる。純粋悟性概念としての「量」は、全称判断、特称判断等の判断形式としての量に由来する知性的な量である。カントは別のところでそれを「物において一が何回（wie vielmal）定立されるかがそれによって思考され得るところの物の規定」（A242, B300）と呼んでいる。quantumが純粋に感性的な量であるのに対し、qunatitas（定量）は純粋に知性的な量であるが故に、両者はまったく異種的である。しかるに、我々はこの純粋に知性的な「量（quantitas）」を「数（Zahl）」すなわち「一から一への継起的な付加を総括するような表象」としてしか有意味に把握できない。言い換えれば、我々は知性的なquantitasとしての単位の単なる反復的定立を「継起的」になすよりほかはない。ここに「数」が「量」のカテゴリーの「図式」たる所以がある。カテゴリーとしての「量」と図式としての「数」とはいずれも単位の反復的定立である点において同一であるが、「数」においては「量」における反復が「継起的」に行われる点

167

において、両者は異なっている。すなわち、「量」のカテゴリーと「数」とは同種的である。しかも、単位の「継起的」反復は、対象一般のquantumの「純粋形象」としての「時間」において行われるが故に、「数」と感性的なquantumとは同種的である。こうして、「数」は、現象一般を「量」のカテゴリーの下に包摂する媒介である。

「数」は、このように「量」のカテゴリーの内容を「実在化」するだけでなく、その使用を感性的条件に「制限」する。「数」のこの性格は、1788年11月25日付けのヨハン・シュルツ宛書簡においても明確に示されている。

「貴方もお気付きのように、時間は、たとえば内官とその形式（時間）の特殊な状態に関してのみ可能であるような（量Quantumとしての）あらゆる変化の性質に影響を与えますが、しかしそのような仕方では、（純粋な量規定としての）数の諸性質にはいかなる影響をも与えません。それ故、算術（Zahlwissenschaft）は、量の構成が必要とする継起（Succession）を含むにも関わらず、我々が思考において表象する知性的な総合なのです。しかし、この総合によって量（quanta）が規定されうるかぎり、この量は、我々がそれの直観を継起的に把握しうるような仕方で、すなわちその把握が時間条件に従うような仕方で、与えられねばなりません。その結果、我々は、可能的な感性的直観の対象以外のいかなる対象をも数による量測定に従わせることはできないことになり、こうして数学は可感的なものにのみ及ぶという原則は例外なく存続します。永続（Dauer）という神の完全性の量は、実在性の全体（All）によってのみ表現されうるのであり、たとえ可想的単位を尺度として想定したとしても、けっして数によっては表象され得ないのです。」(X,S.557)

「数」が「継起」という時間的要素を含むことは、「数」が「知性的総合」であることに影響を与えない。すなわち「数」は「量」のカテゴリーの超

第四章　超越論的論理学の展開――図式論の問題

越論的内容を保持している。しかし、「数」が「継起」という要素を含む以上、数によって規定される対象は、「その把握が時間条件に従うような仕方で」与えられるものに制限される。したがって、「量」の純粋悟性概念によって「神の完全性の量」を「実在性の全体」として表象することは可能であるとしても、しかしこの表象を「数」による規定と見なすことは不可能なのである。こうして「数」は、「量」のカテゴリー知性的内容を保持しつつ、カテゴリーの使用を感性的対象一般に制限するのである。

　「数」が「量」のカテゴリーの超越論的図式であるとすれば、これによって同時に「量」に関する「純粋悟性の原則」もまた確定する。言うまでもなくそれは、＜現象一般は「数」によって規定されうる＞という原則である。しかるに、対象が「数」によって規定されるということは、対象が「（部分から部分への）継起的総合」（A163, B204）によって規定されること、すなわち「外延量（extensive Größe）」（ebd.）を持つことに他ならない。したがって、カントは後に「量」の「原則」を次のように定式化することになる。

　　「純粋悟性の原則――あらゆる現象はその直観から見て外延量である。」
　　（A162）

我々は先に、「純粋悟性の原則」は現象一般に対して超越論的図式を述語付けることによって成立する、と述べたが、この点をここで具体的に確認することができたのである。

　さて、「量」のカテゴリーの図式に続いて、カントは「質」のカテゴリーの図式について説明する。この説明は「純粋悟性概念」としての「実在性」および「否定性」についての説明から始まる。

　　「実在性（Realität）は純粋悟性概念においては、感覚一般に対応するもの、すなわちその概念がそれ自体において（時間における）存在を表示するところのものであり、否定性（Negation）とは、その概

169

念が（時間における）非存在を表すところのものである。したがって、両者の対立は、空虚な時間あるいは充たされた時間としての同じ時間の区別において生じる。時間とは単に直観の形式であり、したがって現象としての対象の形式であるが故に、現象において感覚に対応するものは、物自体としてのあらゆる対象の超越論的質料（事象性 Sachheit、実在性 Realität）である。」(A143,B182　傍点筆者)

このようにカントが「純粋悟性概念」としての「実在性」を「感覚」および「時間」への言及によって規定することは、時間的内容を含みえないはずの「純粋悟性概念」の規定に反するように見える[119]。しかも、同じ「実在性」が「物自体」としての「超越論的質料」であるともされるに至っては、カントの思考の混乱を我々に推測させかねない。しかし、カントの上の文章を我々が以下のように読み解くならば、そこには何の不整合も見られないのである。

　まず、カントは「実在性」のカテゴリーを「感覚一般に対応するもの」として規定する。現象とカテゴリーはあくまでも異種的である以上、この規定が意味するのは、「実在性」のカテゴリーが感覚に等しいことではありえない。むしろ我々は次のように解釈しなければならない。「実在性」のカテゴリーが「感覚一般」に「対応する korrespondieren」という関係は、依存関係としては、相互的ではなく一方的である。すなわち、「感覚一般」は「実在性」のカテゴリーが捨象されれば表象されえないが、「実在性」のカテゴリーは「感覚一般」を捨象しても存立する[120]。これは、「感覚一般」が「実在性」として思考されるものの全てではなくその一部にすぎないことを、すなわち「実在性」がカテゴリーとしての普遍性を持つことを意味する。このことは、カントがさらに「実在性」のカテゴリーを「その概念がそれ自体において (an sich)（時間における）存在を表示するもの」として規定することにも現れている。つまり、「実在性」のカテゴリーは、「単に肯定的判断によって思考され得るような規定」(A246) として、そのような「規定」＝「存在 ein Sein」（〜であること）一般を

第四章　超越論的論理学の展開——図式論の問題

普遍的に表象するが、まさにこの普遍的表象によって感覚の存在を、すなわち「（時間における）存在 ein Sein（in der Zeit）」をもすでに表象しているのである[121]。

しかるに、「否定性」は「（時間における）非存在 ein Nichtsein（in der Zeit）」であるから、「実在性」と「否定性」の「区別」は、時間における存在・非存在の二項対立に（一致するのではなく）「対応」する。すなわち、この「区別」は、「空虚な時間あるいは充たされた時間としての同じ時間の区別において生じる（geschehen）」。「空虚な時間」と「充たされた時間」という感性的区別は、「実在性」と「否定性」の知性的区別に対する感性的なメルクマール以上の何ものでもない。すなわち、「実在性」と「否定性」のカテゴリーの区別は、「空虚な時間」と「充たされた時間」の区別においてgeschehen＝生起・現象するにすぎない。それ故、このメルクマールが欠けたとしても、「実在性」と「否定性」の区別は依然として維持されるのである。

したがって、当然のことながら、時間という「直観形式」が捨象されたとしても、「実在性」のカテゴリーは存立しうる。もちろんその場合カテゴリーは「単に肯定的判断によって思考され得るような規定」（A246）にすぎない。しかし単なる論理的機能であればこそ、「判断における論理的機能を事象そのものの可能性の条件と見なす」（A243）錯覚によってカテゴリーの超越論的な誤用が可能となる。この誤用によって、論理的機能としての「単なる肯定」が、「その概念がそれ自体においてすでに存在 ein Sein を表現する」（A574, B602）ような「超越論的肯定」（ebd.）としての「実在性」へと変質する。つまり、「実在性」の「純粋悟性概念」とは、もしそれ自体において「意味」を持つものと誤認されるとすれば「物自体としてのあらゆる対象の超越論的質料」として見誤られるようなものなのである。

こうして、カントは「実在性」の「図式」を導入する前に、「純粋悟性概念」としての「実在性」の意味を技巧的に説明する。これを約言すれば、カテゴリーとしての「実在性」とは、肯定性一般であるかぎりにおいて、

「感覚一般」＝「充たされた時間」に「対応」するものである。では「超越論的図式」としての「実在性」はいかなるものか。カントは次のように説明する。

> 「しかるに、あらゆる感覚は度（Grad）を持つ。すなわち感覚は、それによって同じ時間を、つまり同じ対象の表象に関する内官を、感覚が無（＝0＝否定性 negatio）に至るまで多かれ少なかれ充たすことができるところの量を持つ。したがって、実在性と否定性との関係および連関が、あるいはむしろ実在性から否定性への移行が、あらゆる実在性を量として表象させるのである、そして、或るものが時間を充たすかぎりにおける、その或るものの量としての実在性の図式（Schema einer Realität）とは、時間においてこの量を連続的かつ同型的に産出することに他ならない。この産出は、或る度を持った感覚から、時間において、その感覚の消失に至るまで下降するか、あるいは否定性からその感覚の量にまで漸次的に上昇するか、そのいずれかによって行われる。」（A143,B182f. 傍点筆者）

「実在性の図式」は「或るものが時間を充たすかぎりにおける、その或るものの量」である。この「図式」は実在性の「カテゴリー」とどのような「同種性」を持つのか。上の文章を基に再構成するなら次のようになるだろう。カテゴリーとしての実在性と否定性は、或るものが時間を充たすか否かの「対立（Entgegensetzung）」において表現された。この対立の本質は Sein—Nichtsein の純粋に知性的な二項対立であり、この対立はそれが生じる場としての時間が捨象されたとしても成立するものであった。しかるに、我々はこの実在性と否定性の「対立」を実在性から否定性への「移行（Übergang）」として表象することができる。この「移行」の表象は、それが「対立」の表象を内包するかぎりにおいて、純粋に知性的である。そしてこの「移行」は、それが Sein から Nichtsein（＝0）への漸次的接近を意味するかぎり、「量」あるいは「度」の表象を含意する。し

第四章　超越論的論理学の展開——図式論の問題

かし一方でこの「移行」は、「同じ時間 (dieselbe Zeit)」すなわち「同じ瞬間」(A167,B209) という場においてのみ表象され得る。なぜなら、「移行」が可能であるための前提としての連続性および同型性は、時間の同一性によってのみ保証され得るからである。したがって、実在性から否定性への「移行」は、知性的表象ではありながらも、時間が捨象されるならば不可能である。ここに超越論的時間規定としての「実在性の図式」が成立する。これは「時間においてこの量を連続的かつ同型的に産出する」構想力の産物であり、「或るものが時間を充たすかぎりにおいて」のみ成立する「量」すなわち感覚の「内包量」である。

カントはこうして実在性のカテゴリーとその図式とを対比的に説明し、それによって両者の「同種性」を明らかにする。感覚の「度」としての図式は肯定性一般としてのカテゴリーを「実在化」するとともに、カテゴリーの使用を感性の対象へと「制限」する。この超越論的図式を得たことによって今やカントは超越論的判断力による原則の形成の条件を、すなわち現象一般に対して述語付けられるべきものを手中にしたわけである。実際、カントは「質」のカテゴリーに対応する原則を次のように定式化することになる。

　「あらゆる現象において、感覚の対象であるところの実在的なものは内包量すなわち度を持つ。」(B207)

次にカントは「関係」のカテゴリーの図式の提示へと進む。まず「実体」の図式が次のように示される。

　「実体の図式は、時間における実在的なものの持続性 (Beharrlichkeit) である、換言すれば、経験的時間規定一般の基体としての実在的なものの表象である、したがってこの基体は他のあらゆるものが変易しても常住する。」(A144,B183)

173

実体のカテゴリーは、「主語」となって「述語」とならないもの——「主語としてのみ（他の或るものの述語であることなく）思考されうるような或るもの」(A147,B186)——である。これは＜規定一般の基体＞[122]として、時間表象が捨象されても可能な知性的表象である。これに対して、実体の「図式」は、「持続」して「変易」しないもの——「時間における実在的なものの持続性」——である。では、何故に「持続性」が「主語」の図式となるのか。あるいは両者の同一性ならぬ同種性はどこにあるのか。これはカントが「持続性」を「経験的時間規定一般の基体」と見なしていることから判明する。「持続性」とは、同時 (zugleich) および継起 (nacheinander) という時間規定一般がそれに対してのみ述語付けられるところの基体性である。したがって、「持続性」は、時間一般の表象なしには成立せず、そのかぎり、「主語」とは区別される。しかし、「持続性」において時間一般の表象が捨象されるならば、「持続性」は＜規定一般の基体＞たる「主語」と同一である。ここに「主語」と「持続性」との同一性ならぬ「同種性」がある。すなわち、「持続性」は、「主語」というカテゴリーに従って時間一般が規定されたもの（「超越論的時間規定」）であり、したがってまた「主語」のカテゴリーの使用を制限する感性的条件であり、さらにいかなる形象にも齎され得ない「構想力の超越論的産物」である。「持続性」が「実体」の超越論的図式の資格を備えていることはこうして明らかであろう。

　「実体」のカテゴリーの図式が「持続性」であるとすれば、「実体」に関する「原則」は、現象一般に「持続性」が述語付けられることによって得られるであろう。実際カントはそのような仕方で「原則」を定式化するのである。

　　「あらゆる現象は持続的なもの（実体）を対象そのものとして含み、また変易可能なものを、対象そのものの単なる規定として、すなわち対象が存在する仕方として含む。」(A182)

第四章　超越論的論理学の展開——図式論の問題

　さて、「原因」のカテゴリーは、「或るAに対して、それとはまったく異なるBが規則によって定立されるという特殊な種類の総合」(A90,B122) であった。カントはこのカテゴリーの「図式」について次のように説明する。

　　「原因つまり物一般の原因性の図式は、それが任意に定立されるなら常に他のものがそれの後に継起するところの実在的なものである。つまり原因の図式とは、規則に従うかぎりにおける——多様の——継起である。」(A144,B183)

この「原因の図式」が原因のカテゴリーの時間に対する適用・制限であることはもはや説明を要しないであろう。Aに対するBの「規則」による「定立」としてのカテゴリーは、時間に対して適用されれば、AからBへの「規則に従う」「継起」として図式化され、このAからBへの「継起」から時間が捨象されれば単なるAとBとの「定立」となる。規則に従う必然的継起は規則に従う必然的定立を「実在化」しつつその使用を「制限」する。すなわち両者は「同種的」である。
　現象一般において因果関係が成立するということ、すなわちいわゆる因果律は、「純粋悟性概念」としての因果——Aに対するBの「規則」による「定立」——を現象一般の下に直接に包摂することによって表現されるのではない。現象一般と「定立」とは異種的だからである。むしろ因果律は、「規則」による「継起」という「超越論的図式」の下に現象一般が包摂されることによって表現されねばならない。すなわち、因果律とは現象一般における実在的なものの「継起」があまねく「規則」に従うことを意味する。こうしてカントは因果律、つまり「原因性の原則」を次のように定式化することになる。

　　「生起する（生じ始める）一切のものは、それがその後に規則に従って継起するところのものを前提する。」(A189)

175

以上の分析によって、超越論的図式の役割が、現象一般をカテゴリーの下に「包摂」することによって純粋悟性認識すなわち「原則」を形成するための「判断力の条件」(A247,B304)にあることは明らかであろう[123]。したがって、カントが「図式論」の問題をカテゴリーの下への現象の「包摂」として立てることは、問題の形式的・外面的表現ではない。「図式論」の問題が「包摂」によって表現されることは、「それなくしてはいかなる対象も思考されないような諸原理」を「純粋悟性認識」として確定することを目指す「超越論的論理学」の問題設定に適合しているのみならず、必然的である。他ならぬここにこそ、カントが「図式論」を「重要」かつ「不可欠」(Ⅳ,S.316)なものとする理由が求められるべきであろう[124]。カントは「図式論」においても「超越論的論理学」の問題設定に忠実に思考しているのである。

第五章　超越論的論理学の体系

　「図式論」を経て「超越論的論理学」は自ら掲げた目的を実現し得る段階に立っている。すなわち、カントは、「純粋悟性のあらゆる原則の体系」（A148,B187）と題された章（以下「原則論」と略記）において、これまでの考察の成果として、「それなくしてはいかなる対象も思考されないような諸原理」を「純粋悟性認識」として具体的に提示する。「形而上学的演繹」に始まった「超越論的論理学」はここで一つの終局を迎えることになる。

　「原則論」に至る経緯を簡単に振り返ってみよう。「形而上学的演繹」は「純粋悟性認識」を与えるべき「対象一般の概念」としてのカテゴリーを判断形式から導出した。「超越論的演繹」は、「純粋悟性認識」それ自体の客観的妥当性を擁護すると共に、「純粋悟性認識」を経験的対象に対してのみ制限的に成立し得るものとして正当化した。すなわち、「純粋悟性認識」を単に＜それなくしてはいかなる経験の対象も認識されないような原理＞として主張することに対して向けられ得るところの疑念が解消された。続いて「図式論」は、「純粋悟性認識」が経験的対象に関して成立し得るための条件、すなわち現象一般に対してカテゴリーを述語付けるための媒介を「超越論的図式」として一般的かつ具体的に示した。これによって、現象一般を主語とし超越論的図式（図式化されたカテゴリー）を述語とする命題が得られた。この命題を「純粋悟性の原則」として体系的に提示する場所が「原則論」に他ならない。

　カントは、『純粋理性批判』の論述方法を「総合的方法」（Ⅳ,S.274）と呼ぶ。これは「理性以外の何ものをも所与として根底に置くことなく、したがって何らかの事実に依拠することなく、認識をその根源的な萌芽から展開しようとする体系」（ebd.）の方法であり、数学および自然科学の存立を

前提した上でその存立可能の条件を問う『プロレゴメナ』の「分析的方法」から区別される。「形而上学的演繹」から「原則論」へ至るプロセスは、明らかに「総合的方法」に従っている。「超越論的論理学」は、「形而上学的演繹」において純粋悟性認識の「根源的な萌芽」をカテゴリーとして発見することから出発し、カテゴリーが純粋悟性認識を与え得るための条件が「超越論的演繹」および「図式論」で吟味された後に、純粋悟性認識の「体系」を示す「原則論」に到達しえた。このプロセスは「理性以外の何ものをも所与として置くことなく」遂行される「総合的方法」である。「分析的方法」が「学そのものを論述するものというより、むしろ学の実現がもし可能ならばその実現のために何がなされねばならないのかを示すべきもの」として学の単なる「準備」(ebd.) を与えるにすぎないのに対し、「総合的方法」は学の可能性そのものを原理的に明らかにすべきものである。したがって、「形而上学的演繹」から「原則論」への道は、「純粋悟性認識」を「学（Wissenschaft）」として実現するべく周到に準備された唯一可能な方法である。

　ところが、一見自明に思われるこのような理解には強力な異論が待ち受けている。すなわち「原則論」でカントが提示する原則をニュートン的自然科学の根拠付けとして理解するコーヘン以来の見解である。「カントはニュートンの原理を彼の総合的諸原則へと仕上げたのである。」[125] この見解に従えば、「形而上学的演繹」に出発するカントの議論は、実は初めからニュートン力学の基礎付けを目指すべく構成されたものである。したがって、カテゴリーから諸原則へと向かうカントの論述の順序は逆方向に理解されねばならない。コーヘンは言う。「カントを導いたのは諸原則からカテゴリーへのまっすぐな道であった、つまり彼は諸原則から出発し、天才的な眼識によって諸原則のうちにカテゴリーが働いているのを見出し、そして諸判断のうちに、判断の本来的な言明を構成する思考的統一としてのカテゴリーを見出し得たのである……」[126]。「原則論」の課題がコーヘンの言うとおり「数学的自然科学において与えられた経験内容」を「その可能性に関して説明する」[127] ものであるとすれば、このような帰結は避けられ

ない[128]。この場合、「超越論的論理学」の真の出発点は数学的自然科学の現実的な妥当性にあることになる。すると、『純粋理性批判』の方法は、カント自身が主張するような「総合的方法」ではなく、実は『プロレゴメナ』と同様の「分析的方法」にすぎないと解釈されることになるだろう。

　しかし、カントは「原則論」が自然科学の根拠付けを意味するとはけっして語らない。カントによれば「純粋悟性の原則」とは、「それなしではけっして現象に対応する対象の認識が成立しない」(A159,B198) ような規則である。この規則が「それなくしてはいかなる対象も思考されないような諸原理」として厳密な普遍性を持ち、それ故に「純粋悟性認識」の名に相応しいものであることは「超越論的演繹」においてすでに確証済みである。「超越論的論理学」のプログラムからすれば、「原則」とは、それに反するならば「認識は同時にあらゆる内容を、すなわち、何らかの客観とのあらゆる関係を、したがってあらゆる真理を失うことになる」(A62f.B87) ような規則しか意味し得ないのである。もし「原則論」が自然科学の基礎付けであるとすれば、「原則」は科学と非科学の境界線を示す規則を意味するであろう。しかしながら、「超越論的論理学」のプログラムは、「原則」が認識と認識ならざるものとの境界線を示す規則であることを要求しているのである。そしてこの要求を掲げるかぎりにおいて「超越論的論理学」は、いかなる認識の現実的妥当性をも前提とすることのない「総合的方法」を必要とするのである。

　このように、「原則論」を自然科学の基礎付けとして解釈することは、『純粋理性批判』の方法を「総合的方法」とするカント自身の明示的な言明と合致しない。しかしながら、「原則論」におけるカントの実際の叙述が、「原則論」を自然科学の基礎付けと見なすことを可能にし、必然的にさえするとすればどうだろうか。もしそうなら、「超越論的論理学」のプログラムは、カントの言に反して、実際は自然科学の基礎付けを目指すものであり、したがって「超越論的論理学」という尊大な名称は自然科学論という謙虚な名称に席を譲るべきものとなろう。しかしはたして「原則論」の実際の叙述は我々をして自然科学の基礎付けとして理解することを強い

るものなのか。それとも「原則論」は、我々の経験的認識一般が認識であるための条件を提示するものとして、「超越論的論理学」のプログラムに合致するのか。本章の課題は、この点をカントの「原則論」の叙述に即して確認することである。

本章は「知覚の予料」と「経験の類推」の諸原則を取り上げる。両者は、特に自然科学論の枠組において解釈されることの取り分け多い原則だからである。以下において我々は、これらの原則が「超越論的論理学」の問題連関の内に占めている位置を一旦捨象し、各原則それ自体が持つ固有の問題連関に即して考察を行う。「知覚の予料」は感覚的経験の客観性の問題を、「経験の類推」は時間経験の客観性の問題をそれぞれ構成する。この観点から各原則をそれに固有の問題性の内に定位しつつ考察することによって、これらの「原則」がやはり「超越論的論理学」の問題連関に属することを我々は再認することになるだろう。

第一節　感覚的経験の客観性

カントは表象一般の区分について論じた箇所（A320f.B376）で、「表象」の下に「意識的表象（Perception）」を置き、それをさらに主観的な意識的表象と客観的な意識的表象とに区分する。そして客観的な意識的表象を「認識（Erkenntnis, cognitio）」と名付けて「直観」と「概念」とをその二種とする一方で、主観的な意識的表象、つまり「主観の状態の変様としてもっぱら主観にのみ関係する」表象として、「感覚（Empfindung, sensatio）」を挙げている。感覚も表象の一種だとすれば、感覚がいかにして対象と関係するのかということもまた当然問題となりうるはずである。ところが感覚は単に主観的表象であって、それが故に客観的な認識からは除外されている以上、客観的な知の可能性を問う者にとって感覚はただ排除されさえすればよいものとも考えられる。たしかに感覚が客観的な認識に何の寄与もなさないものであるとすれば、感覚と対象との関係を問うこ

とは無意味であろう。しかし私が目で見、耳で聞き、手で触ることができるこの世界の認識の可能性について問うことが、たとえその問がこの世界のアプリオリな認識（「アプリオリな総合的判断」）に向けられているとしても、感覚の存在を全く顧慮することなくなされうると考えるのは同様に無意味なことではなかろうか。そしてもしそうだとすれば、カントの立場から感覚と対象の関係について何を言うことができるのであろうか。

1 問題の所在——感覚の主観性と客観性——

まず感覚についての問題の所在を感覚についてのカント自身の言明の中に求めよう。先にも引用したように感覚とは「主観の状態の変様」(A320,B376)であって、このことによって客観的な表象から区別される。カントは「感性論」において空間の観念性を論じた後で次のように言う。

> 「しかしまた、主観的な表象でありかつ外的な何かに関係する表象であって、アプリオリに客観的と呼ばれ得るような表象は空間以外にはない。なぜなら、他のいかなる表象からも、空間における直観からのようにアプリオリな総合的命題を導くことはできないからである。(§3)したがって厳密に言えば、他の表象には観念性は属さない。たとえ他の表象が、たとえば色、音、暖かさの感覚による視覚、聴覚、触覚、といった感官様式の主観的性質に属するという点において空間の表象と一致するとしても、それらは単に感覚であって直観ではないが故に、それ自体においてはいかなる客観も、ましてアプリオリに認識せしめるものではないのである。」(B44)

空間表象も色、音などの感覚も「感官様式の主観的性質」に属するものであり、「主観的な表象でありかつ外的な何かに関係する表象」であるという点において変わるところはない。空間表象が感覚から区別されるのは、前者が主観的であるにもかかわらずアプリオリに客観を認識せしめるから

181

である。空間がこのアプリオリな客観認識——「アプリオリな総合的命題」すなわち幾何学——を可能にするということは、空間が主観的な直観形式であると同時に客観的な現象の形式であるという特異な性格に、一言で言えば「超越論的観念性」(上の引用文にある「厳密」な意味での「観念性」)に基づく。言い換えれば、空間は「そのもとにおいてのみ諸対象が我々に対して感官の諸客観となり得るところの必然的条件」(A28f.) であり、このようなものとして「必然的に現象あるいはその直観に属する」(A28) からこそ、それ自身アプリオリな客観認識の可能性を与え得る。これに対し、色、音といった感覚はこのような「必然的条件」ではなく、それ故に「それ自体においてはいかなる客観も、ましてアプリオリに認識せしめることはない」のである。「感覚はそれ自体においてはいかなる客観的表象でもなく、感覚においては空間の直観も時間の直観も見い出されない……。」(B208)

　カントはこのように、空間表象の「観念性」を、主観的であると同時に客観的でもあるものとして性格付け、これによって「感官様式の主観的性質」であるにすぎない感覚の単なる主観性から峻別する。しかしこのことは、カントにおいて感覚にはいかなる意味においても客観への関与が断たれていることを意味するだろうか。

　ここで注意すべきなのは、上の引用文の中で言われているように、感覚は本来主観的ではあるが「外的な何かに関係」し得る表象であり、その感覚が客観の認識に関与し得ないのはそれが「それ自体において」、つまり他の何ものかから切り離されて見られた限りにおいてのことにすぎないということである。感覚が総じて認識から排除されているのではない。『判断力批判』においてカントは次のように言う。

　　「快不快の感情の規定が感覚と名付けられるとすれば、この表現は、私が（認識能力に属する受容としての感官による）或る事象の表象を感覚と呼ぶ場合とはまったく異なるものを意味する。後者の場合には表象は客観に関係付けられるが、前者においては表象はもっぱら主観

に関係し、いかなる認識にも役立たない……。（中略）草原の緑の色は、感官の対象の知覚として客観的感覚に属するが、この色の快適さは、それによっていかなる対象も表象されないところの主観的感覚、即ち感情に属する……。」(V.S.206)

「緑の色」をそれ自体として見れば、それは未だ「主観的」でも「客観的」でもない「感性的印象の生の素材」(B1)である感覚そのものである。このいかなる規定をも受けないものとして見られた感覚は「主観の状態の変様」と呼ばれるしかないであろう。「主観の状態の変様としてもっぱら主観にのみ関係する」(A320,B376)とされるのはこの裸のセンスデータとしての感覚であって、この感覚があらためて主観との関係において規定されるとき、快、不快といった「感情」=「主観的感覚」となり[129]、また客観と関係付けられる場合には「感官の客観的表象」(V.S.206)として「客観的感覚」と呼ばれるのである。感覚はそれ自体においてはいかなる客観との関係も持たない。しかし我々はこの関係を感覚に与えることができる。緑の感覚それ自身を超えてこれをこの草原の緑として把握し[130]、「この草原は緑である」と我々が言うとき、この言明はまさしく客観的判断なのである。

　以上の考察から、カントにおいて感覚とはそれ自体においては主観的でしかないが、やはり客観認識に役立ち得るものであると言うことができる。そして感覚に関する問はまさにこの点に向けられる。つまり、感覚が客観認識に役立つということ、このことはいかにして可能なのか。この問題は時空及びカテゴリーの客観性の問題と形式を共有するが、しかし、また決定的に異なる点を持っている。後者の問が、結局のところ空間時間およびカテゴリーという表象それ自体が客観を可能にするということから答えられるのに対し、感覚の客観性の問題にとってこのような方策を採る途はあらかじめ塞がれている。上に見たように感覚は「それ自体においては」客観を認識せしめないからである。それ故、感覚の客観性の問題は、感覚以外の何によって感覚は客観性を得るのかという点に絞られることになる。

2 感覚と直観形式

　感覚は純粋直観としての空間時間からは一切排除されている。しかしこの同じ空間時間が直観形式として機能するとき、感覚との関係は捨象され得ない。

　　「空間は外的経験から抽出されるような経験的概念ではない。というのは、或る諸感覚が私の外の或るものに関係付けられるためには、（換言すれば、私がそのうちに在る空間の場所とは異なった場所に在る或るものに関係付けられるためには）、また私がそれらの感覚を互いの外に並列にあるものとして、したがって単に異なったものとしてではなく、異なった場所にあるものとして表象しうるためには、すでにその根底に空間の表象があらねばならないからである。」(A23,B39)

前節で確かめたように、「緑」という感覚はそれ自体で見られるなら私の外のものとの関係を持たず、したがって私の内にしかないものである。しかし私は日常、この感覚を「私の外の或るもの」に関係付けて、「この草原は緑である」と言う。あるいは私は「緑」と「赤」が異なることを知っているだけではなく、これらを「異なった場所にあるものとして表象」し、「山の緑の中に紅葉が目立つ」と言う。このようなことが可能であるためには、即ち感覚が「外的経験」の要素となるためには、感覚以外のものが必要である。「感覚がその内でのみ秩序付けられ、或る形式に置かれ得るところのものは、それ自身また感覚ではあり得ない」(A20,B34)。この感覚以外のものとは、言うまでもなく現象の形式でありかつ直観の形式でもあるところの空間に他ならない。

　感覚を（外的）客観に関係付けるときすでに或る種の空間関係の了解を前提しており、感覚を客観へと関係付けるあらゆる言明は空間関係を含意している。色は必ず「どこかに」、或る「形」を持って見いだされるので

ある。直観形式としての空間は、感覚が単に主観的なものの領域から何らかの客観性の領域へと越え出る可能性の条件を担っている。しかしこの空間という場所において感覚が客観へと超出することが可能になるとしても、そもそも本来感覚は客観に関係付けられ得るものなのか、という問いは依然として残るであろう。感覚は本質的に客観化を拒むような端的に主観的なものであるということを、少なくとも想定することができる。この想定によれば、「この草原は緑である」という経験的言明は客観的言明としての意味を失い、また「重さ」という概念は自然科学において我々の感覚的経験とのつながりを一切失ってしまうであろう。このような見解がカントのものではないことは次の一文からも明らかである。「『物体は重い』ということはこれらの二つの表象が客観において、主観の状態の差異にかかわりなく結合しているということを意味している……。」(B142) 感覚が客観に対応するという我々の自然的態度をカントもまた共有しているのである[131]。したがって、次のように問われねばならない。感覚が客観に対応するということが意味を持つためには、我々はどのような前提を認めねばならないのであろうか。

3　感覚とその対象──「知覚の予料」──

「原則論」で扱われる「原則」とは、「カテゴリーの客観的使用の規則」(A161,B200) を示すアプリオリな総合的命題である。「演繹論」が「対象一般の概念」(B128) であるカテゴリーの有意味な使用を経験の対象に制限した以上、アプリオリな総合的命題としての「原則」の内容も単に対象一般の規定にではなく、経験の対象一般の規定に関わる。そしてこの経験の対象についてのアプリオリな規定を「経験の可能性の条件」として確定することが「原則論」でのカントの意図である。「純粋悟性のあらゆる原則は経験の可能性のアプリオリな原理に他ならない。」(B294)

「知覚の予料」の原則もこの例外ではない。「あらゆる現象において、感覚の対象である実在的なもの (das Reale) は内包量を、いいかえれば

度を持つ」(B207) と定式化されるこの原則はいかなる意味で「経験の可能性のアプリオリな原理」となるのであろうか。
　カントは「知覚の予科」の証明を次の文章から始める。

　「知覚 (Wahrnehmung) とは経験的意識である、いいかえればそのうちに同時に感覚が在るところの意識である。知覚の対象としての現象は、空間時間のような純粋な（単に形式的な）直観ではない（空間時間はそれ自体では知覚されえないから）。」(B207)

「知覚」と「知覚の対象」の説明を証明の冒頭に置いたカントの意図は明らかである。それは、感覚を通じて対象を志向する意識である知覚の可能性、あるいは同じことだが、感覚を通じて意識される対象の可能性こそが「知覚の予科」の原則が保証すべきものであるということの明示である。他の原則、例えば「直観の公理」が「一定の空間時間」(B202) の規定の可能性に対して、また「経験の類推」が「時間における客観の存在の規定」(B219) の可能性に対してアプリオリな原理を与えるのと同様に、「知覚の予科」は感覚による対象の規定の可能性に対してアプリオリな原理を与えるのである。
　このことは、上の文章に続いてカントが感覚とその対象について次のように述べることからより明瞭になる。

　「それ故現象は直観の他になお何らかの客観一般に対する質料（これによって現存する或るものが空間あるいは時間において表象される）をも自らの内に含む。すなわち、感覚の実在的なものを——人がそれについてただ主観が触発されているということを意識しうるにすぎないところの、そしてそれを客観一般に関係付けるところの単に主観的な表象として——自らの内に含むのである。」(B207f.)[132]

「感覚の実在的なもの (das Reale der Empfindung)」とはさしあたり

「感覚の対象」(ebd.) を、すなわち経験的直観の対象から空間時間的規定を取り除いた事物の性質的規定を指すと理解できよう。カントは現象がこの感覚の対象を「自らの内に含む」と言う。しかし上の引用文の内容はこれに尽きるのではない。現象は感覚の対象を「主観的な表象として」自らの内に含む、ということが上の引用文の眼目だからである。このことは「感覚の対象」という一見自明な事柄に潜む逆説的な事態に関わる。感覚の対象、すなわち事物の感覚的規定はそれ自体において客観的に存在するものではない。むしろ我々は「主観が触発され」た結果として我々が理解するところの主観的な感覚内容を、「客観一般に関係付ける」ことによって、この感覚内容に対応する対象を対象として（事物の客観的規定として）定立するのである。つまり「感覚の実在的なもの」すなわち感覚の対象は、感覚内容が「感覚」内容であるかぎり必然的に持たざるを得ない主観性の故に「主観的表象」と呼ばれる。しかしいかに主観的なものであれ、それが「客観一般に関係付け」られているかぎり、感覚の対象は「現象が……自らの内に含む」ところのものであり、その対象的意味を失うことはない。上の引用文におけるカントの表現は必ずしも明確ではないが、以上のように理解し得るであろう。

　このような記述においてカントが示そうとするのは、経験的認識において感覚内容の持つ二重性格、すなわちその主観性と客観性である。或る物体を手に持つ時に我々が感覚する「重さ」そのものは主観の状態の変様に過ぎず、物体に述語付けられる性質ではない。あくまでも感覚のレベルから見るならば、私がこの物体を手から離すなら「重さ」の感覚は消え、もはやこの物体は重くはない。そのかぎり、物体が重いという規定は恣意的でしかなく、この規定の真偽を問うことは無意味である。しかしそれにもかかわらず、我々はこの「重さ」を客観に適用して「物体は重い」という一義的な判断を下す。それは主観の状態を離れた客観性を主張する有意味な、すなわち真偽可能な判断なのである。カントがこのような感覚的認識のあり方に内在する問題性を摘出する意図は何か。言うまでもない。「それはいかにして可能か」を問うためである。いいかえれば、「知覚の予料」

の原則が保証すべき「経験」とはそもそも何であるかということを示すためである。その「経験」とは主観的なものに過ぎない感覚内容に現に客観的な意味を与えている我々の経験であり、問はこの経験の可能性の条件に向けられる。

　この問に答えるべく、カントは現にこの感覚内容に客観的な意味を与えている我々の経験の内実に目を向ける。これは「その中に同時に感覚が在るところの意識」、すなわち「経験的意識」の分析という形をとる。或る物体の「重さ」「不可入性」(A173,B215) などについての感覚的経験を、その個別的性質からではなく、「感覚一般としての各々の感覚」(A167,B209) というレベルにおいて、しかも「多くの感覚の継起」(ebd.)、つまり時間継起という側面を度外視し、「ただ一瞬間のみを充たす」(ebd.) 意識として考察するとき、カントは次のような事態に出会う。

「さて経験的意識から純粋意識までの間には、意識の実在的なものが完全に消失し、空間時間における多様の（アプリオリな）単なる形式的意識が残るまでの段階的な変化が可能である。」(B208)

この「段階的な変化」の可能性、「感覚そのものの内的相違の可能性」(A175,B217) さらに言い換えれば、感覚が「度」を持つということ、ここにカントは感覚的経験一般が共有する唯一の性格を見いだす。ここで重要な点が二つある。第一に、ここでのカントの分析は、対象から切り離された感覚そのものに対して向けられているのではなく、そこにおいて感覚内容が客観へと関係付けられている感覚的経験そのものに対して向けられているという点である。であるなら、感覚一般がこの「度を持つ」という性質を持つということは、あらゆる感覚的経験はこの性質を客観に付与しているということを意味する。言い換えれば、あらゆる感覚的経験はその客観がこの性質を持つということを前提にしていることになる。先にも見たように、「知覚」において遂行される感覚的経験の本質は「主観的表象」である感覚内容を客観一般に関係付けることだからである。私が「重さ」

の経験においてこの重さを客観に付与している場合に、私は常に同時に「度を持つ」という性質を客観に帰している。つまり、「重さ」の感覚的経験は、この重さが或る程度の重さであること、つまり重さには程度があることを含意しているのである。第二に、この感覚そのものの段階的変化の可能性という性格自体は感覚されるものではない。「あらゆる感覚はそれ自体たしかにアポステリオリにのみ与えられるが、感覚が度を持つという感覚の性質はアプリオリに認識され得る。」(A176,B218) 感覚が度を持つという感覚の持つ「アプリオリな」性質は、個々の特殊な感覚的性質（重さ、不可入性など）が共有するものではあっても、それらの感覚そのものによっては把握されることはない。個々の感覚内容は経験的に与えられるものである以上、それは常に個別的で具体的であり、感覚一般の持つアプリオリな性質は原理的に感覚そのものの内容とはならないのである。

　つまり「度を持つ」という感覚の一般的性質を客観に付与するということは、あらゆる個々の感覚的経験に必然的に伴いながらも、この一般的性質はけっして個々の感覚的経験の内容とはなり得ず、あらゆる経験に先立つものである。「演繹論」の言葉を借りて言うなら、客観に対する「度を持つ」という性質の付与は私のあらゆる感覚経験に「伴うことができねばならない」。これはまさしく「経験の可能性の条件」としての資格を持つものと言える。「度を持つ」という感覚の一般的性質を客観に帰すことこそ、感覚内容に客観性を付与することであり、したがって個々の感覚的経験の可能性の条件なのである。

　しかし感覚が度を持つという性質を客観に付与することはいかにして可能なのか。カントは上に引用した「段階的変化の可能性」をすぐ次のように言い換えている。

　　「言い換えれば、[経験的意識と純粋意識までの間には]純粋直観=0から始まって感覚の任意の量に達する感覚の量の産出の総合（eine Synthesis der Grössenerzeugung einer Empfindung）もまた可能である。」(B208 [ ]内筆者)

カントは感覚の段階的変化ということの中に「感覚の量の産出の総合」を見る。「総合」とは一般にカテゴリーにもとづく悟性の自発的作用であるが、この「感覚の量の産出」という「総合」は「質」のカテゴリー、すなわち「実在性（Realität)」、「否定性（Negation)」、「制限性（Limitation)」の概念にもとづく純粋総合である。「実在性」とは感覚一般に対応する概念であるが、「その概念それ自体が（時間における）存在（Sein）を示す」（A143,B182）ものにすぎず、また「否定性」とは「その概念それ自体が（時間における）非存在（Nichtsein）を表す」（ebd.）ものにすぎない。しかしこの「実在性」という純粋悟性概念は、単に「否定性」との論理的対立のみを意味するのではなく、感覚による「時間の充実」のうちに「否定性=0」への移行可能性を含んでおり、またその移行可能性のうちに「0ではない」（「制限性」）という或る種の「量」、すなわち「度」を意味するものとして具体化される。言い換えれば、「実在性」のカテゴリーは感覚の量化という機能を持つものとして図式化される。「実在性の図式は、時間を充たす限りでの或るものの量として、時間における実在性のまさにこの連続的かつ同型的産出である……。」（B183,A143）つまり実在性のカテゴリーは「経験的直観において感覚に対応するもの」（A168,B209）としての「実在性」を量を持つものとして「産出」するのである。上で言われた「感覚の量の産出の総合」とはこの感覚の対象の量の「産出」を感覚の側から表現したものに他ならない。「度を持つ」という感覚の一般的規定を客観に与えるということは、カテゴリーによるこの規定の「産出」という事態に対応している。したがって、あらゆる感覚的経験の客観性を保証するものは、（感覚によってではなく）悟性によってあらゆる経験に先立って遂行されるこの「産出」なのである。

　こうして、感覚的経験の可能性の条件として、悟性が感覚の対象一般を「度」を持つものとして、すなわち「内包量」を持つものとして規定することが要求されるとすれば、「知覚の予料」の原則の定式がこの要求を充たすものであることは今や明らかであろう。「あらゆる現象において、感覚の対象である実在的なものは内包量を、いいかえれば度を持つ」という

「総合的命題」(A175,B217) は、あくまでもそれが経験の可能性の条件であるからこそ、「悟性がアプリオリに現象に関して総合的に言明する」(ebd.) 命題として客観的意味を持ち得るのである。

以上のように、「知覚の予科」の原則は、感覚的経験の客観性の可能性の条件の問題に向けられている。しかしこのような解釈に対して、「知覚の予料」は本来自然科学における数学の現象への適用可能性の問に対応しているという解釈にもとづく反論が予想される。この解釈の一般的な例を挙げよう。「自然における事物は単に空間時間的規定を有するのみではなく、また内容的側面をも持っている。たとえば花は花の形というもののほかに色、匂い、その他の種々の性質を持っているのである。しかもこうした性質的側面についても、自然科学はこれを量的規定に還元し、そこに数学を適用するのである。……それでは事物の持つこうした内容的側面にもどうして数学は適用され得るであろうか。……『知覚の予料』の原則は、この問題を解決するための原則であった。」[133] こうした見解はたしかにカント自身の言明からも裏付けられるように思われる。「数学を現象へと適用することを正当化するという観点において私が数学的原則と名付けたところの前の二つの原則[「直観の公理」と「知覚の予料」]は、現象の単なる可能性という点から現象に向かう……。」(A178,B221)[134] たしかに、「現象は内包量を持つ」という原則が確立することによって、或る歴史的起源を持つ体系的学としての「数学」を現象に適用する可能性が正当化されることは間違いない。しかし、「知覚の予料」の原則の「証明」は、実際には、先に見たように、感覚を客観へ関係付ける我々の感覚的経験の可能性を問うことによって「証明」を果しているのであって、そこでは、歴史的に成立した一学科としての「数学」の存在にはいささかの顧慮も払われていないのである。それ故、もし「現象は内包量を持つ」という原則が「内包量」という数学的概念を含むが故に「数学的原則」と呼ばれるべきであるならば、そのことが意味するのは、その原則が特定の学科としての「数学」の使用の基礎付けに不可欠であるということではなく、むしろ感覚的経験の客観性を我々が承認する限り我々の思考は必然的に数学的であらざ

るを得ないということに他ならない。すなわち、特定の内容を備えた一学科としての「数学」を我々が持つか否かに関わらず、したがってまた「数学」の公理あるいは定理を明示的に了解していようといまいと、我々が感覚的認識に客観性を与え続ける限り、我々の思考は普遍的かつ必然的に数学的なのである。「知覚の予料」の原則の問題は、何よりもまず感覚的経験の可能性の問題であり、このことは「純粋悟性のあらゆる原則は経験の可能性のアプリオリな諸原理に他ならない」（B294）というカントの確言に合致するのである。

また、もし「知覚の予料」においてカントがただ数学の適用可能性のために「現象は度を持つ」ということの証明を試みていると解釈して、そこに経験の可能性の条件の探究というモチーフを見ないならば、この証明に対する次のような解釈を生むであろう。「こうしてカントの証明はようするに、感覚そのものが度を持っているから、この感覚を素材として構成される知覚の対象すなわち実在的なものもまたその性質に関して度を持つということであると思われるが、もしそうであるとすれば、この証明が実は何等の証明にもなっていないことは誰の目にも明らかであろう。」[135] この理由として岩崎氏は、感覚が度を有するということは「先天的」にも「経験的」にも知ることはできないということを挙げ、「我々はただ知覚の対象についてそれが性質的に度を有するということを単に事実として承認する外はないのである。」[136] とした上で、「実在的なものが性質的に全く度を持たなくても、それが不合理であると考えねばならない理由は存しない。」[137]と述べる。

このような解釈はカントの「証明」を、

＜大前提＞感覚は度を持つ
＜小前提＞感覚そのものが度を持つならば、感覚の対象も度を持つ
＜結論＞感覚の対象は度を持つ

というかたちで理解していると思われる。もしこれが実際のカントの証

明であれば、たしかに、「何等の証明にもなっていない」と言われよう。しかしカントの「証明」、少なくともアプリオリな総合判断である悟性の「原則」の「証明」は原理的にこのような定式化を拒むものである。「超越論的で総合的な諸命題の証明」は、本質的に、命題の含む概念の外にある「手引き（Leitfaden）」「導きの糸（Richtschnur）」として「可能的経験」を必要とする（A782f.B810f.）のであって、「知覚の予料」の原則の証明もインプリシットな仕方においてではあれ、この「手引き」に従っている。この観点から「知覚の予料」の証明を定式化するなら次のようになろう。

＜大前提＞客観的な感覚的経験は可能である
＜小前提＞この可能性のためには感覚の対象は度を持たねばならない
＜結論＞感覚の対象は度を持つ

この＜小前提＞は、感覚からその対象への推論によるものではなく、感覚的経験そのものの構造的分析の結果明らかになる事柄であることは先に見たとおりである。感覚的経験の可能性を大前提とし、そこから可能的な感覚的経験が内包する事態を摘出することによって、「知覚の予料」の証明は遂行されたのである。

4　結　び

　我々の日常的な感覚的認識は、感覚が客観的意味を持ちうるということを前提している。カントはこの前提を前学問的なものとして切り捨てはしない。むしろこの前提を我々の感覚的経験そのものに内在し、この経験の有意味性を支える要請として捉え、この要請を徹底的に純化しようとする。「知覚の予料」の箇所で行われるこの純化の作業は感覚的経験の構造分析という形をとった。そしてこの純化の結果残るのは、悟性概念が経験の根底においてアプリオリに描く現象一般のありかたであり、これが「現象は度を持つ」という表現に集約される。「対象一般」の概念であるカテゴリー

による現象一般に対するこの先行的規定を前提としてはじめて、感覚の客観性の要請は意味あるものとして了解されるのである。したがって、「現象は度を持つ」という原則はあくまでも思考一般の原則すなわち「それなくしてはいかなる対象も思考されないような諸原理」の一つなのであって、「数学」の適用可能性のために要請されたものではない。むしろ我々は「度」という概念を用いることなしには、すなわち数学的に思考することなしには、いかなる感覚的「認識」をもなし得ない。我々の思考は本源的に数学的である。このような帰結は自然科学の基礎付けによって得られるものではあり得ない。それはまぎれもなく「超越論的論理学」のみが齎し得る帰結なのである。

第二節　時間経験の客観性──「経験の類推」──

　すべての経験は時間的である。「知覚の予料」において問題にされた経験は、「そのうちに同時に感覚が在るところの意識」(B207)である限りの感覚的意識であり、それが「経験」である所以は「感覚」を含むという唯一点にあった。この感覚的経験は「時間」においてのみ可能である。「知覚の予料」は、我々の感覚内容の時間的変化を意図的に捨象し、感覚が「ただ一瞬間のみを充たす」(A127,B209)という点から見られる限りでの経験の可能性を問題にした。しかし言うまでもなく我々の実際の感覚的経験は「瞬間」においては成立し得ない。なぜなら、「瞬間」は時間幅ゼロの点であり、時間の「部分」ではなく「限界」(A169,B211)に過ぎないが故に、「瞬間」上の感覚は我々にいかなる対象の存在をも示し得ないからである。或る瞬間における「太陽の光の感覚の度」(A179,B221)について語ることは可能だが、「太陽の光」自体の瞬間的な存在について語ることは不可能である。我々が「現象一般の現存在」(A160,B199)について語るとき、事象が必ず或る幅を持った時間において現象することを前提している。すなわち時間の一定の「持続」においてのみ対象は我々に現象しうる。純

粋直観としての時間は本来「継起」及び「同時」の関係直観であるが、対象が経験される場としての時間は「持続」という様態を持たねばならない。こうして、「持続性、継起、同時」という「時間の三つの様態」(A177,B219) が、事象が経験されるための普遍的枠組であることになる。

しかしカントによれば、「時間の三つの様態」における対象経験は、時間直観のみならず、「純粋悟性の諸原則」をも必要とする。「経験の類推」の名の下に一括される三つの原則がそれである。カントが「経験の類推」の箇所で行うのは、我々の時間的経験がいかなる理由で「純粋悟性」を必要とするのかの「証明」に他ならない。その限り、「経験の類推」は、それなしには時間的経験一般の対象が認識され得ないところの「純粋悟性の諸原則」以外の何ものでもなく、それがニュートン力学の基礎付けとして解釈され得る余地はないと言ってよい。したがって、「経験の類推」の「証明」がカント自身の意図に即して整合的に理解され得るものであることを我々が示し得るならば、「経験の類推」はあくまでも「超越論的論理学」の諸原則であることが確証されるであろう。しかしながら、カントの論述には必ずしも整合的な解釈を許さないような要素が存在するかに見えるのであり、このことが「経験の類推」をニュートン力学の基礎付けとして解釈せしめる余地を与えるものでもある。我々は以下においてこの点に留意しつつ、カントの「証明」は全体としてカントの意図どおりに理解可能なものであることを明らかにしたい。それによってこの「経験の類推」が自然科学の基礎付けのために用意された原則ではなく、あくまでも「超越論的論理学」の原則であることが示されるであろう。

1　時間的経験の主観性と客観性

すべての経験は時間的である。このことは、さしあたり、「現象の多様の覚知（Apprehension）は常に継起的である。」(A189,B234) ことによって示される。「覚知」とは現象の受容的意識（「想像力の総合へと受容されること」(A190,B235)）であり、この意識に現れる現象は、それが想像によっ

てどのように変容されようと、すべて次々に (nacheinander) 現れる。すべての「経験的意識」(B207) は「継起」という時間関係にあるのである。

しかし、実際の経験は、事物を「継起」として捉えるだけではなく、「同時」に存在するものとしても認識する。この点が、「覚知」=「経験的意識」を「経験」=「経験的認識」から区別するメルクマールとなる。

>「現象の多様の覚知は常に継起的である。諸部分の諸表象は次々と継起する。この諸表象が対象においても (auch im Gegenstande) 継起するかどうかは、第一の点には含まれていない反省の第二の点である。」(A189, B234)

「覚知」と「経験」との区別は、単に、後者が継起性に加えて同時性の意識をも含む点にあるのではない。両者の区別は、主観的な時間性と客観的な時間性の区別である。客観的な時間性は、直接に意識される主観的な時間性ではなく、「知覚によって一つの客観を規定するような認識」(B218) としての「経験的認識」によって「規定」される時間性である。

>「……経験は知覚による客観の認識である。したがって、多様の現存在の関係は、多様が時間において並べられる通りにではなく、多様が客観的に時間において存在する通りに (wie es objektiv in der Zeit ist)、経験において表象されねばならない……。」(B219)

では、客観的な時間性の規定は、すなわち「多様が客観的に時間において存在する通りに」表象することは、いかにして可能なのか。主観的な時間順序とは別の客観的な時間順序を保証するような＜客観的時間＞を設定すれば良いようにも思われるだろう。しかし、カントは、このような仕方での時間規定は不可能であることを、即座に指摘する。

「……時間は、そこにおいて経験が各現存在に対してその位置を直接に規定するようなものとは見なされない、このようなことは不可能である、なぜなら絶対的時間は、現象がそれと対照され得るような知覚対象ではないからである……。」(A215,B262)

客観的に存在する時間の中に諸現象の位置を「直接に規定する」ことができると考えることのうちには、諸現象とは独立に存在するような時間＝「絶対的時間」が、諸現象の相関者として、「直接に」表象可能であることが、すなわち知覚可能であることが前提されている。しかし、「絶対的時間」とは、時間を充たす——知覚可能な——現象をすべて捨象した後に残る可能的な時間関係そのものにすぎず[138]、そのかぎり、知覚可能なものではない。したがって、客観的な時間規定のために、主観的時間とは別の＜客観的時間＞を参照項とすることはできない。主観的な時間性と客観的な時間性とを異なった二つの時間に対応させて考えることは不可能なのである。

したがってカントは、主観的な時間性と客観的な時間性の区別を可能にするものを、時間における表象の「結合」の様式の差異に求める。すなわち、主観的な時間順序が、恣意的かつ偶然的な、すなわち経験的な表象結合にのみ基くのに対して、客観的な時間順序は、「アプリオリな」表象結合に依拠する。

「……時間そのものは知覚され得ないから、時間における客観の存在の規定は時間一般における客観の結合によってのみ、つまりアプリオリに連結する諸概念（a priori verknüpfende Begriffe）によってのみ生じ得るのである。」(B219)

「アプリオリに連結する諸概念」は、「普遍的時間規定の諸規則」(A178,B220) として、主観的な時間規定からその主観性＝恣意性を排除し、時間規定を客観化する。この客観化の規則こそ、関係のカテゴリーにもと

づく「経験の類推」の三つの原則に他ならない。では、この客観化とは何を意味するのか。この点を踏まえた上でカントによる三原則の各々の論証を検討しよう。

2　実体の持続性

　現象の客観的時間関係の規定を可能にするアプリオリな規則としてカントがまず第一に挙げるのが「第一類推　実体の持続性の原則（Grundsatz der Beharrlichkeit der Substanz）」(B224) である。この原則は第一版では次のように定式化されている。

> 「あらゆる現象は、対象そのものとして、持続的なもの（実体）を含み、またその単なる規定として、即ち対象の存在様式として、変易し得るものを含む。」(A182)

この原則は何を意味するのか。つまり、この原則はいかにして客観的時間規定を可能にする条件を述べる規則であり得るのか。
　先に述べたように、知覚の主観的系列においては多様は常に継起する。したがってこの視点にとどまる限り、客観的な時間関係を決定することはできない。この決定のためには常に継起的な主観的な時間意識から独立に「常に存在する或るものが経験の根底にある」(A182,B225) ことが必要となる。この常に存在するもの、即ち「持続的なもの（das Beharrliche）」が時間規定の基準、「基体（Substrat）」とならねばならない。
　この持続性は「時間そのもの」に他ならない。

> 「持続性は、一般に現象のあらゆる現存在、あらゆる変易および同伴の恒常的な相関者としての時間を表現する。変易は時間そのものについて言われるのではなく、ただ時間における現象についてのみ言われるからである。」(A183,B226)

「持続性」とは、あらゆる時間規定の「恒常的な相関者としての時間」という時間様態を意味する。現象が変易していることを見て取るためには、現象の一切の「変易」から区別されつつ、常にそれと対照可能な「相関者」として「時間そのもの」が表象されねばならない。

　「したがって、そこにおいて現象の一切の変易が考えられるべき時間は、存続し、変易しない。なぜなら、時間とは、そこにおいて継起存在あるいは同時存在がその規定として表象され得るものだからである。」(B224f.)

しかし、問題はこの「相関者」としての時間がいかにして表象されるのかにある。先に述べたように、この時間は、時間を充たす一切の現象が捨象された後に残る「絶対的時間」としては知覚不可能である。それにも関わらず、この時間が何らかの仕方で知覚可能でなければ、客観的時間規定は不可能である。

　「しかるに、時間そのものは知覚され得ない。したがって、知覚の対象即ち現象の中に基体が見い出されねばならない。この基体は時間一般を示し、すべての変易と同時存在はこの基体に基づいて、現象のこの基体への関係を通じて、覚知において知覚され得るのである。」(B225)

客観的時間規定の「基体」となる「時間一般」は、「知覚の対象」として「見い出されねばならない」。この事情をカントは次のように説明する。

　「何かが端的に存在し始める、と仮定するなら、諸君は、それの存在しなかった時点を持たざるを得ない。しかし、すでに存在しているものにおいてでなければ、諸君はこの時点をどこに固定させようとするのであろうか。なぜなら、過ぎ去った空虚な時間というものは知覚の

対象ではないからである。諸君がこの生成を、あらかじめ存在し、そして生成するまで存続するような物に結びつけるならば、この生成するものは、あらかじめ存在したものの、すなわち持続するものの単に一つの規定にすぎなかったのである。消滅についても同様である。なぜなら消滅は、或る現象がもはやそこに存在しないような時間の経験的表象（empirische Vorstellung einer Zeit）を前提するからである。」(A188, B231)

現象の客観的「変易」、たとえば、或る事象の「生成」（存在し始めること）を知覚するということは、それが生成する時点 t_1 以前の時点 t_2 にはその事象が存在していなかったことを知覚することに等しい。このためには、時点 t_2 から時点 t_1 まで時間が「過ぎ去った」ことを、すなわち時間が「持続」していることを知覚する必要がある。しかし、時間そのもの t（絶対的時間）は空虚であるから、そこにいかなる持続性をも知覚することはできない。したがって、この持続性は、「あらかじめ存在し、そして生成するまで存続するような物」において知覚されねばならない。変易（生成）する事象を「一つの規定」とするところの或る変易しない「物」が、持続的なもの＝「時間の経験的表象」として、現象中に見い出されねばならない。この「物」とは、「主語としてのみ（その述語となることなく）成立し得るような何か」(A243f. B301f.)、すなわち「実体」に他ならない。それ故、現象の「変易」の知覚のためには、変易する事象を自らの「規定」とする「実体」が、持続的な相関者として、知覚されなければならない。客観的時間規定のために要請されるのこのアプリオリな要請が、「実体の持続性の原則」という純粋悟性認識なのである。「あらゆる現象は、対象そのものとして、持続的なもの（実体）を含み、またその単なる規定として、即ち対象の存在様式として、変易しうるものを含む。」(A182)

ここでカントの言う現象中の実体とは、様々な知覚の変化を通じて持続的同一性を示すものであり、これは机、コップ等の空間中の事物である[139]。主観的な知覚の変化が恣意的な「知覚の狂想曲」(A156, B195) ではなく

「客観的な変化」を示していると言えるためには、知覚の変化は或る「同じもの」の変化であることが必要である。逆に言えば、「同じもの」の知覚の変化であるからこそ、変化の知覚は客観性を持つ。知覚Aが知覚Bに続くとき、これがA→Bという客観的順序を持つと言えるためには、少なくとも、AとBの知覚内容を共に自分の在り方（規定）とする「同じもの」が、AとBの主観的継起からは独立に、かつその時間関係の尺度（「基体」、「相関者」）として前提されていなければならない。たとえば「割れる」という変化について語る場合にも、この変化を通じて持続する「同じもの」、例えば「コップ」という実体が考えられて「コップ」が割れると言うことができなければこの変化は有意味に語れないのである。

　　「したがって、変化は諸実体においてのみ知覚され得るのであり、生成消滅は、それが単に持続的なものの或る規定に関するものでなければ、いかなる知覚ともなり得ない。なぜなら、まさにこの持続的なものが、或る状態から他の状態への移行の表象や、非存在が存在となるという表象を可能にするからであって、これらの表象はそれ故、持続するものの変易する規定としてのみ経験的に認識されるのである。」
　（A188,B231）

このように、カントの言う実体は変化を通じて同一のものであって、実体なしには変化は考えられない。そしてその限り、変化のないところに実体を考えることもまた不可能である。実体は観察されている変化において、その変化の基体としてのみ考えられる知覚対象だからである。それ故、どの変化を観察の視野に入れるかということによってのみ、何を実体とするかが決まるのである。コップの変化を見ている限りコップが実体と見なされるが、そのコップが割れてガラス片となった後にその変化を記述するとすれば、その変化の実体はガラス片であると見なすのが自然であろう。（もちろんこの場合にも、「割れてしまったコップ」としてコップを実体とするのも自由である。）つまり、何が実体であるかは相対的な問題であり、

何か或る特定の事物が常に実体である必要はないのである[140]。

　しかし、コップが割れてしまえば実体と見なされないとは言っても、それは実体が消滅したということではもちろんない。コップが割れてコップでないガラス片となることは、実体の消滅と生成ではなく、今度は「ガラス」という実体の在り方の変化でしかない。実体はその定義上（＝時間規定の基体であること）変化を通じて持続的同一的なのである。その意味で、客観的時間規定の可能性、即ち経験の統一の可能性を犠牲にすることなしに、実体の生成消滅を認めることは絶対にできないのである。「或る実体が生成し、或る他の実体が消滅するというようなことは、それ自身時間の経験的統一の唯一の条件を廃棄してしまうであろう……。」(A188,B231)

　このように、我々が現象の変易を経験するとき、その都度常に、我々は持続する実体を前提していなければならない。カントが第二版において「実体」の原則を次のように定式化するとき、このことと別のことが主張されているわけではない。

　　「現象のあらゆる変易において、実体は持続し、実体の量は自然において増加も減少もしない。」(B224)

　ここでカントが「実体の量」の不変性に言及することは、カントがこの原則を——例えば質量の保存の法則のような——特定の自然法則に基礎を与えるものとして考えているかのような印象を与える[141]。しかし、カントの言う「実体の量」が或る特定の理論体系においてのみ意味を持ち得るような「量」（それが質量であれエネルギーであれ）に限定されていることはあり得ない。なぜなら、実体は生成消滅せず「持続」するということが時間的経験一般の前提として認められているからこそ、我々がその「持続」を量的に把握する場合にその「量」を不変と見なさざるを得ないのであり、その逆ではないからである。持続する「実体」は、それが持続するものと見なされさえすれば、いかなるものであってもよいのであり、その限り、カントの言う「実体の量」はいかなる種類の「量」であろうと構わないの

である[142]。もちろん、そもそも「量」一般を考えることがすでに科学的な捉え方なのだと言うことはできよう。しかし、その場合も、「実体の量」が特定の科学理論において使用される量に限定されているわけではない。むしろ、我々の経験が常に「量」の観点を欠き得ないとすれば、我々は――所謂科学的態度の有無を問わず――何時いかなるときにも科学的に思考せざるを得ないと言うべきなのであり、まさにこのことを原則は教えるのである。我々にこのような知見を与え得るのはいかなる特定の科学でもない。それは「超越論的論理学」のみが齎し得る普遍的認識なのである。

3　継起と因果性

　事象の変化（継起）が客観的な関係規定と見なされるためには、現象中の実体の持続性が前提とされねばならないことを見た。しかしこのことは事象の継起の客観性の必要条件ではあっても、十分条件とは言えない。実体の原則と相俟ってこの十分条件をなす規則を確定することが「第二類推」の仕事なのである。

　「第二類推」は「因果性の法則に従う時間継起の原則」と呼ばれ、「あらゆる変化は原因と結果の連結の法則に従って生じる」（B232）という因果律の形で定式化される。カントによれば、継起という時間関係の客観性は因果律によってのみ保証されるのであり、このことによって同時に因果律の真理性が証明される。カントはこの証明をいかにして行うのかを見てみよう。

　カントが証明の手がかりとするのは、「出来事（Begebenheit）」という概念である。出来事とは、生起すること、存在し始めること、詳しく言えば、「以前には存在しなかった或る状態が生じること」（A191, B236）である。出来事の知覚とは、単一の事象を知覚することではなく、事象の変化を知覚することである。したがって出来事の知覚ということの中には、知覚内容がAからBへと継起するということが、まず含まれている。しかし、出来事以外の知覚、例えば、変化しない大きな家を近くから眺め回すような

知覚の場合にも、我々の知覚内容は次々に継起するが、しかし家そのものは変化しない。したがって、出来事の知覚には、知覚が単に継起することだけでなく、それが客観の変化を示す継起であることが、必要条件として、含まれていなければならない。

しかし、知覚の継起が客観の継起を示すかどうかを確かめるために、これらを比較することはできない。この比較が可能であるためには、知覚の時間関係以外に客観の側の時間関係そのものを直接知っていなければならないことになるが、「時間はそれ自体においては知覚されることはできない」（B233）のであるから、このことは不可能だからである。そこで、出来事の知覚内容の継起がそのまま客観的継起であると言える基準を、カントは、継起する知覚の順序の不可逆性に見出す。

「しかし私は、また次のことに気づく。或る生起を含む一つの現象において、先行する知覚の状態をA、後続する知覚の状態をBと名付けるならば、覚知においてBがAに後続するのみであって、知覚AがBに後続することはなく、ただ先行するのみであるということである。」（A192,B237）

家の知覚の場合は、知覚の継起の順番が逆であっても全体としての知覚内容に影響はない。しかし出来事の知覚の場合、知覚の継起の順序が逆になれば、全体としてまったく違う出来事の知覚となる。例えば、ガラスが割れるという出来事の知覚には、「割れていないガラス」の状態の知覚Aと、「割れたガラス」の状態の知覚Bが含まれているが、この知覚の順序は必ずA→Bでなければならない。もし逆の順序B→Aだとすれば、バラバラのガラス片から一枚のガラスが形成されたという別の出来事を構成することになる。したがって、知覚の順序を逆にはできないということが、知覚の継起がそのまま客観性を持つこと、すなわち出来事の認識が可能であることの条件と見なされる。

では、知覚の順序は逆にはできないと我々が考えることを「強制」（A

196,B242）するものは何なのであろうか。言うまでもなく、実際にその順序で知覚が与えられたからだ、というのでは答えにならない。なぜなら、知覚が実際にその順序で与えられたということは、出来事の知覚と非-出来事の知覚（「家の知覚」）に共通であるが故に、出来事の知覚を構成する要件とはなり得ないからである。しかしまた、知覚順序の不可逆性を必然的にするものは、過去の知覚所与を再生的に結合する構想力のレベルにはない。このレベルではどのような順序での所与の結合もすべて等価なのである。この点はきわめて重要である。カントはこのことを強調する。

　「それ故、この知覚の系列においては、私が覚知をどこから始めて、多様を経験的に結合しなければならないかを必然的にするような一定の順序はなかったのである。」(A192f.B238)
　「しかし、継起は想像力においては、（何が先行し、何が後続しなければならないかという）順序についてはまったく規定されておらず、互いに継起する諸表象の系列は、どちら向きのものとしても把握され得るのである。」(A201,B246)

例えば、先に挙げた、ガラスが割れたという出来事の知覚の場合、単なる想像力のレベルから見れば、A→Bという順序の代わりにB→Aという順序に注目し、割れたガラスの状態を割れていないガラスの状態の後にではなくその前に置くことには何の不都合も矛盾もない。想像力による多様の結合のありかたを拘束しているのは、時間は逆には流れない（「私が後続する時間に達しうるのは先行した時間によるのみである」(A199,B244) という「我々の感性の必然的法則」(ebd.) のみであって、その時間上にどのような順序で知覚を置くかということについては元来何の制限も受けていないのである。
　では知覚の順序に必然性を与えるものはいったい何なのか。それは現象そのものが持つ或る時間関係である、とカントは考える。

> 「それ故、この場合、私は、覚知の主観的継起を現象の客観的継起から導かねばならないだろう。なぜなら、もしそうでなければ、覚知の主観的継起はまったく未規定であって、いかなる現象をも他の現象から区別しないからである。」(A193,B238)

ここには或る飛躍があるように見える。「覚知の主観的継起を現象の客観的継起から導」く、とカントは言うが、「現象の客観的継起」は、単なる知覚によっては捉えられないものでなければならない。さもなければ、この客観的継起は主観的継起から区別されず、したがって、そこから知覚の一定の順序を導くことはできないであろうからである。しかしまた、これを主観的な継起から推論することもできない。主観的継起そのものが客観的継起から導かれるべきものだからである。いずれにせよ、知覚から離れて現象の客観的継起に依拠することは、不可能ではないのか。実はここにカントの論証の決定的なポイントがある。

「現象の客観的継起」とは、カントによれば、「一つの出来事には別の或る状態が先行し、この状態の後に必ず(規則に従って)当の出来事が続く」という現象の客観的な時間関係のことである。この時間関係が知覚の順序を決定する、とカントは考える。

> 「或る出来事が規則に従ってそれに継起しなければならないようなものが、その出来事に先行していないとすれば、知覚のあらゆる継起は、単に覚知の中にのみあり、すなわち単に主観的であり、これによっては、本来はどの知覚が先行し、どれが後続しなければならないかということは、まったく客観的に規定されないのである。」(A194,B239)

なぜそう言えるのかについてのカントの説明はけっして判明ではないが、次のように理解できるであろう。ガラスが割れるという出来事(これをWとする)は、知覚のレベルから見れば、割れていないガラスの知覚Aと割れたガラスの知覚Bによって構成されている。カントはここであらたに、

現象そのものの立場に立って、この出来事Wそのものを、それに先行する状態（これをUとする）との関係から、捉え直す。この状態Uは、状態Wに先行する状態であるという定義上、当然、ガラスが割れていない状態を指す。このとき、この状態Uの後に状態Wが「必ず」続いて起こると考える。つまり、ガラスが割れていない状態Uの後に、ガラスが割れた出来事Wが必ず続くという、客観的継起を考えるのである。このように考えられた客観的継起が存在するとすれば、割れたガラスの知覚が割れていないガラスの知覚に先立つことはありえない。こうして知覚順序は「必ず」A→Bであるように決定され、ガラスが割れるという出来事の知覚が成立する[143]。逆に言えば、或る出来事の知覚が成立するとき、我々は常にすでに暗黙のうちにその出来事とそれに先立つ現象との不可逆的な客観的な時間関係を考えているのである。こうして知覚の主観的継起は現象の客観的継起を前提とし、そこから導出されるのである。

　もはや明らかであるように、出来事とそれに先行する状態とのこの考えられた関係こそが、「純粋悟性概念」（厳密には「超越論的図式」）としての因果性に他ならない。ストローソンが言うように、カントはここで知覚の順序の必然性を、それとは次元の異なる因果的必然性として解釈している。[144]「悟性は、継起としての各々の現象に対し、先行する現象に関してアプリオリに規定された時間的位置を与えることを通じて、時間順序を現象とその現存在に移す（übertragen）」（A199,B245）という言葉から窺えるように、カントは、この次元の移行を明確に意識している。知覚によってすでに与えられているかに見えた時間関係から、自発的な思考の能力としての悟性によって、我々が現象の中に「考え入れる（hineindenken）」アプリオリな時間関係、すなわち、「純粋悟性概念」としての因果関係へと視点を移すことによってしか、客観的な時間規定は生じ得ない。先に飛躍のように思われたものは、想像力による知覚所与の単なる結合から見れば、まさしく客観におけるアプリオリな結合への飛躍であり、この飛躍を可能にするものこそ、悟性による「アプリオリな総合」なのである。

　こうしてカントは、アプリオリな因果律が出来事の知覚における継起が

客観性を持つための条件であることを示し、「第二類推」の妥当性を証明する。あらゆる出来事がその原因を持つことの必然性は、出来事すなわち客観的な継起の認識の客観性のために要請されるのである。

> 「したがって、現象の継起における因果関係の原則は（継起という条件のもとでの）経験のあらゆる対象に妥当する、なぜなら、この原則自身がこのような経験の可能性の根拠だからである。」(A202,B247)

以上から明らかであるように、カントが第二類推の原則において主張するのは、あらゆる出来事には時間的に先行する原因が必然的に想定されるということ以上のことではない。第二類推が教えるのは、一切の出来事においてその原因が不定のXとして想定されることの必然性であって、そのXの具体的な規定に関する必然性ではない。後者は経験的な因果推理であり、これが必然性を持ち得ないことをカントはヒュームと共に承認する[145]。これに対して前者はアプリオリな総合として必然的である。カントはこの両者がヒュームにおいて混同されていたことを次のように指摘する。

> 「……もし、以前は固かった蝋が溶けるならば、私は、これが恒常的法則に従って継起したところの或るもの（例えば太陽の熱）が先行していなければならないということをアプリオリに知る。とは言え、私は、経験なしには、結果から原因を、あるいは原因から結果を、アプリオリに、経験の教示なしに規定的に知ることはできない。したがって、ヒュームは、法則に従う我々の規定の偶然性から、法則そのものの偶然性を誤って推論したのであり、物の概念から可能的経験への超出（これはアプリオリになされ、概念の客観的実在性をなすものである）を、現実的経験の諸対象の総合——これはもちろん経験的である——とを混同したのである。」(A766,B794)

「蝋が溶ける」という出来事を経験するとき、この出来事が何らかの原因

から生じたということを私は「アプリオリに知る」。このアプリオリな知が、因果性の純粋悟性概念におけるアプリオリな総合（の経験一般への適用）に他ならない。これに対して、この出来事の原因が具体的に何であるかを私が知るのは「経験の教示」によるほかはない。この教示によって成立する「太陽の熱が蝋を溶かす」という命題は「それ自体経験的であり、すなわち偶然的である」(B142)。カントは因果性に関するアプリオリな知と経験的な知とをこのように峻別する[146]。

したがって、第二類推が主張するアプリオリな因果性は、経験において——すなわち日常生活あるいは自然科学において——見出される因果関係の真偽に対してまったく影響を与えず、またそれによって影響を与えられることもない。目の前の山が急に浮き上がったとしても、太陽が西から昇ったとしても、このことは、アプリオリな因果必然性の反証にはならない。なぜなら、以前の経験と照合すれば異常と思われる現象にも、それが出来事すなわち客観的な継起であるかぎり、その現象の発生を必然的たらしめた原因があること、まさにこのことを第二類推は教えるのだからである。また、我々は諸々の出来事の原因を求める際に既知の自然法則を手がかりとするが、この自然法則の真理性がどれほど確実視されていようとも、この自然法則に反するような出来事が不可能であることを第二類推は主張しない。なぜなら、ニュートンの運動法則といえども「それ自体経験的であり、すなわち偶然的である」点では他の経験的命題と変るところはないのに対し、第二類推の主張する因果性は無内容な、それ故アプリオリな形式的な因果性だからである。「私は、経験なしには、結果から原因を、あるいは原因から結果を、アプリオリに、経験の教示なしに規定的に知ることはできない」かぎり、第二類推の主張する因果性は、一切の規定を欠くものであり、したがってまたニュートン力学の枠組によって規定された因果性と同じものではありえない。両者を混同する者はヒュームと同じ誤りに陥っていると言わねばならないであろう。

しかし、第二類推の因果性は、自然科学の経験的因果性と同一視されてはならないのみならず、いわゆる存在論的な因果性とも混同されてはなら

ない。G・マルチンは、カントの第二類推をライプニッツの「充足理由律」と同一視する[147]。たしかにカントは、「あらゆる変化は原因と結果の連結の法則に従って生じる」(B232) という第二類推が変化（現象の時間的継起）を必然的たらしめる十分な理由の存在をアプリオリに言明する限りで、第二類推を「充足理由律」と呼んでいる[148]。しかし、このことは第二類推が、マルチンの言うように、ライプニッツの「充足理由律」すなわち「それがなぜそのように起こって別様には起こらないのかという理由なしには何事も生起しない（rien n'arrive, sans qu'il y ait une raison pourquoy cela soit ainsi plustost qu'autrement)」[149] という原則と同一であることを意味しない。

ライプニッツの「充足理由律」によれば、＜Aという出来事には、それがAであって非Aではないことを必然的にする原因が先行していなければならない＞。これに対して「第二類推」によれば、＜Aという出来事には、それが非AからAへの継起である限り、その継起を必然的にする原因が先行していなければならない＞。両原則は、Aという出来事を必然的にする原因（充足理由）の存在を主張する点において同じであるが、しかしその内実はまったく異なっている。

「充足理由律」が、出来事Aが非Aではなくまさに Aであることの理由を与えるのに対して、「第二類推」は、Aが非Aに継起することの理由を与える。前者において非Aは、現実に生じたAの否定として可想的に想定されたものであるのに対し、後者において非Aは、現実に生じたAに時間的に先行するものとして現実に与えられているのである。つまり、ライプニッツの「充足理由律」において非Aは可想的であるのに対し、「第二類推」において非Aは現実的なのである。両者の差異は、Aに対する非Aの可能性についての把握の仕方の違い、すなわち「偶然性」の捉え方の相違である。カントは前者を「可想的偶然性」、後者を「経験的偶然性」と呼んで両者を明確に区別している。

「カテゴリーの純粋な意味においては、その矛盾対当が可能であると

ころのものが偶然的である。しかるに経験的偶然性（empirische Zufälligkeit）からこの可想的偶然性（intelligible Zufälligkeit）を推論することはけっしてできない。変化するものの（状態の）反対は別の[＝前の]時間において現実的であり、したがってまた可能である。したがって、変化するものの反対は前の状態の矛盾対当ではない。矛盾対当であるためには、前の状態があった時間と同じ時間において前の状態の代わりにその反対があり得たのでなければならない。しかしこのこのことは変化からはけっして推論され得ないのである。……変化は経験的偶然性のみを示す。即ち変化が示すのは、原因性の法則によれば新たな状態それ自体が前の時間に属する原因なしにはけっして成立し得なかったであろうということだけなのである。」
(A459f.B487f.)

或る時点の「蝋が溶ける」という出来事に対して、その論理的否定として「蝋が溶けなかった」可能性を考えるのが、「可想的偶然性」である。ライプニッツの「充足理由律」によれば、「蝋が溶ける」という出来事には「蝋が溶けなかった」可能性を必然的に排除した原因が先行する。つまりこの原因は、可能的な諸々の結果の内から一つの結果を選択的に限定するものとして機能する。しかし、カントの「第二類推」はそうではない。「第二類推」は、「蝋が溶ける」という出来事を「蝋が溶けていない」先行状態からの変化として捉えた上で、その変化を必然的にする原因が先行することを主張する。この場合に考えられているのは、結果が別様でもあり得たこと（可想的偶然性）ではなく、単に、結果が別様のものからの変化であること（経験的偶然性）だけである。したがって、「第二類推」の主張する「原因」は、Aと非Aが構成する可能的な可想的領域から特にAが現実化するための根拠ではなく、それ故また、結果の諸可能性の内の一つを選択的に限定するものではない。むしろ、「第二類推」の主張は、我々が非AからAへの継起という現実的な結果をまさに現実的なものとして認識するためには結果から遡及的に見出される原因を前提せねばならないと

いうことに尽きている。

　カントの「第二類推」とライプニッツの「充足理由律」とのこのような差異は、因果性のカテゴリーの「経験的使用」と「超越論的使用」の違いに対応している。「充足理由律」とは、現象が（図式を介さず）直接に因果性のカテゴリーに包摂されることによって、言いかえれば、対象一般に対して因果性のカテゴリーが適用されることによって成立したものにほかならない。「充足理由律」は時間条件に束縛されることなしに成立する「物一般」のあり方を示すものであるかぎり、「存在論」の原則であり、そしてそのかぎりにおいてまた、「超越論的論理学」の原則ではないのである。

　　「悟性の諸原則は諸現象の解明の諸原理にすぎないのであり、物一般についてのアプリオリな総合的認識（例えば原因性の原則）を体系的理説において与えると僭称する存在論（Ontologie）という誇らしげな名称は、純粋悟性の単なる分析論（bloße Analytik des reinen Verstandes）という謙虚な名称に席を譲らねばならない。」（A247, B303）

以上の考察から明らかなように、「第二類推」を自然科学の基礎付けとして限定的に解釈することも、「存在論」の原則として解釈することも不適切である。この「原因性の原則」の持つ普遍的性格は、「超越論的論理学」の原則としてのみ適切に表示され得るのである。

4　同時性と交互作用

　「第三類推」は、他の二つの原則に比べ、注目されることがあまり多くない。それが論考の対象となる場合にも、その論証の不整合性が指摘されたり[150]、あるいは、「第三類推」の主張する実体の相互作用は当時のニュートン物理学の影響を直接に示すものであるとされたりする[151]。しかし、

「第三類推」をこのように評価することははたして正しいであろうか。このような見方が生じるのは、「第三類推」が「経験の可能性のアプリオリな原理」(B294) である所以の厳密な普遍性が見落とされることに因るのではないだろうか。以下において「第三類推」の「証明」を詳細に検討することによってこの点を確認したい。

　現象の客観的「継起」は、継起を通じて持続的同一性を示す「実体」と、その継起を必然的たらしめる「原因」とを前提として持つということが明らかになった。カントが「第三類推」において問題にするのは、現象の「同時性」はどのような前提のもとで認識の対象となるかということである。カントは「第三類推」を「交互作用（Wechselwirkung）あるいは相互性（Gemeinschaft）の法則に基づく同時存在の原則」(B256) と名付け、次のように定式化する。

　　「あらゆる実体は、それらが空間において同時的なものとして知覚され得る限り、汎通的な交互作用のうちに在る。」(ebd.)

「実体」が「交互作用」することが、なぜ、同時性という時間規定を可能にするのか。カントはこの定式の説明を次のような問いかけから始める。

　　「諸物が同時に在るのは、それらが同一の時間の中に存在する限りにおいてである。しかし、それらが同一の時間中に在るということを我々は何に基づいて認識するのであろうか。」(A211, B258)

さしあたり、この問には次のように答えられる。

　　「諸物が同時に在るのは、経験的直観において一つの物の知覚が他の物の知覚に交互に（wechselseitig）継起する場合である……。」(B256f.)

213

現象の客観的「継起」の基準が知覚順序の不可逆性、即ち知覚の一方的継起であったのに対し、「同時性」の知覚の基準は知覚順序が gleichgültig (A211,B258) であり可逆的であること、即ち知覚の「交互的」継起にある。例えば私が、「地球」と「月」は同時に存在する、と言うとき、その言明の根拠は、それらの知覚をどちらからでも始めることができることにある (B257)。

　我々は現に同時性を知覚の可逆性によって認識する。これは、たしかに、否定しがたい事実であり、同時性の認識のためのこれ以外の経験的基準をふつう我々は持っていない。しかしながら、この経験的基準は、それに基づく同時性の認識の客観性を保証するものではない。カントはこのことを次のように指摘する。

　　「覚知における想像力の総合は、これらの知覚のいずれかが、他の知覚がないときに主観の内に在るようなものであることを示すことができ、またその逆をも示すことはできるが、しかし、諸客観が同時にあることを、すなわち、一方の客観が在るときに他方の客観も同じ時間中に在ることを示すことはできない」(B257)

　知覚の交互的継起とは、或る「知覚」Aが主観中にない時に他の「知覚」Bが主観中にあり、またその逆も成り立つ、ということを意味する。しかしこのことはただちに「諸客観が同時にある」ことを意味しない。「地球」の知覚Aと月の知覚Bとが交互に継起するということは、A→Bの継起とB→Aの継起が続いて起こるということである。したがって、この知覚に含まれているのはA→B→Aという順序に従って知覚が継起するということだけであって、AとBという「客観」が「同時にある」ということではない。なぜなら、A→B→Aという順序で知覚が継起することは、むしろ、Aが消滅しその後で再びAが再生するという出来事としても解釈され得るからである。すなわち、地球の知覚と月の知覚とが交互に継起するという表象を、それ自体としてみるなら、＜私は地球を見た後で月を見、また月

214

を見た後で地球を見る＞という「単に主観的に妥当する諸表象」(B142)であり、これは、「地球と月とが同時にある」という「客観的妥当性を持つ関係」、すなわち一義的な意味を持った「判断」(ebd.) とは区別されなければならない。したがって、単なる交互的継起の「知覚」は、同時性の認識の経験的な基準であるとしても、同時性の認識の「客観性」を保証するものではない。

しかし、言うまでもなく、同時性の認識のこの客観性を、「時間そのもの」という＜客観＞の知覚に求めることはできない。

> 「しかし、時間そのものを知覚することはできないから、諸物が同じ時間に定立されていることに基づいて、それらの知覚が相互に継起し得ることを推測することはできない。」(B257)

では、同時性はいかにして客観的に認識されうるのか。この問題は、次のように言い換えられる。AとBの知覚がA→B→Aという順序で起こることが、この順序での継起の認識を意味するのではなく、AとBとの同時性の認識を意味するためには、いかなる条件が必要とされるのか。すなわち、A→B→Aという順序の知覚が、単なる一方的な継起ではなく、「交互的」継起であることはいかにして可能なのか。

カントはこの問に対する解答を次のように与える。

> 「したがって、知覚の交互的継起が客観において根拠付けられていると言い、そしてそれによって同時存在を客観的なものとして示すためには、これらの互いの外に同時存在する物の諸規定の交互的継起についての悟性概念が必要である。」(ebd.,傍点筆者)

ここでカントが言うのは、知覚の「交互的継起」が「同時存在」の客観的認識を与え得るためには、「交互的継起」の単なる知覚ではなく、その「悟性概念」が、すなわち「交互的継起」についてのアプリオリな概念的

215

把握が必要だということである。そしてカントはこの「悟性概念」を「実体」の「交互的作用」と見なし、次のように結論付ける。

「したがって、空間における諸実体の同時存在が経験において認識され得るのは、諸実体相互の交互的作用という前提のもとにおいてだけである。したがってこの交互的作用はまた、経験の対象としての物そのものの可能性の条件である。」(B258)

しかし、「諸実体相互の交互的作用」、すなわち「実体が他の実体における諸規定の根拠を交互的に含む」(ebd.) という関係が、なぜ同時性の客観的認識の条件となるのか。カントは次のように説明する。

「現象としての諸実体の多様において各々の実体が完全に孤立していると仮定しよう、すなわち、いかなる実体も他の実体に作用せず、他の実体から交互的な影響を受けないと仮定しよう。この場合、諸実体の同時存在は可能的知覚の対象ではないであろうし、また、一つの実体の現存在は、経験的総合のいかなる道によっても他の実体の現存在へと至り得ないであろう。」(A212,B258f.)

我々はこのカントの説明を次のように敷衍することができる。第一類推から明らかなように、各々の実体は、観察される変化に即して定立される持続性である。そのかぎり、実体相互の区別は、観察される変化系列の区別であり、「諸実体の多様」は、観察される変化系列の多様性である。しかるに、第二類推で示されたように、或る客観的な変化＝継起は原因を持つ限りにおいてのみ可能である。したがって、すべての実体における変化系列は原因を持っている。ここで、「各々の実体が完全に孤立していると仮定しよう」。この場合、各々の実体＝変化系列の原因はすべて各々の実体それ自身の内に含まれていることになるから、それらは相互に完全に独立した時間系列[152]をなす。すなわち、多様な実体と同じ数の時間系列が相互

に独立に存在することになる[153]。しかし、それらの時間系列が共に＝同時に在ると言うことは不可能である。なぜなら、AとBとを二つの時間系列として認識するということは、二つの時間を想定することであり、このことは経験の可能性に反するからである。「ただ一つの時間（nur Eine Zeit）があるのみであって、そこではあらゆる異なった時間は同時にではなく、継起するものとして定立されねばならない。」（A188f.B232）つまり、AとBを一つの時間系列の上で継起する二つの時間として考えることは可能だが、AとBとを二つの時間として相互に独立に思考することは不可能である。それ故、諸時間系列＝諸実体が「孤立」していると考えることは、諸実体の共在を許容せず、したがってまた諸実体の複数性に矛盾する。こうして我々は「経験的総合のいかなる道によっても他の実体の現存在へと至り得ない」。それ故、「諸実体の同時存在は可能的知覚の対象ではない」ことになる。

　カントはこのように同時性の認識に付き纏う困難を指摘する。この困難を回避しようとして「空間」に同時性の認識根拠を求めることはできない。なぜなら、同時性とはあくまでも時間的な規定だからである[154]。たしかに、第三原則は「あらゆる実体は、それらが空間において同時的なものとして知覚され得るかぎり、汎通的な交互作用のうちに在る」（B256　傍点筆者）とも表現される。むろん、我々は、同時性の認識が空間においてのみ可能であるということを、実体（持続性）が常に空間中にのみ見出される（B291）ということと同様に、カントと共に認めなければならない。しかし、このことはむしろ、我々は同時性という時間的規定を常に同時に空間中の物において把握するという事実を意味するにすぎないのであり、けっして、同時性が空間的規定であることを意味しているのではない。したがって、空間それ自体はけっして同時性の根拠とはなり得ない。実際にカントは、「力学的相互性なしには場所的相互性（communio spatii）すらも経験的に認識され得ない」（A213,B260）と言う。第三類推の主張する相互性は空間における同時性の認識を前提するものではなく、むしろその逆なのである。

こうして、同時性の認識が可能であるためには、「ただ一つの時間」のみを許容する「実体」と「原因性」のカテゴリー以外に、新たなカテゴリーが必要となる。「諸実体相互の交互的作用」という純粋悟性概念がそれである。今や明らかなように、この「交互的作用」という因果関係を、すでに異なる空間中に在るところの諸実体が事後的に取り結ぶような関係として形象的に理解してはならない。なぜなら、我々が物を異なる空間中に在るものとして表象するとき、すでにそれが同時にあることを前提してしまっているからである。この実体相互の「交互作用」はより抽象的、普遍的なレベルで理解されねばならない。すなわち、第三類推の言う実体相互の因果関係とは、純粋カテゴリーとしての根拠――帰結の関係[155]が、複数の時間系列に適用されたものである。「実体が他の実体における諸規定の根拠を交互的に含む」と考えよう。そうすると、「各々の実体における規定」、すなわち各々の時間系列における変化は、他の時間系列における変化を相互に「根拠」として前提し合う。このとき、時間系列Aと時間系列Bとは、相互に区別されるにもかかわらず、AなしにBを思考することも、BなしにAを思考することも出来ないような関係にあることになる。このことは、AとBはどちらか一方だけではなく、AとBが共に存在することを含意している。そしてAとBが時間系列である以上、AとBの共在は、同時性を意味するのである。つまり、複数の時間系列のこのような共在こそ、「同時性」に他ならない[156]。こうして「諸実体相互の交互的作用」という「悟性概念」こそが、諸実体の「同時存在」のアプリオリな表象を可能にするのである。

　このような仕方で「同時存在」の概念が経験に先立って把握されていることがなければ、経験は「常に継起的」（A189,B234）なもの以外ではあり得ない。「同時存在」が経験の対象となり得るのは、同時存在の意味が諸々の時間系列（変化系列）の相互依存性としてアプリオリに理解されているからである。純粋な概念レベルでの同時性のアプリオリな意味把握によってのみ、我々は、A→B→Aという知覚の順序を、単なる継起としてではなく、「交互的」な継起として経験し得るのである。我々は「地球」

218

を知覚した後に「月」を知覚し、しかる後に「地球」を知覚するとき、この知覚経験を、何らかの原因によって引き起こされる地球の消滅と発生としてではなく、月と地球とが同時に存在することとして理解する。この区別を可能にするのは、複数の時間系列の共在についてのアプリオリな理解、すなわち「諸実体相互の交互的作用」という悟性概念なのである。

　「したがって、何らかの可能的経験において同時存在が認識されるためには、各々の実体は（実体はその諸規定に関してのみ継起であり得るから）、他の実体の或る諸規定の原因性を自分の内に含むと同時に、他の実体の原因性によって生じた結果を自分の内に含んでいなければならない」。(A212.B259)

　以上によって、「諸実体相互の交互的作用」が同時性の客観的認識の条件となる所以は明らかになったであろう。たしかに、「諸実体相互の交互作用」という概念はきわめて抽象的であり、我々の日常的な同時性の経験とはあまりもかけ離れているかに見える。だが、時間そのものの知覚や、空間の把握が同時性の意味を構成することができない以上、そもそも同時性の意識が主観的仮象でないとすれば、我々は抽象的な概念性を同時性の可能性の条件として認めざるをえない。むろん、我々の同時性の認識は「諸実体相互の交互的作用」の思考を事実的に伴ってはいない。しかし、同時性の認識が客観性＝有意味性を持つためには、その認識は「諸実体相互の交互的作用」というアプリオリな思考によって伴われえねばならないのである。「諸実体相互の交互的作用」という表象は、「この表象が明晰（経験的意識）であろうと不明瞭であろうとこの場合問題ではなく、それどころか経験的意識の現実性さえも問題ではない」(A117 Anm.) とされるIch denkeの表象と同様の「超越論的意識」(ebd.) であり、この意識の同伴が不可能であるならば、同時性という表象は「少なくとも私にとって無」(B132) なのである。「諸実体相互の交互的作用」の抽象性は、超越論的統覚の普遍性と超越論性に合致しているのである。

219

第三類推は、同時性の経験一般の客観性の条件をアプリオリに言明する原則として、以上のように整合的に理解され得る。このような理解の上に立つかぎり、第三類推をニュートンの万有引力の法則の基礎付けと同一のものとして解釈する余地はないと言わねばならない。たしかに、カントが「我々の眼と天体との間に働く光が我々と天体との間接的な相互性を引き起こし、それによって天体の同時存在を示す」（A213,B260）と言うとき、「交互作用」ということで何らかの物理的な作用が理解されているようにも見える。しかし、この「光」による相互性が述べられる際に「我々の経験にとって容易に気付かれる」(ebd.) ものと前置きされていることからも明らかなように、カントはこれを相互性の単なる経験的な例証以上のものと見なしていないのである。「光」による相互性は、アプリオリに理解された「交互的作用」の経験的な適用事例にすぎない。したがって、また万有引力を「交互的作用」として考えることは可能であるが、万有引力がどれほど普遍的であろうともそれは厳密な意味での普遍性を持たない経験的な事象である以上、「交互的作用」を万有引力と同一視することはできない[157]。第三類推の「交互的作用」とは、互いに独立した実体（時間系列）がその規定（変化）において相互に依存するという、同時性の意味に関わるきわめて抽象的なものである[158]。いかなる自然科学においても見出し得ないこの普遍性こそ、第三類推が「超越論的論理学」の原則であることの証しなのである。

結　び

　以上、『純粋理性批判』の「超越論的分析論」を「超越論的論理学」の理念が整合的な手順を踏んで実現されるプロセスとして考察した。結びとして、「原則論」はいかなる意味において「超越論的論理学」の課題に対応する結論となりえているのかを明らかにすることによって、本研究を総括したいと思う。

　「原則論」の提示する原則が、「超越論的論理学」の課題に対応する「純粋悟性認識」であるとすれば、この原則は、それに反するならばいかなる認識も「あらゆる内容を、すなわち、何らかの客観とのあらゆる関係を、したがってあらゆる真理を失うことになるであろう」(A62.B87) ような基準を与えるものでなければならない。そして事実、「純粋悟性の原則」はこのような基準——認識と認識ならざるものとを区別する基準——を、しかも二重の仕方で示しているのである。このことは、「純粋悟性のあらゆる原則は経験の可能性のアプリオリな原理に他ならない」(B294) という「原則」の根本性格を示す命題の内容に含意されている。

　「原則」が「経験の可能性のアプリオリな原理」であることは、「原則」に反する知覚所与は経験的認識として認められないことを意味している。例えば、「度」も持たないような感覚は客観性を持たず、また「経験の類推」に従わないような知覚は時間的順序の規定を欠く。これらは「客観との関係」を持たず、したがっていかなる判断も形成せず、それ故真偽いずれでもあり得ないような「諸知覚の狂想曲」(A156,B195) であって、いかなる経験的認識でもない。こうして「純粋悟性認識」としての「原則」は、まず感性的認識のレベルにおいて、認識と認識ならざるものとの区別の基準を与えるのである。「あらゆる可能的経験の全体との普遍的関係におい

221

て、あらゆる経験的真理に先行しそれを可能にするところの超越論的真理が存立する」(A146,B185) とカントが言うとき、カントの念頭にあるのは、経験的認識の真偽可能性を可能にするものとしての「原則」のアプリオリな真理性である。「原則」が経験の可能性のアプリオリな原理であるかぎり、「原則」はまず第一に経験的認識が認識であるための基準を示すのである。

しかし、「原則論」において示されたのは、単に「原則」が経験の可能性のアプリオリな原理であるということではない。むしろ、「純粋悟性の原則」は経験の可能性のアプリオリな原理以外の何ものでもないということこそ「超越論的分析論」の帰結なのである。「純粋悟性のあらゆる原則は経験の可能性のアプリオリな原理に他ならない」。すなわち、「原則論」において示された諸原則以外の「純粋悟性認識」は存在しないのであり、それ以外の自称「純粋悟性認識」は擬似認識にすぎないことになる。したがって、「原則論」は第二に、「純粋悟性認識」のレベルにおいて、認識と認識ならざるものとの区別の基準を提示していると言えよう。諸原則と合致しない純粋悟性認識は、「あらゆる内容を、すなわち、何らかの客観とのあらゆる関係を、したがってあらゆる真理を失うことになる」のである。「原則論」の与えるこの第二の基準は、純粋悟性の「限界」を規定する意味を持つ。つまり、「原則論」は「悟性のあらゆる種類のアプリオリな総合を体系的に概観」(A767,B795) することによって、体系の外にある純粋認識を「無知 (Unwissenheit)」(ebd.) として規定し、我々の悟性を──単に「制限する」のではなく──「限界付ける」(ebd.) のである。

このように「原則論」は、一方において、経験的認識の真理性の基準を与え、他方において、純粋悟性認識の真理性の基準を示す。「原則」の示すこの二つの基準は、「純粋悟性のあらゆる原則は経験の可能性のアプリオリな原理に他ならない」という同一の命題から帰結することから明白であるように、同じ事柄の二側面にすぎない。

この事態をカントの「球面 (Sphäre)」(A762,B790) の比喩を借りて説明しよう。一般に「球面」とは、内部の形状を一定の球として限定する機

結　び

能を持つと同時に、球の内部と外部とを区別する——しかしそれ自体は内部にも外部にも属さない——境界面でもある。しかるに、純粋悟性の原則の体系は、経験的認識の総体——「経験の領域」(ebd.)——を自らの内に含み、その外部には、擬似純粋悟性認識の領域——「理性にとってのいかなる客観もない」(ebd.) 領域——が拡がっているような一種の「球面」である。この「球面」は、球の内部から見れば、経験的認識を可能にするものとして内部領域の形式（形）を限定するが、しかしそれ自体は純粋悟性認識である以上、内部に在る経験的認識からは厳密に区別される。他方、この同じ「球面」を外部との関係において見るなら、「球面」は真なる純粋悟性認識として、外部の擬似純粋認識から自らを截然と区別する。こうして「純粋悟性の原則」の体系は、一つの「球面」として、その内部と外部に対して二重の意味を必然的に持つのである。

　このように「原則」は、真正の「純粋悟性認識」であることにおいて、一方で経験的認識の真理性の基準を与えながら、他方で純粋悟性認識の真理性の基準を体現する。つまり「原則」は一切の認識の真理性の基準を提示するのである。この意味で、「超越論的分析論」はその帰結においてまさに「真理の論理学」(A63,B87) を実現すると言ってよいのである。

　以上において、「原則論」は「超越論的論理学」の課題に対応する成果を有していることが確認された。しかるに、カントがこの成果——真正の純粋悟性認識を提示すること——を獲得し得たということは、「純粋悟性認識」の「起源、範囲、および客観的妥当性を規定する学問」(A57,B81) としての「超越論的論理学」が成就したことを意味し、したがってまた、「形而上学一般の可能性」を問う『純粋理性批判』の課題が基本的に解決されたことを意味している。

　　　「しかるにこの純粋理性批判という名の下に私が理解するのは、諸々の書物や諸体系の批判ではなく、理性があらゆる経験から独立に獲得しようと努める、あらゆる認識に関する理性能力一般の批判である。言い換えれば、形而上学一般の可能性と不可能性とを決定し、形而上

学の起源および範囲と限界とを規定することであり、しかも原理的にこれを行うことである。」(A XII)

　我々は本論において、「形而上学的演繹」から「原則論」に至るカントの議論が、真なる「純粋悟性認識」の可能性を求める「超越論的論理学」の課題に対応するプロセスとして体系的に構成されていることを見た。このことによってまさに「形而上学一般の可能性」が、「原理的に」確定されたのである。そしてこの確定の仕事は、自然科学の基礎付けや主観性の形而上学としてではなく、まさに「超越論的論理学」としてのみ遂行され得たのである。

　「形而上学」とは言うまでもなく普遍的な学問である。「形而上学は純粋理性の思弁として普遍的洞察を離れてはどこにも支えを持たない」。(Ⅳ, S.371) カントが『純粋理性批判』における純粋悟性認識——形而上学的認識——の基礎付けの作業を「超越論的論理学」と命名するのは、形而上学の普遍性に匹敵し得る学問は「論理学」以外にはないからである。60年代のカントにも、「就任論文」のカントにも見られた、形而上学と論理学とのこの密接な関係は、『純粋理性批判』のカントをも——全く形を変えてではあれ——貫いている。「超越論的論理学」においてカントは、「あらゆる経験から独立」な起源を持つ普遍的な認識を、「経験という実り豊かな低地」(Ⅳ,S.374) から離れることなく獲得し得たのである。「超越論的論理学」という名は、外面的・形式的な呼称であるどころか、『純粋理性批判』の本質をこの上なく明確に示す名称なのである。

註

1 Martin Heidegger, *Kant und das Problem der Metaphysik*, Gesamtausgabe I Abt.Bd.3,（Frankfurt a.M.1991） S.68
2 Ebd.
3 Ebd.S.67
4 Gottfried Martin, *Immanuel Kant,Ontologie und Wissenschaftslehre* (Berlin,1969) S.102
5 Peter Schulthess は、カントの論理学の発展を、(1)『新解明』（1755）におけるヴォルフ的な「個的―内包的論理学」(2)1762-64年の諸著作における「純粋に内包的な論理学」(3)批判期における「純粋に外延的な論理学」、の三段階に区分している。vgl. Peter Schulthess, *Relation und Funktion. Eine systematische und entwicklungsgeschichtliche Untersuchung zur theoretischen Philosophie Kants.* (Berlin,1981) S.11 これに対して、本論では(1)を省略し、(3)を1770年の「外延論理学」と1781年の「一般論理学」とに分ける。Schulthess の関心が論理学プロパーの観点に発しているのに対し、本章の関心は『純粋理性批判』における「一般論理学」および「超越論的論理学」の成立の哲学的背景にあるからである。
6 Dieter Henrich, "Kants Denken 1762/3,Über den Ursprung der Unterscheidung analytischer und synthetischer Urteile," in *Studien zu Kants philosophischer Entwicklung*,（Hildesheim,1967） S.11 邦訳、ディーター・ヘンリッヒ「1762年および63年のカントの思考」（『カント哲学の体系形式』理想社、昭和54年、184頁）。
7 肯定と否定を判断そのものが備える属性と見なすことが内包的主義的判断観の特徴であることについては次の文献を参照。石川求「『論理学者』カントの足跡――伝統的判断観を越えるための隠れた第一歩――」（『フィロソフィア・イワテ』岩手哲学会篇 25号、15頁以下）
8 「内包的論理学」と「外延的論理学」という用語およびそれらの意味については、Schulthess の前掲書における説明に依る。vgl. Schulthess, a.a.O.S. 16f.
9 哲学における「定義」の困難さは、哲学の対象の概念は我々に「与えられて」おり、したがってそれが「何であるのか」はよく知られたものであるにもかかわらず、それを「説明」できないという哲学固有の性格である。カン

トはこれを「私は時間が何であるかをよく知っているが、誰かが私に問うならば、私は知らない」というアウグスティヌスの言葉を引いている。(Ⅱ,S.283)
10　カントは誤った定義に由来する誤謬の例として、物体間の直接的な遠隔作用の不可能性の証明を挙げる。この証明は、「二物体の直接的な相互的現前は接触である」という「定義」を前提として、接触による以外の二物体間の直接的作用を否定する。しかし、「あらゆる直接的現前が接触であるわけではなく、不可入性による直接的現前だけが接触なのである」から、前提は分析不足であり、したがって「定義」ではないのである。(Ⅱ,S.288)
11　たしかに『判明性』論文における数学と哲学の区別は「定義」の観点からだけなされるのではない。例えば、数学は「一般者を記号のもとに具体的に考察」(Ⅱ,S.278)するのに対し、哲学は「一般者を記号を通して抽象的に考察する」(ibid.)という点で両者が区別されている。しかしこの差異は、「事象そのものの一般的概念のかわりに個々の記号を扱う」(Ⅱ,S.279)という「重要な容易さ」を持つ数学に対して、哲学はそれを持たないということに尽きる。これは数学と哲学の学問の本質に関わる差異ではなく、「容易さ」の差異にすぎない。なぜなら、数学において「事象そのものの一般的概念のかわりに個々の記号を扱う」ことが可能であることを、数学と哲学において扱われる概念そのものの性質的差異から説明することができなければ、両学問の本質的差異を説明することにはならないからである。『判明性』論文における数学と哲学との区別が、『純粋理性批判』におけるような本質的区別ではないことについては、すでにリールによって明晰に主張されている。Vgl.Alois Riehl *Der philosophische Kritizismus* (Leibzig,1924) Bd.1, ,S.260f.
12　本章第三節第1項参照。
13　このことは「矛盾律」について次のように言われることから明らかである。「そしてたいていの人が、矛盾律に対して、それが否定的真理に関してのみ持っている地位を、すべての真理に関して認めたという点で誤りをおかした。」(Ⅱ,S.294 傍点筆者)
14　『純粋理性批判』における「論理的述語 logisches Prädikat」と「実在的述語　reales Prädikat」の区別 (A598,B626)は『証明根拠』には見られない。『証明根拠』は、判断の述語と「物の述語」とを同一視しているのである。これは＜内包的論理学＞の立場からの当然の帰結である。
15　『純粋理性批判』は、現存在を、「論理的述語」としては認めるのであって、ただ「実在的述語」であることを否定するのである。「存在は明らかに実在的述語ではない……。」(ebd.)
16　「或る実在する物に、我々が神という名称で一括して示すところの諸述語が

帰せられる」という言明の根底にある判断観は、「諸概念は、可能的判断の諸述語として、まだ未規定な対象についての何らかの表象に関係する」(A69,B94)という『純粋理性批判』の判断観に近い。「ある実在的な物」という主語は「まだ未規定な対象」の表象であり、諸述語を自分自身の「中に」含むのではなく、諸述語の「下に」含まれるのである。この判断観は「外延的論理学」に属するものである。

17　たしかに『証明根拠』において「現実性」は重要な意味を持っている。カントは、思考の質料そのものの有意味性を究極において支えるのは何らかの現存在であることを主張する。(Ⅱ,S.78) しかし現実的なものが可能性に対してどのように与えられるのかということには言及しない。その理由としてカントは、現実性という概念が、「思考されるものの根底にある第一のものそれ自体を扱うが故に、自己自身を超えることなしには、それ自体だけで明らかにされえない」(Ⅱ,S.80) 概念であることを指摘している。このことは、カントが現実性の思考不可能性を自覚していたことを示している。

18　したがって、1762-64年における分析的方法の採用が形而上学の新たな可能性を切り開くことにつながらなかったことは半ば当然であろう。このことは、1766年の『視霊者の夢』において、「私の方では形而上学からごく稀にしか若干の好意の印を誇ることしかできないのに、私はそれに惚れ込んでいるという運命を持っている」(Ⅱ,S.367) とカントが嘆息的に語ることに現れている。

19　筆者は、「就任論文」における「感性的認識と知性的認識との区別」の意味を、いわゆる二律背反の解決のうちに見る解釈を採らない。「二律背反 Antinomie が現象界と可想界との区別へと駆り立てた」(Riehl, a.a.O. S.350.) とする見解がリール以来支持されている。しかし、クラウス・ライヒの言うように、「就任論文」では、「純粋悟性あるいは純粋理性そのものが、その本性上、弁証論的であり、すなわち、仮象を産出するという考え、言いかえれば、純粋理性そのものが批判を必要とするという考えは、まだ現れていない。」(Klaus Reich, "Einleitung. Über das Verhältnis der Dissertation und der Kritik der reinen Vernunft und die Entstehung der kantischen Raumlehre," in Immanuel Kant. *De mundi sensibilis atque intelligibilis forma et Principiis / Über die Form und die Prinzipien der Sinnen- und Geisteswelt* (Hamburg, 1958) S.X したがって、「就任論文の空間論の端緒にあったものが、世界概念における純粋理性の二律背反であったことはほとんどありえないであろう」。(ebd. S.XI)　「就任論文」における感性と知性の区別は、二律背反の解決に向けられたものであるというよりも、むしろ、「知性的なものを装った感性的認識のあらゆる欺き」(Ⅱ,S.413) を防ぎそれによって、「純粋な」知性的認識の領域を確定することに向けられているのである。

20　1772年2月21日のマルクス・ヘルツ宛書簡において次のように言われている。「私は就任論文では、知性的表象を単に消極的に（bloß negativ）表現すること、すなわち知性的表象は対象による心の変様ではないということで満足していました。」（X,S.130）

21　「……感性的なものをより混雑に（confusius）認識されたものとして説明し、知性的なものをその認識が判明な（distincta）ものとして説明するのはよくない。これは単なる論理的区別である……。」（§7,Ⅱ,S.394）

22　そして、このことは、時空による感性的表象の統一が、「実体」「偶有性」「関係」という知性的＝客観的概念によるものではないということ、すなわち「主観的」で「観念的」なものであること（§14.5 Ⅱ,400 ／ §15.D,Ⅱ403）をすでに含意している。

23　就任論文における可想界と可感界とは二つの別個の世界ではなく、一つの世界の異なったアスペクトであることが次の文献においてきわめて明確に示されている。森口美都男「『空間』概念と『触発』概念——カント『就職論文』の一つの解釈」（『世界の意味を索めて——哲学論集（一）』晃洋書房、1979年、210頁以下参照）。

24　本論第4章第1節を参照。

25　Vgl.Schulthess,a.a.O.S.88

26　＜感性的なものとしてでなければ知性的なものは認識されえない＞という判断は「主観的法則に従ってのみ妥当する」のであって「客観的に立言」されえない。すなわちこの場合、＜我々は感性的なものとしてでなければ知性的なものを認識できない＞という別の判断が客観的に立言されていることになる。なぜなら、「我々」によって（時空条件をつうじて）認識されえないことは必ずしもそれ自体において認識不可能であることを意味しないからである。（Vgl.Ⅱ,S.413）

27　もちろん、このような判断も「主観的法則」としては「妥当する」とされるのであり、「単にそれなしでは与えられた概念の感性的認識が成立しないところの条件としてのみ立言されうる」（Ⅱ,S.411f.）と言われる。しかし、論理的観点から言えば、「すべての存在するものはどこかにある」という判断はまさにこのような判断としては成立せず、もっぱら、＜我々はどこかにあるものとしてのみあらゆる存在する物を感性的に認識する＞という別の「判断」が成立するのである。

28　このことは、＜内包的論理学＞を採用した『証明根拠』が「すべての存在するものはどこかにある」という命題を拒否する姿勢を見せながらも、その拒否を少なくとも論理学的観点からはなしえなかったことに対応している。「かの有名なクルジウスは『どこか』と『いつか』を現存在の確実な規定にか

ぞえている。しかし、『存在するものはいつかどこかになければならない』という命題の吟味については我々は立ち入らないが、これらの述語は単なる可能的なものにも依然として属するのである。というのは、……永遠のユダヤ人アハスヴェルスはあらゆる土地を通りあらゆる時間を生きたとしても或る可能的な人間である。」（II,S.76）

29 以下で扱う「一般論理学」は、『純粋理性批判』において主題化される、「心理学」等の「経験的原理」を含まない「純粋論理学」（A54,B78）である。カントの論理学講義がJäscheによって編集・出版されアカデミー版第十巻に収録されている『論理学』は、諸家が指摘するように、カントの真意を正確に伝えているかどうかについて問題を含んでいるため以下では資料として使用しない。Vgl.Klaus Reich, *Die Vollständigkeit der kantischen Urteilstafel*,2 Auflage,（Berlin,1948),S.21f. Schulthess,a.a.O. S.12

30 この箇所でカントが言及する「真理問題」に注目して、それと「超越論的論理学」の課題との関係を論じたのはプラウスである。Gerold Prauss, "Zum Wahrheitsproblem bei Kant," *Kant-Studien* Bd.60（1969）S.166-183本節の論述はこのプラウスの論文に多くを負う。しかし、後に見るように本節はプラウスの解釈とは必ずしも一致していない。

31 プラウスは次のように言う。「真理とは何かという問は、けっしてそれ自体としては不合理なのではなく、超越論的な問として超越論的論理学の主題なのであるが、この問がカントによれば、形式的論理学に対して立てられることによって、不合理な問になるのである。」（Prauss,a.a.O. S.170）プラウスによれば、ここでカントは「真理とは何か」という問が「一般論理学」に対して立てられることが不適切であることを主張している。しかし、カントはここで明らかに「真理とは何か」という問を「認識の真理の普遍的かつ確実な基準」の問と、すなわち真理一般の決定条件についての問に限定しているのであり、そのかぎりこの問は「それ自体として」不合理であると主張するのである。したがって、「認識の真理の普遍的かつ確実な基準」の問は、「超越論的論理学」の問としても不合理である。

32 「認識が関係付けられる対象と一致しない」ということは、「認識が関係付けられる対象」すなわち認識の主張する「内容」が現に成立していない（すなわち偽である）ということである。「認識とその対象との一致」とは「真であること」の言いかえにすぎず、真理の何らかの決定方法を意味してはいない。したがって、「認識」と「対象」との比較が問題になっているわけではない。

33 この含意を排除するのは、論理的必然性以外の力、すなわち「内容」自体の持つ力による以上、ここでの論点には関わらない。必然的に真である認識、

すなわち「内容」を持つかぎり真であるような認識、すなわちアプリオリな認識が存在するということは、認識の「内容」に依存する事柄であって、この認識が偽である論理的な可能性を持つことと矛盾しない。

34　プラウスは、「論理学者」が「循環」に陥るのは「認識とその対象との一致とは何なのか」という問に答えようすることにおいてであると言う。(Prauss,a.a.O.S.176) しかし、我々の見るところでは、「論理学者」の「循環」は、論理的形式によって「認識の真理の普遍的かつ確実な基準」を示そうとする試みにおいて成立するのである。

35　Prauss,a.a.O.S.175

36　『純粋理性批判』のカントは判断の論理形式を＜外延的＞に理解している。「したがってあらゆる判断は、我々の諸表象の間の統一の機能（Funktion）である。すなわち、直接的な表象の代わりに、これやそれ以外の多くの表象を自らの下に（unter）含むような一つのより高次の表象が対象の認識のために使われ、そしてそれによって多くの可能的認識が一つの認識においてまとめられるのである。」(A69,B94)

37　H.J Paton, *Kant's Metaphysics of experience*, (London, 1936,) vol.1 p.191,n.1

38　もちろん「一般論理学」が概念内容に全く関わらないわけではない。実際カントは混乱した表象を判明にする「分析」（分節化）作用を「一般論理学」に帰している。しかし、「一般論理学」が分析する当の概念内容は、分析以前に、したがって「一般論理学」の「外」から、「総合」によってすでに与えられていなければならない。(Vgl.A77f.B103) しかるに、或る判断が分析的判断であることの決定根拠は、概念内容それ自体にある。したがって、或る判断が分析的判断であることの決定根拠を「一般論理学」による概念内容の「分析」に求めることはできない。

39　R 3216 ,vgl Schulthess,a.a.O.S.119f

40　「就任論文」での＜外延的論理学＞は、論理形式と真理決定条件とを融合させている以上、そこでは「内容」の「捨象」が行われていない。この意味でそれはまだ「一般論理学」のような形式性を持たない、不純な＜外延的論理学＞なのである。

41　「或る対象を認識（erkennen）するためには、私が対象の可能性を（経験の証言に従って対象の現実性に基づいてであれ、アプリオリに理性によってであれ）証明しうることが必要である。一方、私が自己矛盾をおかしてさえいなければ、すなわち、私の概念が可能的な思想でありさえすれば、この思想にさらに客観が対応していることを保証しないとしても、私は思考する（denken）ことはできるのである。」(B XXVI)

註

42 ヤーコブ・ジーギスムント・ベックは、1793年8月24日付けのカント宛書簡で次のように言っている。「『批判』の仲間たちの中にも超越論的哲学、特に超越論的論理学の内実全体を十分に考察していない人が多いことにも私は気付きました。彼らは一般論理学を、それが対象を捨象する、という表現によってのみ超越論的論理学から区別しているのです。しかしながら、この[超越論的論理学という]概念は次のことの詳細な規定を要求しています。すなわち、一般論理学は本来諸表象の客観的妥当性を考慮せず、この考察を超越論的論理学に委ねているのだということです。」(XI,S.443)

43 カントが「超越論的論理学」の構想を始めて提示する時点ですでに「純粋悟性認識」が「経験的使用」に制限されるべきことを明言していることは注目に値する。この論点は「超越論的演繹」の「問題」として主題的に扱われることになる。後述第三章第一節「超越論的演繹の問題」参照。

44 Riehl,a.a.O.S.485.

45 ヴレーショーヴェールは次のように言う。「まず、形而上学的演繹の形式的な主題は正確には何なのかを問うのが相応しいであろう、すなわちそれは純粋概念の本性なのか、それとも数なのか、そこで確立されるべきなのは純粋悟性概念のアプリオリ性なのかそれとも完全性という性格なのか。我々は完全性が真の主題であると思う。」(H.J.De Vleeschauwer, *La déduction transcendantale dans l'œuvre de Kant,* (Paris, 1934) Tome 1,p.211)

46 バウムガルテンは『形而上学』において「存在の内的な普遍的諸述語」の筆頭に「無　nihil」と区別される「或るもの　aliquid (Etwas)」としての「可能なもの」(possibile) を置いている。(XVII,S.24)

47 「形而上学は人間的認識の第一の諸原理 (erste Prinzipien) の学であると人は言ったが、それによっては、全く特殊な種類の学を認めたことにはならず、単に普遍性に関する順位を認めたにすぎないのであって、それ故このことによっては形而上学は経験的なものから判然と区別されえなかった。というのも、経験的諸原理の中にも、他のものよりも一層普遍的な、それ故一層高次なものもいくつかあるからであり、そうした従属関係 (Unterordnung) の系列においては (そこでは、完全にアプリオリに認識されるものは、アポステリオリにのみ認識されるものから区別されない)、最初の (erst) の部分であり最上位である項は、最後の従属的な部分から区別されえないからである。……私は問う、広がりという概念は形而上学に属するのか？　と。諸君は、然り！　と答える。おや、では物体という概念もか？　然り！　すると液体という概念は？　諸君は当惑する。なぜなら、このようにさらに進んでいけば、一切のものが形而上学に属すことになるからである。このことから明らかなように、(特殊が普遍に属するという) 従属関係の単なる程度は、学

のいかなる限界をも規定し得ないのであり、それを規定し得るのは、われわれの場合のように、起源の完全な異種性なのである。」(A843f.B871f.)

48 このような積極的理由の不在は、「就任論文」全体の方法論——知性を感性から消極的に区別すること——からの帰結に他ならない。この点に関する「就任論文」の欠陥をカントが明確に自覚していたことは、「就任論文」の二年後に書かれた1772年2月21日付けのマルクス・ヘルツ宛手紙によって明らかである。「私はこうして知性的認識の起源を求めることによって、……まったく純粋な理性のあらゆる概念を或る数のカテゴリーへともたらすことを試みました。しかし、アリストテレスのように、それらが見出されるままに10個の賓位語へと単に偶然的に並べるのではなく、それらの概念が悟性の或るわずかな原則によっておのずから分類されるのです。最終目的へと続く研究の全系列について今ここで詳しく説明はしませんが、私は私の意図の本質的なものに関しては成功していると言うことができます。」(X,S.131f.)

とはいえ、「就任論文」において知性を感性から分離する根拠が得られたことはカテゴリーの導出にとって重要な第一歩であった。カントはこのことを『プロレゴメナ』において次のように語っている。「人間の認識の純粋な（経験的なものを含まない）諸要素を研究することにおいて私が長い熟考の末にまず第一に成功したのは、感性の純粋概念（空間と時間）を悟性の純粋概念から確実に区別し分離することであった。」(IV,323.)

49 言うまでもなく、形而上学的演繹の課題は、カント自身によっては、このようなかたちで明確に表現されはしなかった。しかし、カントが実際に行う形而上学的演繹の議論は、以下で検討するように、このような問題設定の連関においてはじめて整合的に理解されると思われる。形而上学的演繹の課題についての我々の解釈がカント自身の明示的な言葉の裏づけを欠いているという反論に対しては、1783年8月16日付けのメンデルスゾーン宛書簡に見られるカント自身の弁明をもって答えることにしたい。「実際、体系の中へと沈潜して思考し、その体系の諸概念に馴染んでしまうと、何が読者にとって不分明と思われるのか、また何が明確に規定されなかったり、あるいは十分に証明されていないように思われるのかは、自分では必ずしも推測できないものです。」(X,345)

50 「論理的悟性使用一般について」の章に関してケンプ・スミスは次のように言う。「カテゴリーの形而上学的演繹への序論と見なされるこの箇所ははなはだしく不完全である。不適当な論点に注意が向けられており、カントの真の立場を明確にするよりむしろ覆い隠している。」Kemp Smith, *A Commentary To Kant's 'Critique Of Pure Reason'* (London, 1923), p.176. しかし実際には、以下で我々が検討するように、この章は思考一般の諸機能を発見す

るための準備として一貫した論証構造を備えているのである。
51　主語が述語の「下に」含まれる下位表象であることは、(外延から見た) 判断の「論理的形式」に属する。したがってこれは、単に分析的判断の形式であるだけではなく、総合判断をも含めた判断一般の備えるべき形式である。総合判断と分析判断の区別は、概念の内容的関係による区別であって、今の論点とは無関係である。「述語が主語の内にいかにしてあるかは形而上学に属する。主語がいかにして述語の下 (unter) にあるかは論理学に属する。」(R 4295, XVII, S.499) この点については第一章第三節第二項を参照。
52　これは「就任論文」においてカントが採った立場に近い。カントは「就任論文」においては、「知性的表象」を判断の述語として説明することで満足していた。第1章第2節第4項を参照。
53　この視点の変化は、「思考一般」の普遍性を「分配的 (distrivutiv) 統一」として見ることから、同じ普遍性を「集合的 (kollektiv) 統一」(A582,B610) として見ることへの変化であると言えよう。
54　一般に、カントによる判断表の提示は「根拠付け」を欠くものであり、論理学者からの「借用」にすぎないとされている。「判断表が形而上学的演繹の原理とされることについては、カントをめぐる議論の初期の段階から批判されている。フィヒテやヘーゲルが思弁的立場から非難するように、カテゴリー表は実際には根拠付けられていないと見なされるか、あるいは、論理学の歴史的状況に依存していると見なされ、あるいはさらに、カントが語る言語の構造、ドイツ語がその一部であるインドヨーロッパ語族の少なくとも言語形態に依存するものと見なされるのである。実のところ、カントは、すでに出来上がった判断表を提示しており、彼はそれを解説したが、しかしさらに根拠付けることはなく、本質的に見て、同時代の形式的論理学から借用しているのである。」Otfried Höffe, *Immanuel Kant*, München, 1983, S.91　しかしながら、判断表が一切の内容の捨象によって見出されるような普遍的な論理的機能を提示するものであるという判断表の性格に対する洞察については、少なくともカント自身は論理学者からの「借用」とは考えていない。前節で見たように、カントは、普遍的な概念 (カテゴリー) の導出という問題を考える途上で、すでに用意されていた判断表の性格を「発見」したのである。
55　判断表において判断「内容」を「捨象」するのは、「一般論理学」ではない。カントは、判断機能の幾つかについて説明を加えながら、ここでの考察が「超越論的論理学」であることを次のように明言している。「したがって、もし私が単称判断を単にその内的妥当性に関してではなく、認識一般として、その判断が他の認識との比較において持つ量に関して評価するならば、それはたしかに諸々の全称判断から区別されているのであり、思考一般の諸契機

の完全な表においては（もちろん判断相互の使用にのみ制限された論理学においてはそうではないにしろ）特に位置を占めるに値するのである。」(A71,B96f.)「同様に、超越論的論理学においては、無限判断は肯定判断からさらに区別されねばならない。たとえ一般論理学においては無限判断は肯定判断に数えられるのは正当であり、したがっていかなる特殊な分類の項をなさないとしても。」(A71f.B97)

この点は次のように理解できるであろう。「一般論理学」は判断内容の捨象によって判断の「論理的形式」——述語の下への主語の外延的従属——を考察する。これに対して「超越論的論理学」は判断内容の捨象によって判断の「論理的機能」を考察する。思考を「機能」として把握することは、直観の「触発」から区別された「思考の自発性」(A68,B93)をすでに前提としている点で、もはや「一般論理学」の限界外にある。

ちなみに、「超越論的論理学」における判断の「論理的形式」とは、もはや＜述語の下への主語の外延的従属＞ではなく、＜客観性の主張＞である。「あらゆる判断の論理的形式は、判断の含む諸概念の統覚の客観的統一である。」(B140) しかし、この点は「形而上学的演繹」においてではなく、後の「超越論的演繹」において初めて論点とされる。

56　「判断表の完全性」の問題は、たしかに事柄自体としては問題となりうる。カントは判断表が「完全」であることを確信していた。しかし、カントは判断表が完全であるが故に、判断表をカテゴリー導出の手がかりとしたのではない。カントが判断表を持ち出すのは、そこにおいて思考一般の内的な差異が示されていることを発見したからである。判断表の完全性についてのカントの確信は、「一般論理学」の完全性への確信であり、この確信は「一般論理学」の——カントの言う意味での——「形式性」についての洞察とは、少なくとも事態的に見て、別のものである。いずれにせよ、「形而上学的演繹」の論証において本質的な意味を持つのは、判断表の形式性であって、判断表の完全性ではない。実際、カントは、「我々はなぜこれらの判断諸機能を持ち他の判断機能を持たないのか」ということに「さらに理由を示すことはできない」(B146)と述べる。したがって、判断表が完全であるか否かの問は、少なくともカントにとっては問題になりえなかったのである。

57　ここでカントが言うカテゴリーによる直観の規定とは、たとえば、「実体」のカテゴリーはその下に包摂される対象を「実体」(=「述語としてではなく常に主語としてのみ見なされねばならない」もの）として規定するということであり、＜時間における持続的なもの＞として規定するということではない。(Vgl.Riehl,a.a.O.S.481) 後者はむしろ「超越論的図式」の機能である。ここでカントが言うカテゴリーの規定作用とは純粋カテゴリーの機能であって、

「物体」は、＜持続的なもの＞の例としてではなく、あくまでも「実体」であるものの例として引かれていることに注意すべきである。
58 「カテゴリーとは、それによって客観一般が判断一般の或る論理的機能に関して……規定されていると見なされるところの判断である、すなわち私は客観一般の直観の多様を悟性のこれらの契機の一つによって思考しなければならない。」(XVIII,S.369f. R.5854)
59 「……なぜなら、純粋悟性概念は、直観一般が判断作用それ自体の諸契機のいずれかに関して、すなわち必然的かつ普遍妥当的に、規定されているかぎりにおいて、直観一般の概念なのであるから、この判断作用の諸契機とまったく正確に並行的に生じるであろうからである。」(IV,S.302)
60 共通徴表は「分析」によって形成されるという説明の典型的な例として、カントが教科書として使用したマイアーの論理学における概念形成についての次のような記述がある。「我々はさまざまな物について合致する諸概念を相互に比較し、それらが互いに共通に持つ徴表だけを判明に表象するとき、論理的抽象によって概念を作る（論理的抽象による形式的概念）。つまり、1）異なっていると同時に似ている若干の概念を挙げよ。例えば、理性的動物と非理性的動物のように。2）その各々の概念を分解せよ。……3）それらにおける異なった徴表を捨象、あるいは不判明にせよ。4）残った徴表を総括して一つの概念にもたらせ。例えば動物。」G.F.Meier, *Auszug aus der Vernunftlehre,* Halle, 1752,§259,S.71 ここで、概念形成は、諸表象の共通徴表の分析的抽象によって説明されている。しかしこの場合、「理性的動物」「非理性的動物」という表象から「動物」という概念が抽象されるとき、内容的に新たな概念が形成されているのではない。なぜなら、抽出されるべき概念（「動物」）の内容は、諸表象（「理性的動物」「非理性的動物」）の内容の一部としてすでに含まれているからである。

　したがって、一般に概念の形成が「分析」によって説明されるとき、「分析」以前に何らかの概念「内容」が成立していることが前提されている。「いかなる概念も内容に関しては分析的に生じることはありえない」(A77,B103)。「分析」が行うのは、概念内容の分節化による明晰化に他ならない。（「認識は最初のうちはまだ混乱していることがありうる、したがって分析を必要とする。」(ebd.)

　カントがこの「分析」を次のように「一般論理学」に帰することも、この点から理解することができる。「一般論理学は、すでに何度か言ったように、認識のあらゆる内容を捨象して、別のところから——それはどこからであってもかまわない——自分に表象が与えられることを期待し、その後ではじめてこの表象を概念へと変えるのだが、それは分析的に行われる。」(A76,B102)

「異なった諸表象は一つの概念の下に分析的にもたらされる（これは一般論理学の仕事である）。」(A78,B104) すでに見たように（第一章第三節第二項参照）、「一般論理学」は、認識の「内容」を捨象＝前提する。「一般論理学」が所謂「内包 Inhalt」を扱うことができるのは、「一般論理学」の外で「総合」によって成立した概念「内容 Inhalt」を「分析」（分節化）するかぎりにおいてである。「赤」という「内容」を成立させるのは「総合」である。これを「かくかくしかじかの色」として「分析」するときそれは「内包」と呼ばれてよいのである。

61　カントはカテゴリー表について次のように言う。「これはあらゆる根源的に純粋な総合の概念（ursprünglich reinen Begriffe der Synthesis）の一覧表である。悟性はこれらの概念を自らの内に含み、またこの概念の故にのみ純粋悟性である。なぜなら、この総合の概念によってのみ悟性は直観の多様において何かを理解し、直観の客観を思考することができるからである。」(A80,B106)

62　むろん後の「超越論的演繹」（特に第一版）において導入される「覚知の総合（Synthesis der Apprehension）」等の経験的総合は表象連合という意味も持っている。しかしその場合にも、カントは、経験的総合の根底には概念的総合——論理的総合——が潜んでいることを指摘するのであり、そのかぎり、この経験的——概念的総合は単なる心理学的総合ではない。

　　ストローソンはカントの「総合」の概念を次のように心理学的機能として説明する。「カントは経験の必然的統一と結合性を、あらゆる超越論的必然性と同じく、心の作用の所産と見なすが故に、この作用について何らかの説明を加えねばならないと感じるのである。このような説明は、経験の必然的統一を、我々の能力（特に悟性によって制御された記憶力と想像力）によって、それ自体においては結合されておらずバラバラな感覚印象あるいは感覚与件から作り出されたものと考えることによって得られる。統一を産出するこのプロセスをカントは『総合』と呼ぶのである。……」P.F.Strawson, *The Bounds Of Sense*, (London,1966) p.32　さらにストローソンは、このような『総合』のプロセスについて「その真理性のいかなる経験的知識を要求することはできない」(ibid.) 以上、「総合の理論全体はカントの説明モデルが彼を不可避的に導いた逸脱の一つとして見なされるのが最もよい」(ibid.) と主張する。しかし、我々の見るところでは、カントの「総合の理論」はカテゴリーの本質をなすアプリオリな悟性総合の理論であるかぎり、カントの理論的「逸脱」であるどころか、「超越論的論理学」の中心概念をなすのである。

63　「超越論的述語」は対象一般の述語であって、現象一般の述語ではないことに注意しなければならない。

64 「形而上学的演繹」が終結した時点において「それなくしてはいなかる対象も思考されないような諸原理」を、すなわち純粋悟性の諸原則を示すとすれば、それは「知性の実在的使用」によってもたらされる次のような命題となるだろう。「あらゆる現存在において実体はある、すなわち単なる述語としてではなく主語としてのみ存在しうるようなものがある (in allem Dasein ist Substanz,d.i.etwas, was nur als Subjekt und als bloßes Prädikat existieren kann)。あるいは、あらゆる物は量である (ein jedes Ding ist ein Quantum)、等。」(B289)

65 形而上学的演繹の成果を「就任論文」とに関係付けるなら、「就任論文」においては曖昧であった知性の「実在的使用」が「形而上学的演繹」において「純粋総合」として明確に把握されたと言えるであろう。このことは、「就任論文」においては知性の「論理的使用」と「実在的使用」として区別された悟性の働きが、「形而上学的演繹」においては、思考の分析的機能と総合的機能との相即として「思考の普遍的な論理的機能」(B159) の下に統一されたことに対応する。この意味において、「就任論文」と「形而上学的演繹」とは、連続的な発展の内に位置付けられるのである。

66 Dieter Henrich,"Die Beweisstruktur von Kants transzendentalen Deduktion" in G.Prauss hrsg. *Kant zur Deutung seiner Theorie von Erkennen und Handeln*, (Köln,1973) S.90-104

67 ヘンリッヒ自身次のように言っている。「超越論的演繹の構造分析をする際の我々の困難は、演繹の課題の定義についての問と関係しています。演繹において何がなされねばならないのか。そもそも演繹とは何なのか。――私が確かだと思うのは――私から見れば――1968年の私の論文の最も重大な誤りは、当時の私はカントにとって演繹とは何なのかを知らなかったことにあります。――この罪は十分許されることです。なぜなら誰もこの点を解明していませんでしたし、また問うことさえしていなかったからです。」Die Beweisstruktur der transzendentalen Deduktion der reinen Verstandesbegriffe—eine Diskussion mit Dieter Henrich. in *Probleme der "Kritik der reinen Vernunft". Kant-Tagung Marburg 1981*, Hg.v.B.Tuschling (Berlin/NewYork 1984) S.85 なお「1968年の私の論文」とあるのは、前注にあげた論文を指す。前注の論文は、1968年にイェール大学において講演された後、翌年にThe Review of Metaphysics (XXII 4,p.640-659) に掲載され、その後前注のような形で出版された。

68 Walter Bröcker, *Kant über Metaphysik und Erfahrung*, (1970,Frankfurt a.M.) S.49

69 「我々は多くの経験的概念をだれの異議もなしに使用しており、また、演繹

がなされなくても、我々がそれらの経験的概念に意味を、そしてまた想定された意義を与えることは正当であると見なしている、なぜなら、我々はそれらの概念の客観的実在性を示すために、常に経験を手にしているからである。ところが一方で、ほぼ一般的な寛容さによってたしかに流通しているが、しかし『その正当性は何か』という問によって時折煩わされるような慣用的な概念、たとえば幸運とか運命というような概念もまた存在する。この場合、概念の演繹のために我々は少なからず困惑する、なぜなら、その使用を判明にするような判明な権利根拠を、経験からも、また理性からも示すことができないからである。」(A84,B116f.)

70 上の引用文には、純粋悟性概念そのものの使用に対する疑念とならんで、「純粋悟性概念は空間の概念を感性的直観の諸条件を超えて使用する傾向性を持つが故に、空間の概念をも二義的にしてしまう」という論点が含まれている。ここでカントの念頭にあるのは、空間に対して「経験的実在性」を超えた「超越論的実在性」を帰する傾向性——つまり「あらゆる物は空間において並列する」(A27,B43)と考える傾向性——が感性自体にではなく「理性」(A28,B44))に、即ち——「対象一般」の表象としての——純粋悟性概念にあるということである。

71 「就任論文」では次のように言われている。「同じ理由から我々は霊の影響というような相対的な奇跡を現象の解明から慎重に遠ざけておく。なぜなら霊の本性は我々には知られていないが故に、知性は、知性が判断の法則を自らに与える機会をそれによってのみ得るところの経験という光 (lux experientiae) から、我々に知られていない種や原因の闇へと逸脱してしまい、自らを大きく損なうからである。」(Ⅱ,S.418)

72 カントは「就任論文」において「もし形而上学にふさわしい必当然的確実性の限界外に数歩でも越え出ることが許されるとすれば、感性的直観の法則に属するだけではなく、知性によってのみ認識されうる——感性的直観の——諸原因に属するものをも考究することは、努力に値することだと思われる」(Ⅱ,S.409)と述べて、「一者の同一の無限の力」(ibid.) について論じた後で、「しかし我々の知性の凡庸によって我々に許容される認識の岸辺を航行する方が、マールブランシュが行ったように、神秘的な探求の海へと出て行くよりも賢明のように思われる」(Ⅱ,S.410)と言い、立場の動揺を隠していない。

73 カントの次の文章がヒュームの見解との完全な合致が意識された上で書かれていることは明らかである。「もし人が『経験は現象のこのような規則性の夥しい例証を与えており、この例証は、原因の概念を現象から抽出する機会を与えると同時にこのような概念の客観的妥当性を実証する機会をも十分に与えている』と言うことによってこの研究[演繹]の労苦を逃れようとするなら

ば、人は次のことに気付いていない、すなわち、このような仕方では原因の概念はけっして生じえないということ、むしろ、この概念は完全にアプリオリに悟性において根拠付けられていなければならないか、それとも単なる妄想として完全に廃棄されねばらないかのどちらか一つであるということである。なぜなら、この概念が一貫して要求しているのは、或るものAは、他のものBが必然的かつ端的に普遍的な規則に従ってそこから帰結するような性質を持つということだからである。もちろん、現象は何かの生起が通常それに従う規則がそれによって可能となるような諸事例を与えるが、しかしその生起が必然的であるということを現象はけっして示さない。したがって、原因と結果の総合にはまた、けっして経験的に表現されえないような尊厳が属するのである、すなわち、結果は原因に付け加わるだけではなくて、原因によって、そして原因から生じるという尊厳である。また規則の厳密な普遍性は、帰納によって相対的な普遍性、すなわち拡張された有用性のみを得ることができるような経験的諸規則の性質ではけっしてない。」(A91f.,B123f [ ]内筆者.)

74 すなわち、「超越論的演繹」は、「形而上学的演繹」において示されたカテゴリーのアプリオリ性（時空条件から独立に普遍的に対象に関係すること）という「事実」に対してその「権利」を問うわけである。「実際、超越論的演繹は、我々がいかにして純粋概念によって客観的な認識を持つかということを示すのに対して、形而上学的演繹は、この超越論的探求に備えて、純粋概念の本性と体系を考察する。したがって、＜事実問題＞の解決が＜権利問題＞を導入しうるかぎり、形而上学的演繹はいわば超越論的演繹の導入なのである。」Vleeschauwer, op.cit.p.210

75 Ulrich,*Institutiones logicae et metaphysicae*, (Jena 1785)
76 *Rezensionen zur Kantischen Philosophie* 1781-87,hrg.v.Albert Landau. (1991) S.247, Vgl.Ⅳ,S.474
77 Henrich ,a.a.O. S.91
78 Ebd.
79 cf.Henry E.Allison, *Kant's Transcendental Idealism, An Interpretation and Defenece,* (New Heaven, London, 1983),p.134
80 「形而上学的演繹においてカテゴリーのアプリオリな起源が思考の普遍的な論理的機能との完全な合致によって一般的に示された……。」(B159)
81 「我々が認識に対応する（korrespondieren）――したがって認識から区別される――対象について語るとき、いったい何を理解しているのか。容易にわかるように、この対象は或るもの一般＝Xとしてのみ思考されねばならない。なぜなら、我々は我々の認識の他には、この認識に対応するものとして

対立させうるものを何も（nichts）持たないからである。」(A104) 認識の対象、すなわち「認識に対応する対象」とは、「何を認識しているのか？」が問われる場合に問われている当のものである。たとえば「雪は白い」という認識において、「何を認識しているのか」ともし問われるならば、「雪が白いこと」としか答えようがないであろう。すなわち、我々は「認識に対応する対象」として、認識の内容の他には「何も持たない」のであり、それをあえて表現するならば、「X」と言うほかはない。このことはまさに「容易にわかる」事柄である。

82 「統覚はそれ自体で諸カテゴリーの可能性の根拠であり、カテゴリーの方は、直観の多様が統覚において統一を持つかぎりにおける、直観の多様の総合以外の何ものをも表象しない。」(A402)

83 「しかるに純粋カテゴリーは、物一般の直観の多様がこれらの論理的諸機能のいずれか一つによって思考されねばならないかぎりにおける、物一般の表象に他ならない。量とは量を持つ判断（judicium commune）によって思考されうるところの規定であり、実在性とは肯定的な判断によってのみ思考されうるところの規定である。実体とは、直観との関係において、あらゆる他の規定の究極の主語でなければならないようなものである。」(A245f.)

84 ヘンリッヒ自身のこの問題に対する解答を検討しておこう。ヘンリッヒによれば、「20節の証明結果は、すでに統一を含んでいるところのあらゆる直観に対してのみ妥当する」(Henrich,a.a.O.S.93) のであり、それ故、第一段階においては、カテゴリーの妥当範囲は「一つの制限」を含む。そして、この「制限」は、パラグラフ26においてはじめて廃棄されて、「カテゴリーが我々の感官のあらゆる客観に対して妥当することが示される」(ebd.S.94) とされる。

　　ヘンリッヒが、20の結論に「制限」を見ることの論拠は、同パラグラフ中のカントの次の命題にある。「それ故、あらゆる多様は、それが一つの経験的直観において（in Einer empirischen Anschauung）与えられているかぎりにおいて、判断する論理的機能の一つに関して規定されている……。」(B143) ヘンリッヒは、右の文中の大文字で始まる不定冠詞を「統一」の意味に解し、「カントは、直観がカテゴリーに従うのはそれが直観としてすでに統一を含んでいるかぎりにおいてであることを確定している」(Henrich,a.a.O.S.93) と見なす。たしかに、右のカントの命題中の不定冠詞が「統一」を示すものであるということは、ヘンリッヒの卓見としてこれを認めることができるであろう。しかしながら、我々は、右の命題においてカテゴリーの妥当範囲の制限を見るべきではない。この命題の言うところは、「多様が統一的直観として表象されるかぎり、この統一は判断機能によっても

たらされたものである」ということである。ここで強調されているのは、いかなる「制限」でもなく、むしろ、判断機能、即ちカテゴリーの直観に対する統一機能であって、直観が統一を得るのはカテゴリーによる他はないということである。ところで、先に見たように、カテゴリーが直観に統一を与える機能たりうるのは、それが多様を統覚の統一にもたらす仕方に他ならないからであった。即ちカテゴリーの統一機能は、本来、統覚の総合的統一の機能と同一のものである。そして、この統覚の総合的統一は、直観が「統一」を得て「客観」となるべきかぎりにおいて、与えられうるすべての直観に対して機能せねばならない（Vgl.B136,B138)。このことは、パラグラフ16の冒頭で、「『われ思う』は、私のすべての表象に伴い得ねばならない。」(B132,傍点一部筆者）と言われた時点で、すでに明白なことなのである。このように、統覚の総合的統一の働きが、何らの「制限」をも被っていない以上、カテゴリーの統一機能およびその妥当範囲も「制限」されたものではありえない。それ故また、「統一ある直観」が見出される範囲も、「制限」されたものではない。我々に与えられるかぎりのすべての直観は、カテゴリーによって統一されることができねばならないのである。したがって、我々は、演繹の第一段階を、カテゴリーの制限された妥当性の証明と解することはできない。それ故、第二段階が、この制限の廃棄を目ざすものでないことは言うまでもない。「二段階証明の問題」に対するヘンリッヒの解答は不十分なものであると言わざるを得ないのである。

85　17節の次の文章を参照。「直観は、それが意識において結合され得ねばならないかぎり、第二の最高原則[統覚の総合的統一の原則]に従う。なぜなら、そのことなしには、それによって何も思考あるいは認識 (gedacht oder erkannt) され得ないからである……。」(B136f. [ ]内筆者)

86　「しかるに限界そのものは、何か積極的なものであって、それは限界内にあるところのものに属すると同時に、また与えられた総括の外にある空間にも属している。だから、理性がこの限界までは自分を拡張するがしかしこの限界を超出しようと企てないことによってのみ与るような現実的な積極的認識がやはりあるのである。しかるに、理性には知られていない何かによって経験的領域を限界付けること (Begrenzung) は、やはり一つの認識である、この認識はこの立場にある理性にもなお残されるものであり、またこの認識によって理性は感性界の内部に閉じ込められることも、感性界の外で夢想することもない……。」(Ⅳ,S.361)

87　「もっぱらNichtという小辞によって示されるところの論理的否定は、本来けっして概念に付属するものではなく、判断における概念と他の概念との関係に付属するものであり、したがって或る概念をその内容に関して示すには

241

到底十分ではないのである。」(A574,B602)

88 カントは『実践理性批判』において、『純粋理性批判』における超越論的演繹を回顧し、カテゴリーの超感性的使用の可能性と無意味性について（可能性の方に幾分の強調を置きながらではあるが）語っている。「自由な意志を持つ存在体という概念は、可想的原因の概念である。そして、この概念が自己矛盾しないことはすでに次のことによって確証されている。すなわち、原因の概念は、完全に純粋悟性に発するものとして、同時にまた対象一般に関して客観的妥当性を持つことが演繹によって確保されているのであり、この際この概念は、起源から見てあらゆる感性的条件には依存せず、したがってそれ自体は現象に制限されてはおらず（この概念を理論的に規定された仕方で使用しようとするのならば別であるが）、純粋悟性体としての物に対してたしかに適用されうるのである。しかし、直観は常に感性的でしかありえないから、この適用にはいかなる直観も基礎にあることはできないが故に、可能的原因は理性の理論的使用に関しては、可能的で思考されうる概念ではあるけれども、しかし空虚な概念なのである。」(V,S.55f.)

89 「……そのようなこと[感性的直観を欠いては物の認識は成立しないこと]は、カテゴリーの（単に客観一般に適用された論理的諸機能としての）解説を手にするだけですでに明らかなことである。しかし、我々はカテゴリーを使用しており、その使用においてカテゴリーは（経験の）客観の認識に現実に属しているのだから、やはり、そのようなアプリオリな概念の客観的妥当性の可能性が経験的なものとの関係において特に証明されねばならなかったのである。それは、カテゴリーはまったく意味のないものであるとか、あるいはまた、それは経験に由来するものであると判断されることのないようにするためである。」(Ⅷ,S.184 [ ]内および傍点筆者)

90 したがって、この問は、第一版の演繹に関してカントの言う「主観的演繹」(A XVII) のようなものではなく、まさにカテゴリーの客観的妥当性に、すなわち「悟性と理性はあらゆる経験から自由に何をいかにして認識しうるのか」(ebd.) という問題にかかわるものであると言える。

91 パラグラフ22と23の演繹の証明過程におけるこの重要性は、これまで十分に注意されてこなかったのではないだろうか。例えば、B・エルトマンは、パラグラフ22から25までを一括して、それを「カテゴリーが経験の対象への適用以外に物の認識のために使用されない、という演繹の帰結の詳細な基礎付け」と見なし、21と26の間に「挿入された」ものと見る。vgl.Benno Erdmann, *Kants Kriticismus in der ersten und in der zweiten Auflage der Kritik der reinen Vernunft* (Leipzig,1878) ,S.231

92 「たとえば、量（Größe）とは物において一（Eines）が何回（wie vielmal）

註

定立されるかがそれによって思考され得るところの物の規定である、という以外に物一般の概念についてだれも説明することはできない。しかしながら、この何回（Wievielnal）ということは継起的な反復に、したがって時間および時間における（同種的なものの）総合に基づいている。実在性（Realität）を否定性（Negation）と反対のものとして説明し得るのは、時間（あらゆる存在の総括としての）を、存在によって充たされているか、それとも空虚であるかのいずれかとして思考する場合だけである。私が持続性（あらゆる時間における現存在）を除去するならば、私には実体（Substanz）の概念として主語の論理的表象以外の何も残らないが、私は、主語としてのみ（何かの述語であることなく）成立し得るところの或るものを表象することによって、主語の論理的表象を実在化すると思い誤る。しかし、私はこの論理的な優先が何らかの物に属するための条件をまったく知らないばかりでなく、この論理的優先からそれ以上なにも作ることはできないし、またいささかの推論もなしえない。なぜなら、この論理的優先によっては、この概念が使用される客観がまったく規定されていないからであり、したがってまたこの概念がそもそも何かを意味するのかどうかをまったく知らないからである。原因（Ursache）の概念によって（そこにおいて或るものが他の或るものに規則に従って継起するところの時間を捨象するならば）、私は純粋カテゴリーにおいて、そこから他のものの現存在が推論され得るような或るものが存在すること以上の何も見出さないであろうし、これによっては原因と結果が互いに区別されえないであろうのみならず、この推論が可能であるためには私がまったく知らないような条件がやはりすぐに必要となるが故に、この概念はいかにしてそれが何らかの客観に適合するかという規定を持たないであろう。」
（A242f.,B300f. 傍点筆者）

93　カントがここで言うカテゴリーの「客観的実在性（objektive Realität）」とは、「思考形式」としてのカテゴリーが「対象に関係する」（A155,B194）すること、すなわち事象性を持つことであるが、これはカテゴリーが「意味（Bedeutung）」（A241,B300）を持つことに他ならない。したがって、カテゴリーが「客観的実在性」を持つということは、主観的なカテゴリーがそれに対立する客観の規定であるという事態を指すのではなく、むしろ、カテゴリーの「意味」を我々が理解し得るということ、それ故にまた我々はカテゴリーを所与対象に「適用」し得るということ、この事態を指すものに他ならない。ハイデガーは、「カテゴリーの客観的実在性という名称のもとで問われているのは、純粋概念において表象される事象性（Realität）がどこまで有限な認識に対立するものの規定、すなわち対象（客観）としての存在者の規定でありうるかという問である」（Heidegger,a.a.O.,S.87）と言うが、この理解はカン

243

トの真意を把握するものとは言い難い。Vgl.B288ff.
94 「カテゴリーたとえば原因性が感官によって直観されることができ、また現象に含まれているとは誰も言わないであろう。」(A137f.B176f.) またこの点においてカテゴリーは数学的概念と区別される。後者は対応する純粋直観を自己の内に含み、それゆえ「構成（Konstruktion）」が可能であるのに対し、カテゴリーの場合、それは不可能である。「我々のあらゆる認識は結局のところやはり可能的直観に関係する。なぜならこれによってのみ対象が与えられるからである。しかるに、アプリオリな概念（非経験的な概念）は、すでに純粋直観を含んでおり、したがって構成され得るものであるか、それともアプリオリには与えられていない可能的直観の総合以外のなにものでもないかのいずれかである。後者の場合、たしかにそれによって総合的かつアプリオリに判断することはできるが、しかしそれは単に概念によって論弁的になされるのであって、概念の構成によって直観的になされるのではけっしてない。」(A719f.,B747f.)
95 カテゴリーのアプリオリ性は演繹の第一段階において、空間のアプリオリ性は感性論において、それぞれ確かめられている。
96 「人間」という概念が日本国籍を持つ人に適用されて「日本人」となるとき、「人間」という概念は規定を受けている。これに対して原因のカテゴリーが感性に適用されて時間的因果性の概念となるときには、原因のカテゴリーは時間によって規定を受けているのではなく、時間を規定しているのである。
97 ここでも注意しておかねばならないのは、この問題は経験的＜客観＞とアプリオリな＜主観＞との関係を問うものではないということである。カントが問題として強調するのはむしろ、「経験」と「カテゴリー」との関係、すなわち「カテゴリー」の「経験的使用」の可能性である。
98 ただし言うまでもなく、時空が「諸物の単なる諸規定あるいはまた諸関係」(A23,B37) であるのは、それが「直観の形式にだけ属するようなもの、したがって、それなしではこの述語がいかなる物にも付与されえないような我々の心の主観的性質に属するようなもの」(A23,B37f.) であるかぎりにおいてである。
99 「我々の認識において直観に属するいっさいのものは……単なる諸関係以外のなにものでもない (nichts als bloße Verhältnisse)。」(B66)「純粋悟性の対象においては、それとは異なる何らかのものに対して（現存在に関して）いかなる関係も持たないようなものだけが内的である。これに対し、空間における現象的実体の内的諸規定は、関係以外の何ものでもなく、それ自体がまったく純然たる関係の総体 (einInbegriff von lauter Relationen) なのである。」(A265,B321) 時空は、先行的に存在するものとして定立された物（自

註

体)の関係ではなく、そのような物なしにアプリオリに表象される「純然たる関係の総体」であり、それによって現象としての物の関係が経験的に直観される。時空という関係それ自体は、言わば関係項を持たない「純然たる関係」である。なお、カントが「空間においては、空間において表象されるもの以外の何もない」(A374Anm.)という命題を「逆説的ではあるが正しい命題」(ebd.)と呼ぶときに念頭にあるのは、＜関係項無き関係＞という時空の本質的性格である。(Vgl.A285,B341)

100 カント自身はここで「幾何学」において直観される空間を例にとっている。しかし、言うまでもなくこれは「形式的直観」が「幾何学」においてのみ成立することを意味しない。「形式的直観」が時空直観一般において成立するものとして考えられていることは、議論の文脈から見て明らかである。この「注」の箇所を「幾何学」にのみ定位して解釈することは、この箇所が、「量」をも含んだカテゴリー一般の演繹の議論の中にあるという事実を見過ごすことになるであろう。Vgl.Albert Johaness Dietrich, *Kants Begriff des Ganzen in seiner Raum-Zeitlehre und das Verhältnis zu Leibniz*（1916, Halle）S.95-98

101 時空の直観が「直観」であるかぎり、それは「根源的」に「総合的」である。「空間と時間、及びそれらのあらゆる部分は直観である。すなわち自分の内に (in sich) 多様を含む単一な (einzeln) 表象である。(超越論的感性論参照)したがって、空間と時間は、同一の意識が多くの表象において含まれているものとして見出されるような単なる概念ではなく、むしろ多くの表象が一つの表象において含まれるものとして、そしてまた一つの表象の意識に含まれるものとして、すなわち合成されたものとして見出されるものであり、したがって意識の統一が、総合的なものとして、しかしやはり根源的に見出されるものである。直観のこの単一性 (Einzelnheit) は適用において重要である。」(B 136 Anm.)

102 時空の直観が概念の下に包摂されるためには、時空の直観があらかじめ成立していなければならない。ここで問題なのは時空の直観の直観としての成立根拠である。

103 言うまでもなく、「原則論」において与えられる「量」の原則は、＜あらゆる現象は量である＞という命題ではなく、「あらゆる現象はその直観から言えば外延量である」(A162) という命題である。

104 「図式論の本来の主題は、普遍概念の心理学的可能性に向けられた問である。たしかに、普遍概念の論理的な可能性は図式論での決定に依存していない、なぜなら、この可能性はカントにとってカテゴリーの超越論的演繹によって、すなわち対象概念の分析によって確保されているからである。しかし、心理

245

学的究明においては純粋概念の妥当性のための本来の権利根拠を求めることはできないとはいえ、心理学的究明は解明と補完としてはやはり不可欠である。」Ernst Cassirer, *Das Erkenntnisproblem in der Philosophie und Wissenschaft der neuern Zeit,* BdII. (Darmstadt,1974),S.713f.
105 「超越論的図式性においてはじめてカテゴリーはカテゴリーとして形成される。しかるにカテゴリーとは真正の「根源的概念」である以上、超越論的図式性は根源的かつ本来的な概念形成一般なのである。」(Heidegger,a.a.O. S.110)「カントが図式性の問題を包摂問題として定式化することをもっぱら問題の導入という意味においてのみ理解するならば、この定式化は図式論の章の最も中心的な意図、したがってまたその核心的内容への指標さえ与えるのである。……こうして次のことが明らかとなる。カントが図式論の章において根源的概念の概念性の問題を提起し、そしてこの問題の解決のためにこれらの概念を超越論的図式として本質規定することを助けとする以上、純粋悟性概念の図式性の教説は一般形而上学の根拠付けの決定的な段階である。」(a.a.O.S.111)
106 Ernst Robert Curtius, Das Schematismuskapitel in der Kritik der reinen Vernunft, Kant-Studien Bd.ⅩⅨ.1914. S.365.
107 本論第一章第三節1を参照。
108 1797年12月11日付けのティーフトゥルンク宛書簡。「或る概念の高次の概念への論理的包摂は同一性の規則に従って行われ、この場合低次の概念は高次の概念と同種的なものとして考えられます。これに対して、超越論的包摂、すなわち、内官の諸表象から合成されたものの概念としての媒概念によって経験的概念を純粋悟性概念のもとに包摂することは、カテゴリーのもとへの包摂であり、この場合内容的にみて異種的なものがあることになり、もしこのことが直接的に行われるならば、論理に反します……。」(XII,S.224)
109 Curtius,a.a.O.S.363
110 S.346
111 S.348
112 S.363
113 S.352
114 S.351
115 Heidgger,a.a.O.S.97
116 Curtius,a.a.O.S.360
117 Curtius,S.362
118 時空は本質的に一かつ多として表象される直観であることにおいて、「根源的な量 (ursprungliche Quanta)」(A 411 B 438,A 725 B 753)、「与えられた

量（gegebene Größe）」（B 39）であり、また「連続量」である。「いかなる部分も最小ではない（いかなる部分も単純ではない）ような量の性質は、量の連続性と呼ばれる。空間と時間は連続量（quanta continua）である。なぜなら、空間時間のいかなる部分も、限界（点と瞬間）に囲まれることなしには与えられない、つまり、この部分は、それが再び一つの空間あるいは時間であるという仕方でのみ与えられるからである。」(A 169,B 211)

119 その故にペイトンはこの箇所で語られている「実在性」は実は、カントの言に反して、「図式化されたカテゴリー」であると解釈する。Cf.Paton.op.cit.vol.2.p.50.n. アネリーゼ・マイアーの解釈も基本的に同様である。Anneliese Maier, *Kants Qualitätskategorien,* (Berlin,1930) S.53f.

120 カントはしばしば、「対応する korrespondieren」あるいは「相関者 Korrelatum」という言葉において、このような一方的依存の関係を表現している。たとえば、「我々の感性の単なる表象」の「相関者」が「物自体」(A30,B45)と呼ばれるとき、「我々の感性の単なる表象」は「物自体」なしにはありえないが、「物自体」は「我々の感性の単なる表象」が捨象されても存立する。あるいはまた、「我々が認識に対応する（korrespondieren）──したがって認識から区別される──対象について語るとき、いったい何を理解しているのか。容易にわかるように、この対象は或るもの一般＝Xとしてのみ思考されねばならない。なぜなら、我々は我々の認識の他には、この認識に対応するものとして対立させうるものを何も持たないからである。」(A104)と語られるとき、「認識」に「対応」する「対象」は、「認識」が捨象されても存在するようなものとして考えられている。

121 つまり in der Zeit という規定は付帯的である。この言葉が括弧に入れられていることはおそらく意図的である。

122 カントは「実体」の「純粋カテゴリー」を「他のあらゆる諸規定の究極の主語」(A246)とも呼ぶ。

123 「様相」の図式について、そのカテゴリーとの「同種性」について簡単に述べておきたい。まず「可能性」の概念について次のように言う。

「可能性の図式は、様々な諸表象の総合と時間一般の諸条件との一致である（例えば、一つの物における対立は同時ではあり得ず、継起的でのみあり得る）。つまり、何らかの時間における物の表象の規定である。」(A144.B184)

純粋カテゴリーとしての「可能性」は、判断の「肯定あるいは否定」が「単に可能的（任意的）」(A74f.B100)であることを意味する。たとえば、「ユニコーンが存在する」ことが「ユニコーンが存在しない」ことと同じく可能

であると考えられる場合、「ユニコーンが存在する」ことは純粋カテゴリーの意味において「可能」である。これに対して、たとえ「ユニコーンが存在する」ことが「ユニコーンが存在しない」ことと同じく可能であると考えられるにしても、前者は後者と「同時」には可能でなく、「継起的」にのみ可能であると考えられる場合、「ユニコーンが存在する」ことは超越論的図式の意味において「可能」である。すなわち、「何らかの時間（irgendeine Zeit）」において事象が表象されるならば、その事象は「可能」である。純粋カテゴリーとしての「可能性」と図式としての「可能性」は、「命題を悟性の内へと任意に受け入れること」(A75,B101) という可能性の原初的意味において同一であるが、図式としての「可能性」が「時間一般の諸条件との一致」という要素を含む点において、両者は異なっている。ここに「可能性」のカテゴリーと図式との「同種性」がある。

「現実性」の図式についての説明はごく簡単である。

「現実性の図式は一定の時間における現存在である。」(A144.B184)

純粋カテゴリーとしての「現実性」は、判断の「肯定或いは否定」が「現実的（真）」(A74,B100) であることである。つまり、「ユニコーンが存在する」ことが真である場合（すなわち「ユニコーンが存在しない」が偽である場合）、純粋カテゴリーの意味において「現実的」である。この「論理的な現実性」(A75,B101) に対して、「ユニコーンが存在する」ことが「一定の時間(bestimmte Zeit)」において表象される場合には、図式の意味において「現実的」である。純粋カテゴリーとしての「論理的な現実性」とは、図式の現実性から時間条件が捨象されたものに他ならない。ここに両者の「同種性」がある。

カントは最後に「必然性」の図式を示す。

「必然性の図式はあらゆる時間における対象の現存在である。」(A145.B184)

純粋カテゴリーとしての「必然性」は、判断の「肯定或いは否定」が「必然的」(A75,B100) であることを意味する。「ユニコーンが存在する」と考えざるを得ない場合、これは純粋カテゴリーの意味において「必然的」である。そして、＜必ずそうである＞というこの必然性は、時間において表象される場合、＜常にそうである＞という形に変換される。すなわち「あらゆる時間における対象の現存在」が「必然性」の図式である。

124 ペイトンは「図式論」の重要性を、「図式論」が「判断形式への言及なしに

時間の本性からカテゴリーを正当化する可能性を示唆する」点に見る。(Paton,op.cit.vol.2.p.20) しかし、カテゴリーが判断形式から導出されることを捨象するならば「図式論」そのものの前提——すなわちカテゴリーと現象一般とが異種的であること——は明らかに失われる。したがって、「カテゴリー」の意味自体を変えてしまうことになるこのような解釈は、少なくともカントの「図式論」の解釈としては妥当しない。

125 Cohen,a.a.O.S.228
126 Cohen.a.a.O.S.375
127 Ebd.S.374
128 マルチンは原則論をニュートン力学の基礎付けとするコーヘンの見解を支持した上で、「超越論的分析論」の構造を「原則表」から「判断表」に向かうものとして分析している。Martin,a.a.O. S.88-103
129 「主観的感覚」がいかなる意味においても客観認識の素材となり得ないのか、という問題は、内的経験の問題として別に論じられねばならない事柄であるが、本章では触れることができない。したがって本章で論じる感覚とは、快、痛みなどの内的感覚ではなく、色、温かさといった「外的感覚」である。Vgl.A374
130 事象から見て、緑の感覚そのものは「緑である」とさえ言えないであろう。感覚そのものが緑なのではなく、私が見る(=感覚する)この草原が緑なのである。私は感覚そのものを見ることはできない。vgl.Gottlob Frege," Der Gedanke. Eine Logische Untersuchung,",in hrsg. v. G.Patzig *Logische Untersuchungen*, (Göttingen, 1986) S.40f. Gerold Prauss, *Einführung in die Erkenntnistheorie*, (Darmstadt,1988) ,S.46f. (邦訳『カント認識論の再構築』、晃洋書房、1992年、75頁以下)
131 この点において、色などの感覚的性質に客観性を与えず、それらを大きさやかたちなどの空間的性質に還元するデカルトとの差異がある。
132 このカントの文章についてはファイヒンガーの校注には従わず、原文どおりに読む。vgl.Immanuel Kant, *Kritik der reinen Vernunft*,hrsg.v. Raymund Schmidt, (Hamburg,Felix Meiner Verlag,1976) ,S.221
133 岩崎武雄『カント「純粋理性批判」の研究』(勁草書房、1965年) 230頁
134 Vgl.A160,B199,A162,B202
135 岩崎、前掲書、234頁
136 前掲書、235頁
137 前掲書、同頁
138 A429,B457 Anm.における「絶対的空間」の規定を参照。
139 「第一類推」の箇所ではカントは現象中の実体が何を指すかを具体的には述

べていない。ただ木片の例を挙げてそれを「物質（Materie）」と呼び、実体と同一視するのみである。(A185,B228) しかし「観念論論駁」では持続的なものは私の外、つまり空間中にしか在り得ないことが述べられ (B275)、また「原則の体系への一般的注意」では実体の持続性は「空間中の（物質の）直観」(B291) にのみ求められることがはっきりと述べられる。しかし実体が空間中にのみ在る理由についてはカントは言及しない。もしカントがこの理由を問われれば、ストローソンも言うように、我々に可能な経験においてはそれ以外の選択肢が考えられないと答えるであろう。Strawson,op.cit.,p.127

　なお周知のように『自然科学の形而上学的原理』において物質は「運動するもの（das Bewegliche）」として様々に定義されるが、本論はこの点には触れない。「原則論」で問題なのは特に「運動」ではなく、運動も含めた「変化」だからである。

140 言いかえれば、実体とその規定（偶有性）との関係は相対的である。カントが「しかしながら、このこと[偶有性と実体との区別を Inhärenz と Subsistenz の区別として際立たせること]から多くの誤解が生じるのであって、偶有性を単に或る実体の現存在が肯定的に規定される仕方として示すほうが、より正確に語ることになるのである。」(A187,B230 [ ]内筆者) と言うとき念頭にあったのは、或る実体と規定との関係を絶対化することへの危惧であった。それ故また、「この実体のカテゴリーが関係の項のもとにあるのは、それが関係の条件を含むからであって、それ自体が或る関係を含むからではない」(ebd,) というカントの言葉も、この意味に解されねばならないと思われる。しかし例えばコーヘンは別の解釈をとっている。Vgl.Cohen,a.a.O. S.409

141 コーヘンは、上の定式化においてカントは「自然法則は量の規定である」ことを前提にした上で「実体は自然法則の基礎である」ことを主張していると解釈する。a.a.O.S.410

142 上では「コップが割れる」という例を挙げたが、それは「人口が増える」とか「GDPが減少する」であってもよかったわけである。

143 ストローソンが指摘するように、カントは、AとBの知覚の順序を必然的と認めることはAがBを因果的に必然的たらしめることを認めることに等しい、と言うのではなく、AからBへの変化が或る不定の先行条件によって因果的に必然的たらしめられることを認めることに等しい、と主張するのである。Strawson,op.cit.,p.138

144 しかしストローソンによればカントのこの解釈は、知覚の順序の必然性という「変化の事実にもとづく概念的必然性」を、その変化の「因果的必然性」と同一視する「奇妙なこじつけ」でしかない。(ibid.,p.138)「カントは『必然的』という言葉の適用を変えているだけでなく、その意味をも変えてしまっ

ている。」(ibid.) ストローソンがカントの議論を「唖然とするほど粗雑な不当推論」(ibid.p.137) として否定的に評価するのは、カントの「総合の理説」を無視することによって、カントをより整合的に解釈しようとする彼の基本的な立場に起因するものと言えよう。

145 「我々はある種類の対象の事例にしばしば出会ったことを覚えており、また、それらの対象に他の種類の対象の個体が常に伴い、それらに対して近接と継起の規則的な秩序で存在したことを、覚えている。例えば我々は、『炎』と呼ばれる種類の対象を見たこと、そして『熱』と呼ばれる種類の感覚を感じたことを覚えている。同じように 我々は、過去のすべての事例におけるこれらの対象の恒常的随伴（constant conjunction）をも覚えている。我々は、それ以上の手続きなしに、一方を『原因』、他方を『結果』と呼び、こうして一方の存在から他方の存在を推理するのである。」David Hume, *A Treatise of Human Nature*, edited by L.A.Selby-Bigge, (Oxford,1949) p.87 ヒュームによればこのような「恒常的随伴」は因果推理の必然性を保証しない。「一つの対象から学べないことは、それと同種であらゆる点においてそれと完全に類似した百個の対象からも学べない」(ibid.p.88) からである。また、「我々が経験していない事例は、我々が経験した事例に必ず類似し、自然の歩みは常に一様であり続ける」(ibid.p.89) といういわゆる自然の斉一性の原理も、「我々は少なくとも自然の歩みにおける変化を思い浮かべることができ、このことは、そのような変化が絶対的に不可能とはいえないことを十分証明する」(ibid.) 以上、必然的原則ではない。「経験はたしかに我々に事態がかくかくしかじかであることを教えるが、しかしそれ以外ではありえないことを教えない。」(B3) というカントの言明は、カントが上のヒュームの考えを全面的に肯定していることを示している。

146 もちろん両者は無関係ではない。経験的総合による判断はアプリオリな総合を必要とする。「対象の熱が蝋を溶かす」という経験的判断は、判断であるかぎり、「客観との関係」を持ち、したがって「それが我々にとって常に妥当すべきであり、またあらゆる人に妥当すべきであることを主張する」(Ⅳ,S.298)。経験的判断におけるこの必然性の主張は、「太陽の熱」という表象と「蝋が溶ける」という表象との結合それ自体から生じるのではなく、両表象が「直観の総合における統覚の必然的統一によって」——即ちアプリオリな因果性によって——「相互に結びつく」(B142) ことから生じる。つまり一切の経験的判断はその内容如何に関らず、アプリオリな総合に基づいて内容の必然性を、即ち真理性を主張し得るが、その真偽の決定は、「諸表象が経験においてどの程度共在し得るか否か」(Ⅳ,S.290) という「経験」の文脈によるほかなく、けっしてアプリオリにはなされないのである。

147 Martin,a.a.O.S.85
148 「したがって、充足理由律（Satz vom zureichenden Grunde）は、可能的経験の根拠である。すなわち、時間の系列的継起における諸現象の関係に関して諸現象を客観的に認識する根拠である。」(A200f.B246)
149 G.W.Leibniz,*Die Philosophischen Schriften*,hrsg.v. C.I.Gerhardt, Bd. Ⅶ (Berlin,1890) S.356　Vgl. Martin,a.a.O.S.83
150 ストローソンによれば、「第三類推」の論証は「第二類推の論証よりもさらに説得力を持たない」。Strawson,op.cit.p.139
151 ポール・ガイアーは、「第三類推は、カントの生涯にわたるニュートン科学の基礎付けの努力の最高点と見なされねばならない」と主張する。また、「ニュートン的世界観の最も本質的な要素を経験的な時間規定の最も基礎的な特徴に結び付けようとするカントの努力において相互作用の原理が深遠な中心に位置する」ことを同じく主張した「古い世代のカント学者」としてエルンスト・カッシーラーとH.J.ペイトンとを挙げている。Paul Guyer, *Kant and the Claims of knowledge* (Cambridge,1987),p.267-268
152 実体は持続的なものとして「時間の経験的表象」(A 188,B 231) と呼ばれる。
153 時間系列の複数性の想定がカントの考えに即していることについては、カントがすでに実体の原則においてしばしば「実体」をSubstanzenという複数形をもって表現していることからも、裏付けられる。Vgl.A188f,B231f
154 「時間は経験から引き出される経験的な概念ではない。なぜなら、同時存在（Zugleichsein）あるいは相互継起は、時間の表象がアプリオリに根底に存しているのでなければ、それ自体知覚に入り来ることはできないからである。この前提の下でのみ、或るものが同じ時間において（同時に）、あるいは異なる時間において（継起的に）在るということを表象することができるのである。」(A30,B46)
155 純粋カテゴリーとしての因果性とは、言うまでもなく、「或る物Aにまったく異なるBが規則に従って定立される」(A90,B122) とか「Aが定立されるなら、Aとはまったく異なるBを定立しないことは矛盾である」(Ⅴ,S.53) などと表現されるような、図式化される以前の、すなわち時間への適用以前のカテゴリーである。
156 このように、同時性とは複数の時間系列の共在を意味していると解釈される。そのかぎり、同時性とはカントの言うように――「時間の三つの様態は持続性、継起、同時性である。」(A177,B219)――純然たる時間的規定である。したがって、コーヘンが同時性の概念の「二義性」を指摘して、「さしあたり同時性はむろん時間的な規定性であるが、しかしやはりそれに劣らず空間的規定性をも意味する」(Cohen,a.a.O.S.429) と言うのは適当でないと思われる。

157 カントが「経験の類推」を「力学的」原則と呼ぶとき、それによって「普遍的な（自然学的）力学」を「眼前においてはいない」(A162,B202f.) と明言していることからもこのことは明白であろう。原則論においてカントが示す原則は、「内官（そこにおいて与えられる表象の区別なく）との関係における純粋悟性の原則」(ebd. 傍点筆者) なのである。マーガレット・モリスンが「しかるに一般にいかにして何かが変化し得るのか、すなわち、或る時点における或る状態の後にそれに対立する状態が異なる時点において継起し得るのはいかにしてか、ということについては、我々はアプリオリにはいかなる概念をも持ってはいない。このためには、現実的な諸力 Kräfte の知識が必要であるが、これは経験的にのみ与えられ得るのである。たとえば、諸動力、あるいは同じことだが、この諸力を示すところの（運動などの）或る種の継起的現象の知識が必要とされるのである。」(A206f.B252) というカントの文章を引いて指摘するように、「力という概念は批判の枠組の部分をなしてはいない」。Margaret Morrison, "Community and Coexistence:Kant's Third Analogy of Experience" *Kant-Studien* LXXXIX (1998) 273

158 前注で挙げたように「交互的作用」から「力」に関する含意を排除する点で、モリスンの解釈は我々の解釈と一致する。しかしモリスンは「交互的作用」を「空間的位置の規定」(ibid.269) として、すなわち、「各々の対象は、その他のすべてのものの場所によって持つところの場所を持つ、したがって、空間内の諸々の場所は相互に規定されている」(ibid.) ことを意味するものとして解釈する。この点において我々の解釈とは異なる。我々の見るところでは、カントの言う「場所的相互性（communio spatii）」(A213,B260) とは、異なる「場所」に物が同時に存在するということであり、このことはすでに「同時性」の意味を、すなわち「相互性」の概念を前提としているのである。

文　献

Allison, Henry E.: *Kant's Transcendental Idealism. An Interpretation and Defenece.New* Heaven,London,1983

Baum.Manfred: *Deduktion und Beweis in Kants Transzendentalphilosophie. Untersuchungen zur Kritik der reinen Vernunft.* Königstein,1986

Beck,Lewis White: *Early German Philosophy. Kant and His Predecessors.* Bristol,1996 ([1]1969)

Bennet, Jonathan: *Kant's Analytik.* Cambridge,1966

Brandt, Reihnard: *Die Urteilskraft. Kritik der reinen Vernunft A67-76;B91-101.* Hamburg,1991(Kant-Forschungen Bd.4)

Bröcker, Walter: *Kant über Metaphysik und Erfahrung.* Frankfurt a.M. 1970

Caimi,Mario: "Einige Bemerkungen über die Metaphysische Deduktion in der Kritik der reinen Vernunft" In : *Kant-Studien*.Bd.91,2000,S.257-282

Cassirer,Ernst: *Das Erkenntnisproblem in der Philosophie und Wissenschaft der neuern Zeit*,BdII. Darmstadt,1974 ([1]1907,[2]1911)

Carl, Wolfgang: *Der schweigende Kant. Die Entwürfe einer Deduktion der Kategorien vor 1781.*Göttingen, 1989

Cohen,Hermann : *Kants Theorie der Erfahrung.*4 Aufl.Berlin,1925

Curtius, Ernst Robert: Das Schematismuskapitel in der Kritik der reinen Vernunft, In: *Kant-Studien* Bd.19.1914. S.338-366

Ebbinghaus,Julius: "Kantinterpretation und Kantkritik" In: *Julius*

*Ebbinghaus Gesammelte Schriften.Bd.*3, Bonn,1989,S.3-38.

Ebbinghaus,Julius: "Kants Lehre von Anschauung a priori" In : *Julius Ebbinghaus Gesammelte Schriften.Bd.*3, Bonn,1989,S.121-138.

Erdmann, Benno: *Kants Kriticismus in der ersten und in der zweiten Auflage der Kritik der reinen Vernunft.* Leipzig,1878

Erdmann, Benno(Hg.): *Reflexionen Kants zur kritischen Philosophie.Aus Kants handschriftlichen Aufzeichnungen.* Nerudruck der Ausgabe Leipzig 1882/1884,Neu herausgegeben und mit einer Einleitung versehen von Norbert Hinske,Stuttgart,1992

Dietrich, Albert Johaness: *Kants Begriff des Ganzen in seiner Raum-Zeitlehre und das Verhältnis zu Leibniz* .Halle, 1916

Förster,Eckart(ed.): *Kant's Treanscendental Deductions. The Three 'Critiques' and the 'Opus postumum'*.Stanford,1989

Gloy, Karen: *Studien zur therotetischen Philosophie Kants.* Würzburg,1990

Guyer, Paul: *Kant and the Claims of knowledge.* Cambridge,1987

Hakari,Y（量義治）:『カントと形而上学の検証』(1984)

Heidegger, Martin: *Kant und das Problem der Metaphysik*, Gesamtausgabe Bd.3, Frankfurt a.M.1991 (¹1929)

Heidegger, Martin: *Die Frage nach dem Ding. Zu Kants Lehre von den Transzendentalen Grundsätzen.*2 Aufl.Tübingen,1975 (¹1962)

Henrich, Dieter: "Kants Denken 1762/3. Über den Ursprung der Unterscheidung analytischer und synthetischer Urteile" in *Studien zu Kants philosophischer Entwicklung*, Hildesheim,1967.S.9-38

Henrich,Dieter: "Die Beweisstruktur von Kants transzendentalen Deduktion" in G.Prauss (Hg.)*Kant zur Deutung seiner Theorie von Erkennen und Handeln*, Köln,1973, S.90-104.

Henrich,Dieter: *Identität und Objektivität. eine Untersuchung über Kants transzendentale Deduktion.* Heidelberg,1976.

Höffe, Otfried: *Immanuel Kant*,München,1983.

Hume, David: *A Tritise of Human Nature*.Edited,with an Analytical Index, by L.A.Selby-Bigge,Oxford,1888

Ishikawa,M(石川求):「『論理学者』カントの足跡—伝統的判断観を越えるための隠れた第一歩—」『フィロソフィア・イワテ』25号(1993)p12-23

Iwasaki,T(岩崎武雄):『カント「純粋理性批判」の研究』(1965)

Janssen,Paul: "Der Dingbezug von Sinnlichkeit und Verstand in Kants Inaugural-Dissertation von 1770" *In:Allgemeine Zeitschrift für Philosophie.* Bd.3(1977)

Kant's gesammelte Schriften: Herausgegeben von der Königlich Preußischen Akademie der Wissenschaften und Nachfolgern, 29Bde. Berlin,1902ff.

Kant,Immanuel: *De mundi sensibilis atque intelligibilis forma et principiis.* Übersetzt von Klaus Reich.Hamburg,1958

Kant,Immanuel: *Kritik der reinen Vernunft.* Nach der ersten und zweiten Original-Ausgabe neu herausgegeben von Raymund Schmidt. Hamburg,1976

Kant,Immanuel: *Prolegomena zu einer jeden künftigen Metaphysik,die als Wissenschaft wird auftreten können.* Herausgegeben von Karl Vorländer, 7 Aufl. Hamburg, 1974

Kant,Immanuel: *Kritik der praktischen Vernunft.* Herausgegeben von Karl Vorländer.9 Aufl. Hamburg,1929

Kant,Immanuel: *Kritik der Urteilskraft.* Herausgegeben von Karl Vorländer,6 Aufl. Hamburg ,1974

Knüfer,Carl: *Grundzüge der Geschichte des Begriffs 'Vorstellung' von Wolff bis Kant.* Hildesheim/NewYork,1975

Kubo,M(久保元彦):『カント研究』(1987)

Landau,Albert(Hg.): *Rezensionen zur Kantischen Philosophie 1781-87.* Bebra,1991

Leibniz,Gottfried Wilhelm: *Die Philosophischen Schriften.* Herausgegeben von C.I.Gerhardt,7 Bde.Berlin,1875-1890

Maier, Anneliese: *Kants Qualitätskategorien,* Berlin,1930(Kantstudien Ergänzungshefte Bd.65)

Martin, Gottfried: *Immanuel Kant, Ontologie und Wissenschaftslehre.* Berlin,1969

Meier, Georg Friedrich: *Auszug aus der Vernunftlehre,* Halle,1752

Miwatari,Y(三渡幸雄):『カントにおける空間時間の研究』(1969)

Miyake,G(三宅剛一):『学の形成と自然的世界―西洋哲学の歴史的研究―』(1940)

Moriguchi,M(森口美都男):『世界の意味を索めて―哲学論集（一）』(1979)

Morrison ,Margaret: "Community and Coexistence:Kant's Third Analogy of Experience" *Kant-Studien* 89(1998) S.257-277

Nakajima.Y(中島義道):『カントの時間構成の理論』(1987)

Ogawa,Y(小川吉昭)：「超越論的哲学と形而上学―『純粋理性批判』への視点を求めて―」「シンポシオン」41号,(1996)p.12-24

文　献

Paton, H.J: *Kant's Metaphysics of experience.*2 vols. London,1970 (¹1936)

Pinder,Tillmann: "Das logische Problem der realen Grund-Folge-Beziehung im Denken Kants 1763," In:G.Funke(Hg.),*Akten des 4.Internationalen Kant-Kongresses Mainz 1974*, Berlin/New York, Teil II,1,S.214-221

Pinder,Tillmann : "Kants Begriff der Logik" In: *Archiv für Geschichte der Philosophie.* Bd.61,1979,S.309-336

Prauss,Gerold : "Zum Wahrheitsproblem bei Kant" in *Kant-Studien* Bd.60,1969,S.166-183

Prauss, Gerold: *Einführung in die Erkenntnistheorie.* Darmstadt,1988

Reich, Klaus: *Die Vollständigkeit der kantischen Urteilstafel.*2 Auflage, Berlin,1948

Reich, Klaus: "Über das Verhältnis der Dissertation und der Kritik der reinen Vernunft und die Entstehung der kantischen Raumlehre," in Immanuel Kant. *De mundi sensibilis atque intelligibilis forma et Principiis / Über die Form und die Prinzipien der Sinnen- und Geisteswelt.* herausgegeben von Klaus Reich, Hamburg, 1958

Riehl, Alois: *Der philosophische Kritizismus .Geschichte und System.* Bd.1, 3 Aufl. Leibzig,1924

Rohs,Peter: *Transzendentale Logik.* Meisenheim.1976

Sala,Giovanni B.:Der "reale Verstandesgebrauch" in der Inauguraldissertation Kants von 1770" In: *Kant-Studien* Bd.69,1978,S.1-16

Schulthess, Peter: *Relation und Funktion. Eine systematische und entwicklungsgeschichtliche Untersuchung zur theoretischen Philosophie Kants.* Berlin,1981 (Kantstudien Ergänzungshefte Bd.113)

Smith, Kemp: *A Commentary To Kant's 'Critique of Pure Reason.* London,

1923

Strawson, P.F.: *The Bounds Of Sense* .London,1966

Tuschling,Burkhard(Hg.): *Probleme der "Kritik der reinen Vernunft". Kant-Tagung Marburg 1981.* Berlin/NewYork.1984

Vleeschauwer,H.J.De: *La déduction transcendantale dans l'œuvre de Kant.* Tome 1.Paris,1934

索　引

あ行
アネリーゼ・マイアー　247
一般論理学　5,9,10,22,46-49,52-62,85,147,148,
因果性　24,26,44,102,103,112,120,203,207,209,212,
因果律　26,175,203,207,
オルガノン　44,46,47,58,64,

か行
外延的論理学　4,10,13,27,29,37,38,42-45,47,52,60,225,227,
科学論　3,179,180,
仮象　103,104,114,116,120,219,227,
カッシーラー　145,252,
カテゴリー　6,39,42,67-75,82-85,92-112,114,118-135,139-145,148,149,151-161,163-178,183,185,190,193,197,210,212,218,232,233-236,239-250,252,
カノン　44,47,
機能　1,32,73-86,89-94,104,132,157,162,184,190,211,222,230,232,234,241
　　一般的——　90
　　概念——　85
　　形式的——　79,83,119
　　思考——　73,74,79,81,84
　　心理学的——　236
　　統一——　77,241
　　媒介——　163
　　判断——　68,73,74,77,78,81-85,89,92,104,118-120,233,234,240,241
　　判断——A　78,79,85,86,
　　判断——B　78,79,85
　　分析的——　237
　　「包摂」——　157,164
　　論理的——　68,73,80,83,103,119,171,233-235,239,240,242
客観一般　72,74,75,84,92,116,142,186-188,235,242,

客観的実在性　130,131,133,208,238,243,
客観的妥当性　5,9,63,64,95-98,101-107,110,112,114,115,118-120,124,127,135,141,154,177,215,223,231,238,242,
クラウス・ライヒ　227
クルジウス　228
クルティウス　145,157,159,160,164,165,
経験の類推　7,180,186,194,195,198,221,253,
形式的直観　137,139,245,
形而上学　3,7,14-17,20,27-30,38,44,45,59,100-102,145,223,224,227,231,233,238,246,256,258,
　　——的原理　126,250
　　——的演繹　4-6,67-69,72,73,75,91,92,94,100,103,104,111,118,120,142,177,178,224,231-234,237,239,
　　——の予備学　28-30,37,
限界規定　107,124-127,
現実性　23,24,26,44,123,219,227,230,248,
原則論　3-6,155,157,158,177-180,185,221-224,245,249,250,253,
厳密な普遍性　70,91,103,179,213,239,
権利問題　5,95,97,102,104,110,239,
交互作用　212,213,217-220,
交互的継起　214,215,
コーヘン　178,249,250,252,
悟性総合　112-114,120,128,130,132,236,
コペルニクス　94
根源的統覚　3,6,113,118,

さ行
事実問題　97,103,239,
質　15,80,82,119,120,169,173,190,
実在性　168-173,190,240,243,247
　　客観的——　130,131,133,208,238,243
　　経験的——　238
　　超越論的——　238
『実践理性批判』　242
「就任論文」　4,10,27-31,34,37,38,42-

261

45,71,94,99,101,224,227,230,232,233,237,238,
捨象　24,33,34,48,49,51,52,54-57,60,62,80,82-84,91,119,121-125,134,135,147,170-175,180,184,194,197,199,230,231,233-236,243,247-249,
充足理由律　210-212,252,
純粋悟性概念　5,67-69,72,74,75,84-86,89-92,94-100,102,104,107,108,121-123,125,129,133,141,142,145,148,149,151,154,158-160,163,164,166,167,169-171,175,190,207,209,218,231,235,238,246,
純粋悟性認識　6,9,60-65,67,92,94,142,176-179,200,221-224,231,
純粋総合　5,69,90-94,103,117,118,120,141,163,165,190,237,
証明構造　95
『証明根拠』　21,23,24,226-228,
触発　29,46,75,77,89-91,186,187,228,234,
『視霊者の夢』　99,100,227,
新カント学派　3
真理決定条件　17-20,42-47,52,58,230,
真理の論理学　18,19,60,61,223,
真理問題　48,49,52,229,
図式論　3,6,39,145,146,149-158,165,166,176-178,245,246,248,249,
ストローソン　3,207,236,250-252,
制限性　48,190,
生産的構想力　6,132,162,
総合的統一　85,87,89,91,114-116,118,120,130,140,241,
総合的判断　59,60,181,
総合的方法　28,177-179,

た行

第三類推　212,213,217,218,220,252,
対象一般の概念　5,69-71,73,75,83,84,92,98,126,130,140,142,177,185,
第二類推　203,208-212,216,252,
単一性　36,137,139,245,
知覚の予料　7,180,185-187,190-194,
知性的概念　32,34,37-44,71,
抽象　27,28,32-34,36,71,104,235
超越論的

――演繹　3,5,6,86,94-98,101,103-111,130,133,134,141-144,148,152,153,177-179,231,234,236,237,239,242,245,
――述語　93,143,148,236,
――使用　134,143,152,155,158,159,212,
――図式　145,152-157,160,164,166,169,172-177,207,234,246,248,
――内容　85,91,93,103,134,142,148,152,159,160,164-166
――分析論　3,4,9,60,64,65,67,92,94,96,158,221-223,249,
――論理学　3-7,9,10,18,22,47,48,57,60-65,67,68,92-95,142,143,145,146,148,149,151,158,176-180,194,195,203,212,220,221,223-225,229,231,233,234,236,
直観一般　84,85,91,93,109-114,116,117,119-121,123,124,129,130,133,140,167,235,245,
ドイツ観念論　3
同時性　196,212-220,252,253,
同種性　150-152,154,157,160,164,166,172-174,247,248,

な行

内的な差異　75,79,82,119,234,
内包的論理学　4,10,11,13,17,21-27,43-45,47,52,60,225,226,228,
内包量　173,185,190,191,
二段階証明の問題　109,121,122,241,
ニュートン　3,6,178,195,209,212,220,249,252,

は行

ハイデガー　3,145,161,243,
バウムガルテン　70,231,
判断表　5,67,68,72,73,75,80-83,85,89,91,92,119,233,234,249,
『判断力批判』　182
『判明性』　11,14,16-20,27,28,226,
否定性　169,171-173,190,243,
ヒューム　101-103,105,112,114,116,120,

127,208,209,
フィヒテ 3,233,
プラウス 51,229,230,
『プロレゴメナ』 73,84,101,178,179,232,
分析的
　――統一 85-87,89,91,
　――判断 58-60,230,233,
　――方法 178,179,227,
ペイトン 3,56,57,247,248,252,
ヘーゲル 233
ベック 231
ヘンリッヒ 11,95,108,109,121,225,237,240,241
包摂図式 157

ま行

マーガレット・モリスン 253
マールブルク学派 3
マイアー 235
マルチン 4,210,249,
矛盾律 19-22,31,58,59,226,

や行

ヨハン・シュルツ 38,107,168,

ら行

ライプニッツ 210-212,
リール 226,227,
量 69,80,81,82,119,120,143,167-169,172,173,189,190,202,203,233,237,240,242,245-247,250,
類概念 71
ロック 99-101,
論理学の限界 23,47,48,
論理的形式 13,17,18-21,23,40,42,43,45,48,51-54,56-58,60,62,77,85-87,89,92,93,147,149,150,157,230,233,234,

あとがき

　本書は平成14年末に広島大学に提出された学位請求論文である。「序」にも記したように、この論文は、『純粋理性批判』の「超越論的分析論」に論点を絞り、そこで何が問題とされ、どのような仕方で解決されているのかを明らかにしようとしたものである。言うまでもなくこのテーマは、これまでのカント解釈の歴史のなかで反復して取り上げられてきた。本書で私が試みたのは、カント自身が考えた道筋をありのままに浮かび上がらせること以外にはない。斬新なカント解釈ではなく、カントをしてカント自身を語らしめることを本書はめざした。したがって、本書のカント解釈に恣意性があるとすれば、それは著者である私の理解の不足を示すものである。カントの思索に対して全幅の信頼を置くこと。本書に方法と呼びうるものがあるとすればこれが唯一の方法であると言ってよいと思う。
　この方法を私は隈元忠敬先生から学んだ。『純粋理性批判』の演繹論を扱った先生の演習は主観的な読みを許さない厳格なものであった。それはむろんテキストの歴史的客観性を重視する姿勢でもあるが、同時に、テキストに現れた渾身の思考に対する敬意を伴ったある種の倫理的な態度であるようにも思われた。哲学研究の基本的態度を教えていただいた点において先生に深く感謝申し上げたい。
　学位請求論文の審査の労をおとりいただいた水田英實先生、高柳央雄先生、近藤良樹先生、桂紹隆先生にはこの場を借りてお礼を申し上げさせていただく。また、小川吉昭、松本長彦の両先輩には、カント研究に関して学生時代長年にわたってご助言いただいた。感謝申し上げる次第である。

　平成16年12月

　　　　　　　　　　　　　　　　　　　　　　　　　山　口　修　二

著者 山口　修二（やまぐち　しゅうじ）

1962年　広島県に生まれる
1989年　広島大学大学院文学研究科西洋哲学専攻単位取得退学
1990年　広島大学文学部助手
現在　　玉川大学文学部人間学科助教授　博士（文学）

共著
『知のアンソロジー──ドイツ的知の諸相』（ナカニシヤ出版）

論文
「カントにおける「一般論理学」の成立(1)(2)」（『広島大学文学部紀要』1999年、2000年）「カントにおける論理学の限界について」（『シンポジオン』2001年）「純粋悟性概念の発見」の問題について（『哲学』広島哲学会篇2003年）他

カント超越論的論理学の研究

平成17年2月28日　発　行

著　者　山　口　修　二
発行所　㈱渓水社
　　　　広島市中区小町1－4（〒730－0041）
　　　　電話（082）246－7909・FAX（082）246－7876
　　　　E-mail：info@keisui.co.jp
　　　　平成16年度日本学術振興会科学研究費補助金
　　　　（研究成果公開促進費）助成出版
　　　　ISBN4-87440-861-3　C3010